図説
オランダの歴史

佐藤弘幸

河出書房新社

はじめに

アメリカの歴史学者ウォーラーステインは著書のなかで〝ヘゲモニー国家〟について論じているが、彼によると歴史上最初の〝ヘゲモニー国家〟はなんと一六二五―七五年のオランダであった。それからしばらくしてイギリス（一八一五―七三）が続き、最後がアメリカ（一九四五―六七）である。イギリス、アメリカといわれても、誰も不思議に思わないが、オランダは小国である。九州ほどの大きさである。そのオランダが最初の〝ヘゲモニー国家〟であったといわれれば、誰しも驚きを禁じえない。

〝ヘゲモニー国家〟とはウォーラーステインによれば、軍事力ではなく、圧倒的に強い経済力によって一時的にほかのすべての国に対して相対的に優位に立った国のことである。これを〝覇権国家〟と訳すこともできるが、政治的もしくは軍事的覇権をにぎっただけで優位に立った国は、ウォーラーステインのいう〝ヘゲモニー国家〟ではない。したがってここでも〝覇権国家〟とせず、〝ヘゲモニー国家〟と表記しておきたい。古代のローマ帝国はもとより、中世の海洋国家ヴェネツィア、大航海時代をリードしたポルトガルやスペインも〝ヘゲモニー国家〟とはみられていない。いずれも広大な植民地帝国を築いたが、圧倒的に強い経済力で優位に立ったかといえば、必ずしもそうではない。もちろん軍事力はまったく無関係というわけではなく、オランダ、イギリス、アメリカのいずれも、その時代においては相対的にはかなりの軍事大国であったことは確かであるが、それ以上に経済力で傑出していた。これが重要な点である。

それではオランダの経済的優位とはどのようなものであったのか、またそれは何に由来するのか。さらにヴェネツィアやポルトガル、スペインといった海洋国家と何かちがいがあったのか、もしあったとすれば、それは何であったのか。オランダ史をひもとくときの面白さのひとつはこういうところにある。くわしくは六章「黄金時代の経済と文化」にゆずるが、ごく簡単にいってしまえば、基本的にはさまざまな産業がバランスよく発展し、しかも互いに支えあっており、それが当時のオランダ経済の強みであったということではないか。ある部門だけが不均衡に肥大化しているということはなかった。

それとともに当時のオランダ人がいかに進取の気性にあふれて

いたかという点も忘れてはならない。オランダ人も一六世紀の大航海時代の一翼を担っており、一七世紀になると世界の隅々にまで足跡を残した。そういってもけっして過言ではない。世界の各地に残るオランダ、もしくはオランダ人に関わる地名からもそれはわかる。たとえばニュージーランド、タスマニア島、南米最南端のホーン岬、モーリシャス諸島、ケープタウン、北極海のバレンツ海、ニューヨークのブルックリン、ハーレムなどはいずれもそうである。名前が残らないまでも、オランダ人が進出したところはほかにも多数ある。南アフリカ、ブラジル、カリブ海、ギアナ海岸、オーストラリア、アラビア半島、ペルシャ湾、インドのマラバール海岸とコロマンデル海岸、セイロン（スリランカ）、マレー半島、インドネシアのほぼ全域、インドシナ半島、中国、台湾、そして平戸、長崎といった具合である。朝鮮半島にだけはなぜか足跡がないという。

これらは単なる探検のために赴いたものではなく、そのほとんどがオランダ人の何らかの経済活動と結びついていた。当時のオランダ人の旺盛で多面的な経済活動を物語るものである。

以上はオランダの歴史の輝いている部分である。しかし隠された陰の部分も大きい。その最たるものがアフリカの黒人奴隷貿易で、オランダ西インド会社は設立当初からこれを目的のひとつにしていた。自由を求めてスペインの圧政と長いあいだ戦っていたキリスト教徒の目には、アフリカの黒人は家畜もしくはそれ以下の商品としてしか映らなかった。西インド植民地における奴隷制の廃止もオランダは一八六三年で、イギリスやフランスよりもだいぶ遅れた。

またオランダの植民地支配下にあった現在のインドネシア人は二〇世紀にいたってもなお、本国が誇る自由や民主主義とは無縁の虐げられた生活を強いられていた。これもまたオランダ史の一部として記憶されねばならない。こうした明と暗、陽と陰は西欧の植民地支配には共通のもので、オランダだけの特殊性ではないが、オランダ史の輝ける部分にばかり目を奪われることなく、こうした陰の部分に目を向けることも忘れてはならない。

一章

水と戦い、水と共存する国民

デルタ地帯に広がる低湿地

オランダは国土の約四分の一（二六パーセント）が海面下にある。私たちが空路でオランダ入りし、まずアムステルダムのスヒッポル国際空港（この表記がオランダ語の発音に近い）に降り立てば、ここがすでに海面下で、海面より五メートルほど低い。ただそれはまったく実感できない。大都市など昔から人の住んでいるところはもちろん海面より高いので、やはりぴんとこない。オランダはライン川、マース川、スヘルデ川という三本の大河が河口に作り出したデルタ地帯であり、海面下の土地も含めて細心の注意をもって水位の調節が行なわれている。水は住民に恵みを与えているが、同時にオランダ人はつねに水と戦うことを運命づけられている。したがって最初にオランダ人がいかに水と戦い、そして水と共存してきたか、その歴史を簡単にたどりながら、オランダの国土や地勢の大きな特徴をつかんでおきたい。

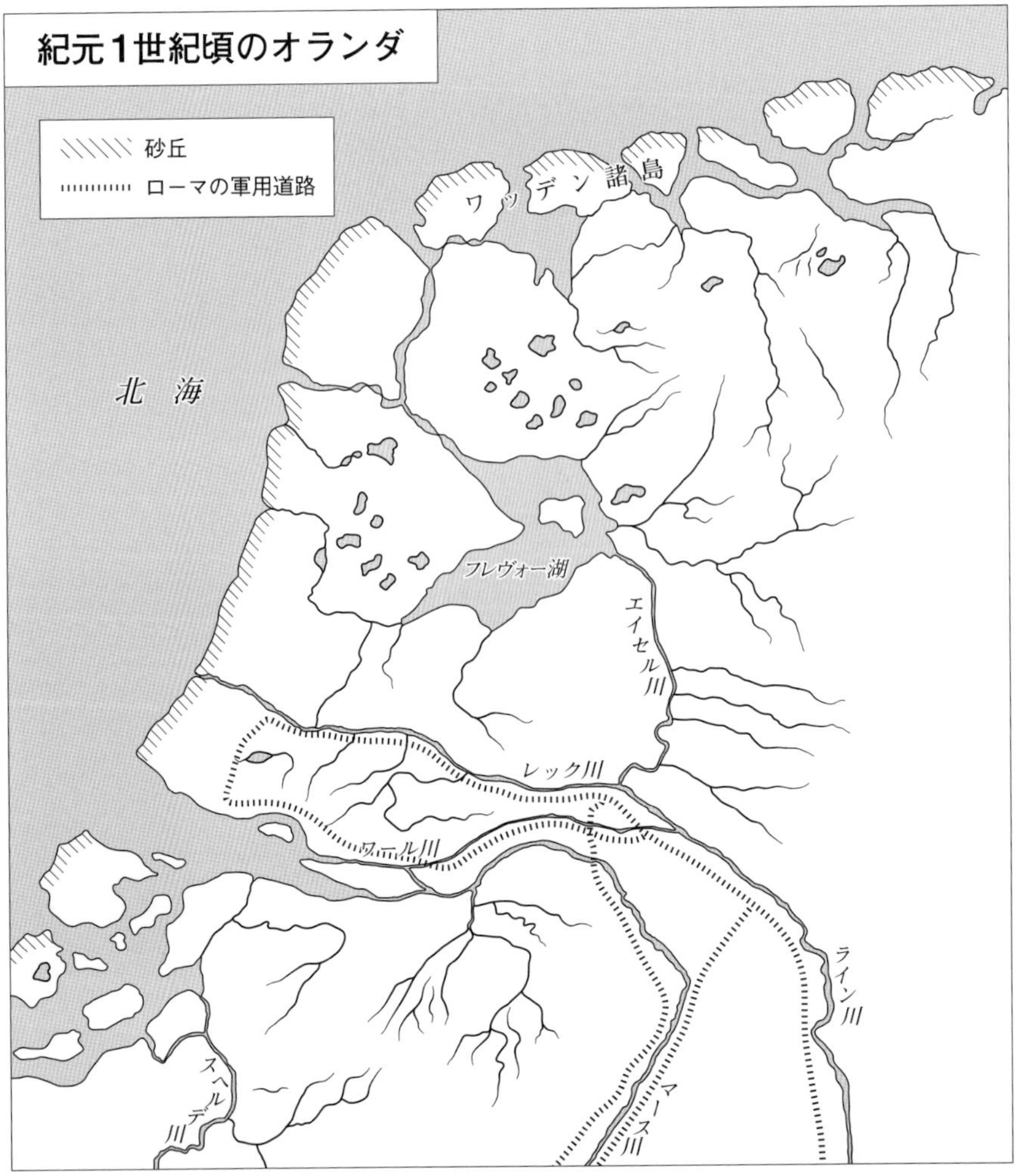

◀紀元一世紀頃のオランダ　ザイデル海（現エイセル湖）はまだなく、フレヴォー湖がある。ワッデン諸島もまだ一部は陸続きになっている。

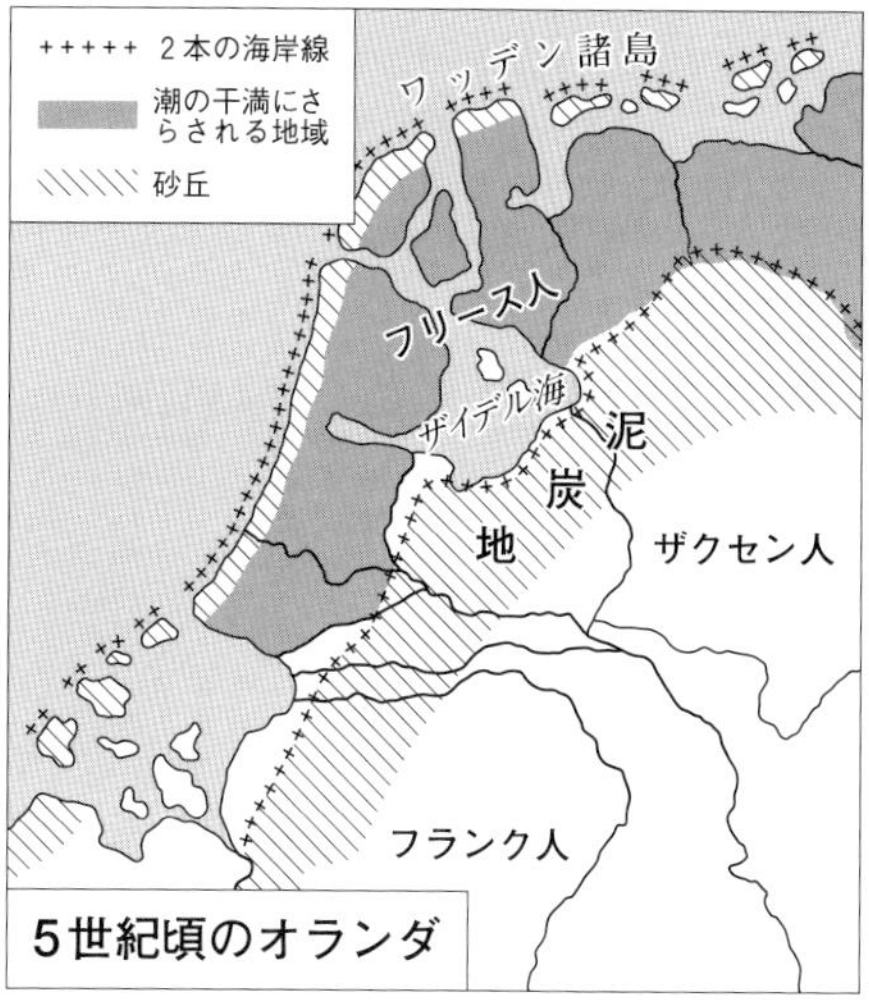

5世紀頃のオランダ

◀**五世紀頃のオランダ**　ザイデル海が現れ、ワッデン諸島が姿を整えつつある。内陸部はザクセン人とフランク人が進出してきている。

氷河期にはオランダはイギリス（グレートブリテン島）と陸続きであったが、今から一万二〇〇〇年ほど前に氷河期が終わると海面が次第に上昇して、やがて北海が現れ、両者を引き離してしまった。北海が広がるとともに、沿岸部では海からの強い西風により次第に砂丘が成長する。ハーグ付近の海岸から北東の方向に向かって細長くのびている砂丘は高いところでは海抜二〇メートルもあり、天然の防波堤になっている。その背後には砂丘に沿って、細長いが安全で居住に適した土地が広がっていて、古代にはすでに人が住んでいた。また地図をみると、北部の沿岸に寄り沿うようにワッデン諸島が一列に並んでいるのがわかるが、これらの島も砂丘の名残で、かつては本土と地続きであった。

昔は砂丘の割れ目からザイデル海という大きな内海がポケット状に内陸に入りこんでいたが、その後一時的に海面が下がった時期があり、ザイデル海は大きな干潟に変わり、そのなかにはフレヴォー湖というひとつの湖も生まれた。紀元前一世紀にローマ人がこの付近にやってきた頃には、こうした光景が彼らの目の前に広がっていた。海面は現在より一・五メートルほど低かったという。その後紀元二五〇年頃からまた海面が上昇し始め、干潟はザイデル海という内海に逆戻りした。ちなみにこのザイデル海は二〇世紀に大堤防で締め切られ、今はエイセル湖という人工湖に変わっている。

砂丘の背後には広大な低湿地が広がっていた。これは三本の大河が上流から運んできた大量の土砂が作り出したデルタ地帯である。そのなかには水深の浅い大小の湖が無数にあり、枝分かれした大河の分流が網の目のようにつながっていた。そして長い年月のあいだにこの低湿地は水辺の植物や灌木で覆われ、それらの枯れたものが分厚く堆積し、そこはたっぷり水分を含んだ

▼**アムステルダム付近の国土断面図**　北海の沿岸には砂丘が細長くのびて、その内側には球根栽培地などが広がっている。鉄道や高速道路は海面より高いところを走るが、スヒッポル国際空港は海面下の干拓地にある。アムステルダム旧市内は海面より上の泥炭地にあり、建物は丸太を地中深く打ちこんで土台を強化している。郊外の干拓地にも海抜ゼロメートル以下のところがある。点線はアムステルダム標準水位を示し、これを基準に市内の港や運河の水位が調節されている。北海は潮の干満により標準水位よりも水位が高くなる時間帯もある。

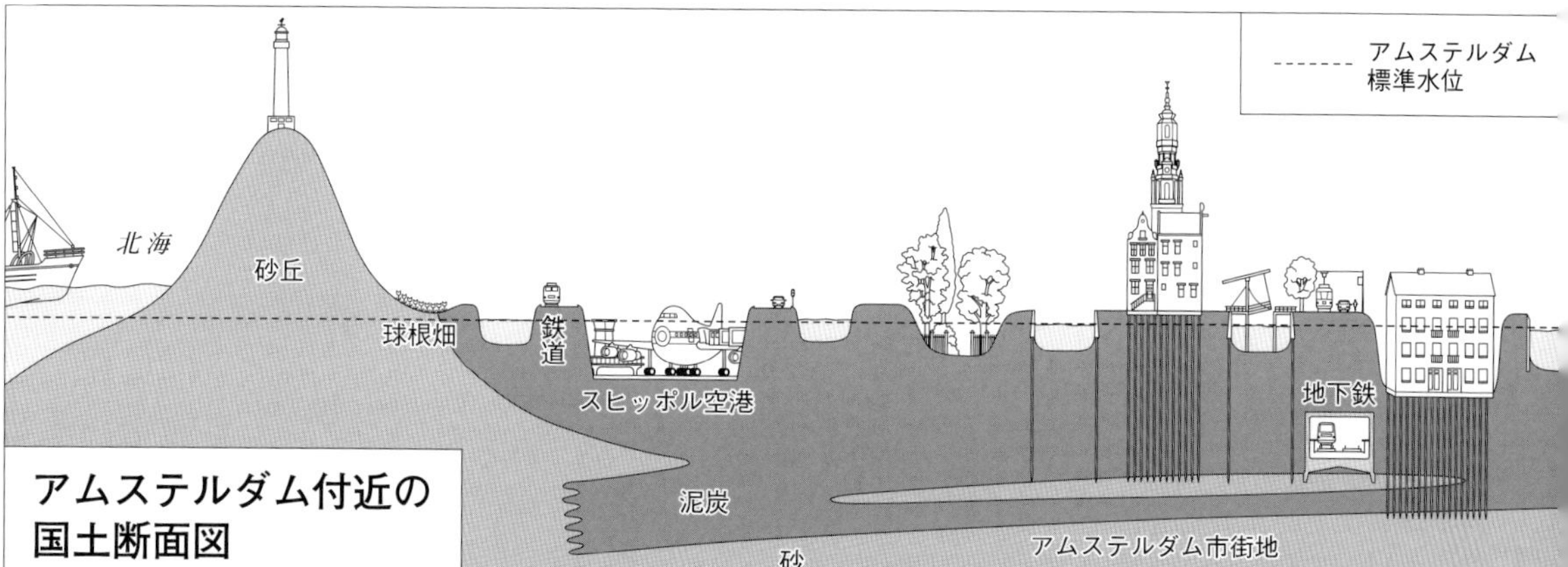

アムステルダム付近の国土断面図

スポンジ状の広大な泥炭地に変わっていった。オランダ中央部のデルタ地帯は、こうしてできた泥炭地であった。ただしここに人が住むようになるのはまだかなり先のことで、一〇世紀以降である。

泥炭地の開墾

現在のオランダの地にローマ人がやってきたのは紀元前一世紀であったが、彼らはこの泥炭地ではなく、もっと内陸のライン川やマース川沿いに住んでいた。五世紀はじめにローマ人は姿を消し、入れ替わりにゲルマン人が入ってきたが、彼らも泥炭地は避けていた。一〇世紀頃になってやっと西ヨーロッパ社会が落ち着きを取りもどし、人口が増えてくると、泥炭地に進出して住む人も出てきた。一一世紀になるとかなり大規模な開墾も始まったらしい。一〇、一一世紀には少雨の比較的乾燥した気候が続いたことが幸いし、これが水をたっぷり含んだスポンジ状の泥炭地の開墾を容易にしたのではないかとみる人もいる。

当時の地元の有力な領主は一一世紀頃から積極的に泥炭地の開墾を進めて、農民の入植を増やし、勢力圏を拡大していった。修道院や個々の農民も開墾を進めたが、領主が行なった開墾はそれよりずっと大規模で、また組織的であった。開墾は広い泥炭地の真ん中に排水路を一本掘り、その両側に短冊形の土地が整然と並ぶように区画して進める。ひとつの短冊形の面積は平均して一〇ヘクタールほどであった。それぞれの短冊形の土地の周囲にも細い排水路をめぐらし、水抜きを行なう。正方形よりも細長い短冊形のほうが水抜きが容易になるという。水抜きが進み、乾燥していくと地面が次第に沈下していく。乾燥がある程度進むと、第一段階としてその土地は畑になる。その後何年かしてさらに乾燥が進み、耕地としての地力が落ちてくると、今度は放牧地にする。これが泥炭地の基本的な開墾のやり方であった。

デルタ地帯の泥炭地は水抜きが進むと、全体的に地盤が沈下していく。現在でもごくわずかながら沈下しているという。いわば泥炭地の宿命である。元来が低湿地であるところに、それよりもさらに低い畑や放牧地が作られていくから、開墾地を新たな冠水から守るために、排水路を綿密に管理し、水位を調整していくことが重要になる。

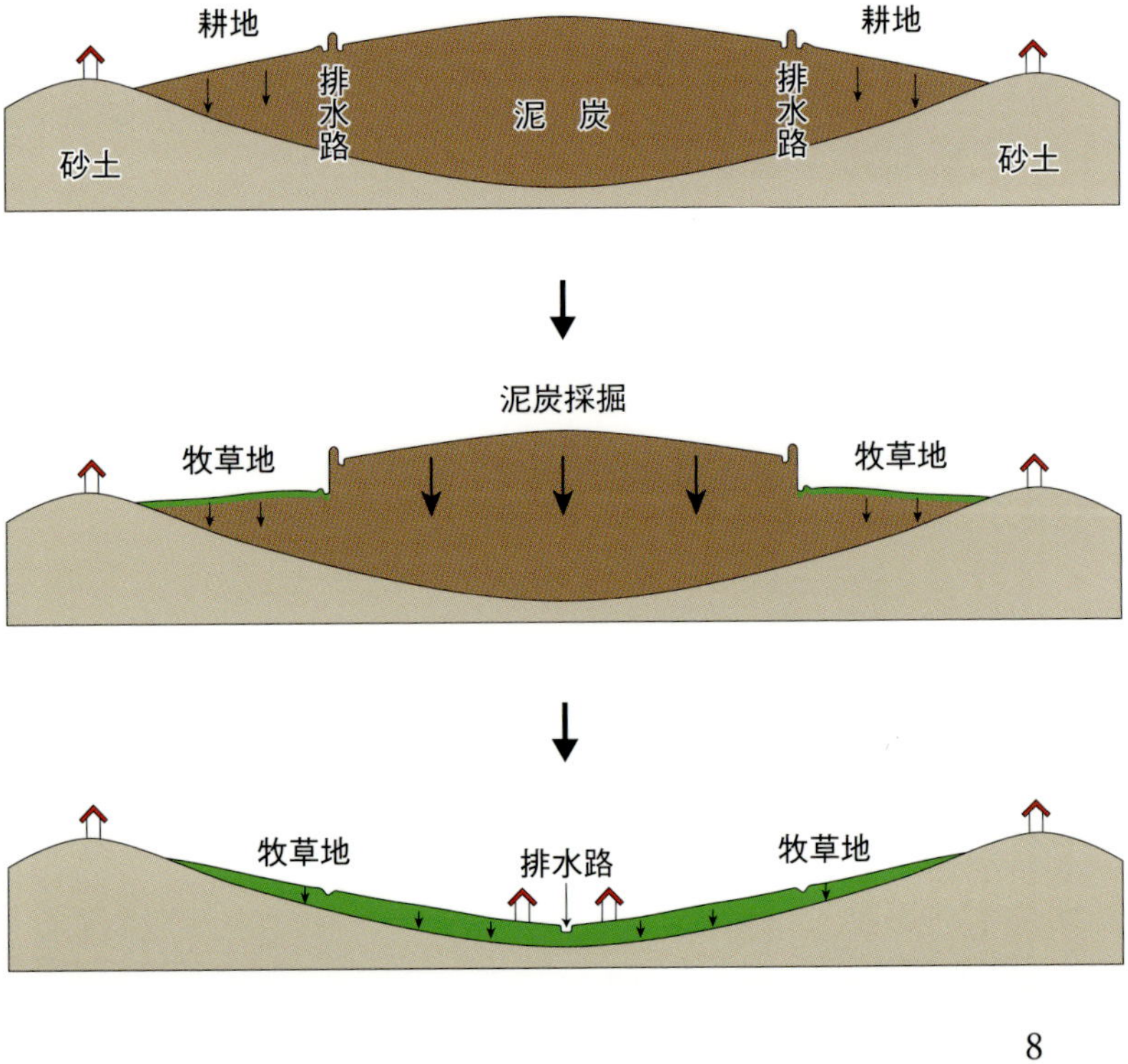

▶泥炭地の地盤沈下　開墾により乾燥が進むと次第に地盤が沈下していく。

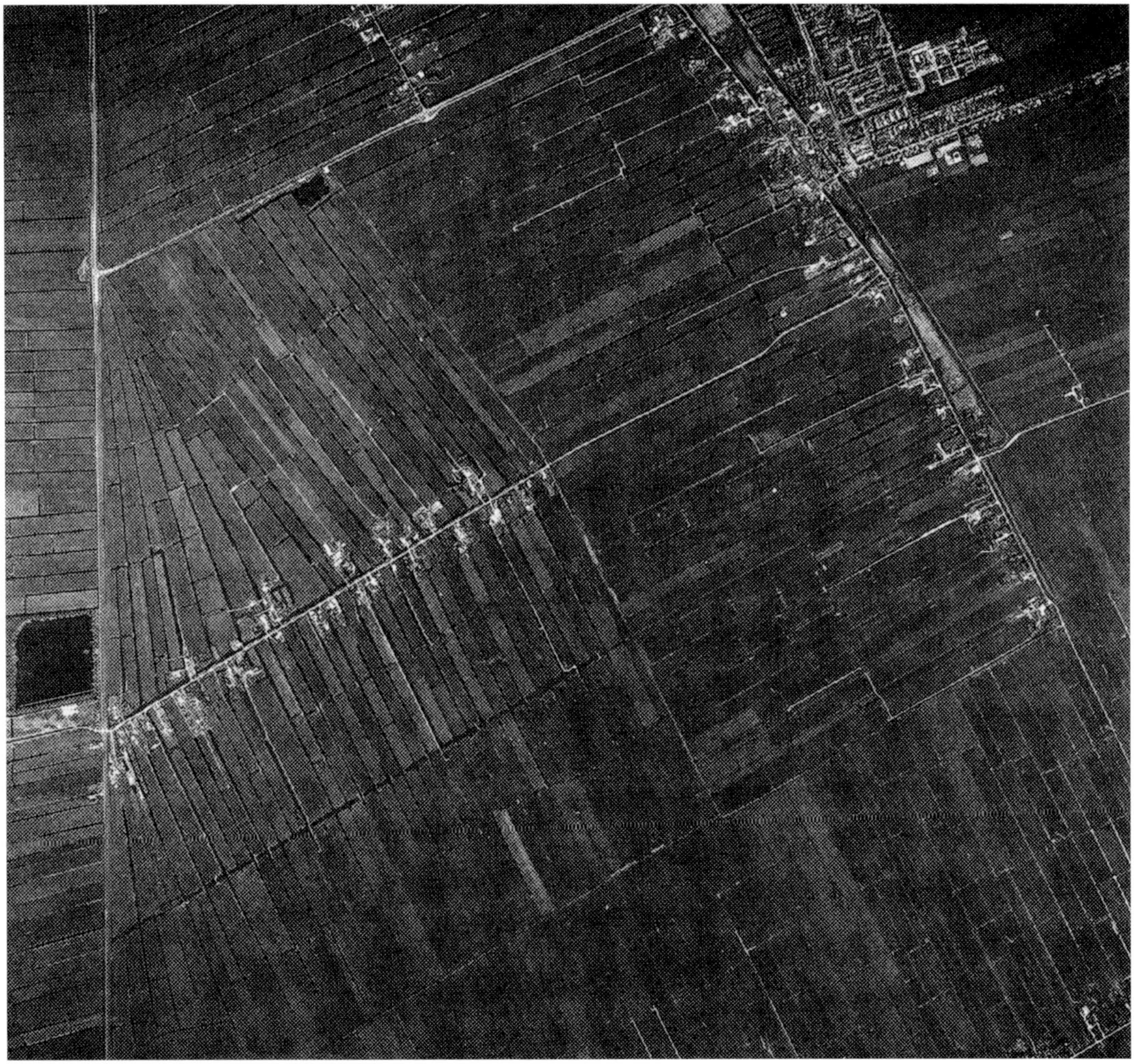

◀**泥炭地の開墾**　ユトレヒト近くの泥炭開墾地。当時の開墾のやり方がよく現れている。

◀**泥炭の採掘**　長方形に切り出した泥炭を船に積んでいる。泥炭の採掘はオランダの北部では二〇世紀なかば頃まで行なわれていた。木靴をはいている人がみえる。

この地方の開墾は水との戦いでもあった。こうした開墾の跡は今でも整然と区画された放牧地として見ることができる。さながら古代日本の条里制で区画された水田のようである。

　泥炭地には泥炭の採掘というもうひとつの用途がある。泥炭の採掘は表土を取り除いてから、スコップでコンクリート・ブロックほどの大きさの長方形に切り出す。これを長い時間をかけて天日で乾かしてから、燃料として燃やす。

　オランダでは泥炭地の開墾と同時に、それと並行して泥炭の採掘も始まったと思われる。地下数メートルまで掘り下げていくので、掘り出した跡には大きな穴もしくは窪地ができ、そこに雨水がたまり、やがて人工の池となる。泥炭の採掘面積が大きくなればなるほど人工の水面が増えていく結果になる。ここにもオランダの国土形成過程のひとつの特徴をみることができる。中世ではまだその水面もそれほど大きくはなかったが、一六、一七世紀になり人口が増えて家庭用燃料需要が大きくなると、泥炭の採掘はひとつの産業となる。それに加えてさまざまな工業も燃料として泥炭を使うようになると、その需要はいっそう大きくなり、大規模な泥炭採掘へとつながっていった。その結果、あちこちに新たな人工の水面が大きく広がるようになる。水面が大きくなれば、必然的に洪水の危険も高まる。したがって水位の調整がいやがうえでも大きな課題となった。

堤防の建設

　一二世紀頃になると、洪水や高潮から土地を守るために大規模な堤防の建設が始まる。もっとも洪水の危険が高い海岸や河川部から着手し、長い時間をかけて二重三重に堤防を築き、水の危険から国土を守っていった。時間がたつにつれて堤防も沈下していったので、徐々にかさ上げしたり、幅を広げることがなされた。危険が予想されるところには予備の堤防を作ることもあった。堤防の水もれを発見した少年が、自分の腕をその穴に突っこんで堤防の破壊をくい止めたという有名な話があるが、これはもちろん実話ではない。自然の威力の前では堤防もしばしば崩壊したから、こうしたフィクションが現実味をもって語られるほど、そこに住む人々は堤防の保守、維持管理には細心の注意を払っていたことがうかがわれる。

　堤防の管理は個人の手には負えないものであるから、地域住民の協力が不可欠になる。長い堤防はいくつかの区間に分けて、

▶**二重堤防**　最初の堤防に隣接して、さらに高い堤防が作られている。

◀テルプ（テルペン）　ほぼ原形をとどめているテルプ。周囲より数メートル高く盛り土している。

それぞれの地域の住民が保守管理にあたった。やがて区間ごとに住民は治水団を組織するようになった。一三、一四世紀には領主もそれに参加し、堤防管理人や治水管理人を派遣して、住民と一体になって治水に取り組んだ。治水団は地域的なものから次第に広域な組織に発展し、今も存在している。

テルプに住む人々

　これに対してオランダ北部のフリースラント地方やフローニンゲン地方では事情が少しちがっている。そこは大河の河口から少しはずれているせいか、デルタ地帯のような大量の土砂の堆積がなく、泥炭地とはならなかった。その代わり比較的安定した海成粘土質のところが多いという。潮の干満の影響をまともに受ける低湿地であることには変わりがない。

　オランダの内陸部では氷河期が終わってまもなく、人の居住が始まる。紀元前七〇〇〇年頃からその痕跡があるという。そして次第に人口も増えてくると、土地を求めて内陸部から沿岸部に移動してくる人も出てきた。当初は同じ沿岸部でも地盤の不安定な泥炭地を避けて、土質の安定していた北部の海成粘土質のところに住む人が多かったようで、紀元前五世紀頃には北部のフリースラントやフローニンゲンの沿岸部には水と戦いながら住む人が増えていった。

　こうした人々について、ローマの有名な博物誌家、大プリニウス（二三―七九）は次のような有名な記述を残している。「一日に二度広大な地域が海に覆われ、陸と海の区別がつかなくなる。満潮のときには住民は船に乗っているようで、干潮のときには難破船に乗っているようだ」と。これは四七年にこの地を訪れたプリニウスが、オランダ北部の情景を描いたものとされている。干潟や低湿地が広がり、そこにも確かに人が住んでいたことがわかる。ここで船とか難破船にたとえられているのは、わずかばかりの人工の盛り土のことで、人はその上でかろうじて生活している。満潮になれば周囲は海となり、この盛り土はさながら船のように海に浮かんでみえ、潮が引くと海岸に打ち上げられた難破船のようにみえるというわけである。この盛り土は人工の小高い丘で、紀元前五〇〇〇年頃からすで

◀キンデルデイクの風車群（写真提供：ＰＰＳ通信社）

に作られていたとみられている。この盛り土のことを住民はテルプ（もしくはテルペン）、地方によってはウィールデやウールデとよんでいた。

このテルプは周辺より一、二メートル高くなっていて、その上に粗末な住居や家畜小屋が建てられ、わずかばかりの家庭菜園を営むほどの広さであった。やがて少しずつその面積を広げていって、畑や放牧地までも含む大きなテルプも作られ、いくつかのテルプをつないで、集落を形成することもあった。

盛り土用の土は周囲から掘り出したが、手当たりしだい掘り出したのではなかった。近くにある別のテルプと小船で行き来できる水路を作るために、計画的に細長く土を掘り出した。したがってテルプの数が増え、その規模が拡大するにつれ、同時にそれに合わせて水路ものびていく関係にあった。やがてこの地方全体がこうした水路で結ばれて、小船がテルプ間をつなぐ重要な交通手段となった。そのうち船着場なども整備され、この水路は単なる生活水路にとどまらず、さまざまな物資の輸送などの経済活動にも使われるようになっていった。このオランダ北部地方には、古くからフリース人というゲルマン系の部族が多く住み着いていたが、彼らはこうした生活で培った技術をもって、やがてライン川をさかのぼってドイツの各地と交易し、さらにイギリスやバルト海方面にも進出するようになった。ここには水を積極的に利用し、水と共存する人々の姿がある。こうしたテルプと人工の水路を基盤にした生活をテルペン文明とよんで、その歴史的意義を強調する人もいる。

しかしテルプとて万全ではない。そのため中央部の泥炭地で堤防の建設が始まると、それに合わせるように北部でも一二世紀頃から海岸線に沿って、より安全な堤防の建設が進められ、一二〇〇年頃にはフリースラント地方全体が堤防で囲まれるようになった。こうしてテルプはその歴史的役目を終え、次第に姿を消した。

風車による干拓

風車は今もオランダの重要な観光資源で、ロッテルダムの東にあるキンデルデイクでは一九基の風車が立ち並び、世界遺産として多くの観光客を集めている。風車の技術は一三世紀にフランスとドイツから伝えられたといわれ、当初は製粉に使われていたが、オランダ人はこれを排水に利用することを思いついた。排水用の風車が初めて現れたのは一四〇七年頃で、ザイデル海に近いアルクマールであった。その後急速に泥炭地に普及したところをみると、排水が焦眉の問題になっていたことがわかる。風車は風頼みという弱点はあるものの、水と戦うオランダ人の歴史のなかでは画期的な進歩であった。

当初風車は排水用として水位の調節に使われたが、一六世紀になると今度はより積極的に干拓にも利用されるようになる。泥炭の採掘でできた人工の池や天然の湖沼の排水をして、干拓地を作り出すことが始まった。風向きに合わせて羽根の向きを変えられる新しいタイプが一五二六年に発明されたことがきっかけになったようで、これ

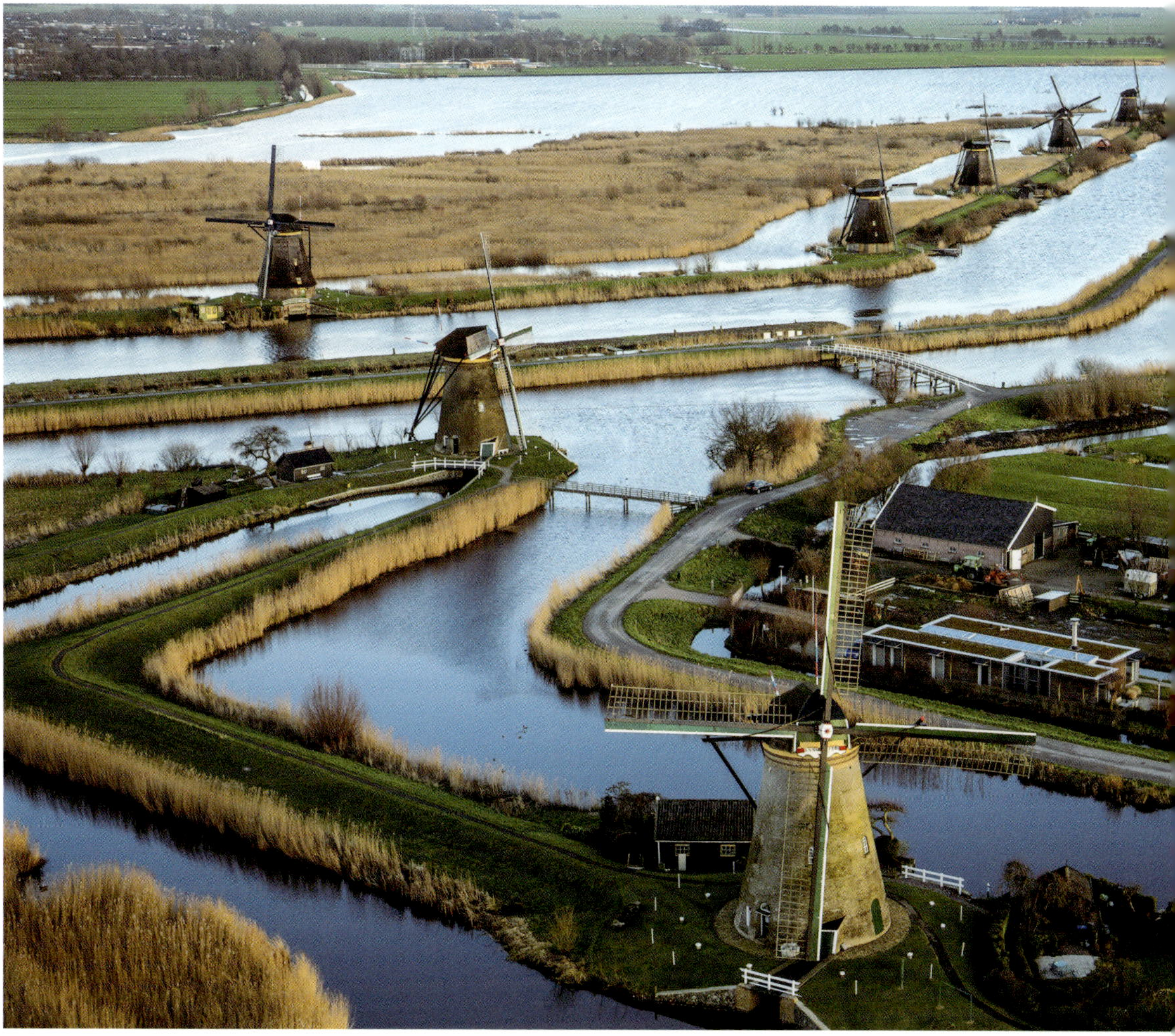

により排水能力は大きく向上した。それまでは泥炭採掘後の跡地は水がたまって、土地は失われるばかりであったが、その土地を再び取り返すことが可能になった。元来が海抜ゼロメートルに近い低湿地であり、そこを泥炭採掘でさらに数メートル掘り下げたわけであるから、干拓地の多くは海面下の土地となって現れる。こうした干拓地をポルデル（ポルダー）とよぶが、オランダの国土の約二六パーセントはこの干拓地からなる。

干拓は当初は三段階ぐらいに分けて行なわれた。これは当時の風車に連動している水かき車ではせいぜい一・五メートルぐらいの高さまでしか水をかき出せなかったからである。一五ページの図をみればわかるように、各段階ごとに堤防と排水路を作り、それぞれの高さに風車を建てて排水していく。これを段階式排水とよんでいる。排水用風車は単独で立っていることは少なく、キンデルデイクのように列をなして並んでいることが多い。

一七世紀になると新しいスクリュー式ポンプが登場して、排水能力はさらに向上した。このポンプを備えた風車は揚水風車とよばれるが、これは古代ギリシャのアルキメデス（前二四七頃―二一二）が考案した方法を応用したもので、巨大なネジ釘のよ

▶**回転風車**　風車の中心部にある一本の主柱を軸に、風向きに合わせて風車の胴体が回転するようになっている。風車の高さは主柱の長さに左右され、あまり高くない。

◀**首振り風車**　風向きに合わせて風車の頭の部分だけが回転するようになっており、風車をより高く、大きくすることができた。頭の部分は約九〇度回転できる。

うな装置を回転させて水を下から上に導き揚げる。約四メートルの高さまで排水可能で、効率がよく、排水の時間を短縮することができた。また必要な風車の数も減らすことができた。

　一七世紀はオランダの経済がもっとも輝いていた時代で、旺盛な経済活動に呼応する形で干拓事業が展開された。泥炭採掘で失った土地を取りもどすばかりでなく、あちこちに点在する自然の湖沼もまとめて干拓して新たな土地を生み出す段階になった。ホラント州の北部地方では一七世紀に四八件の干拓事業があり、約二万七〇〇〇ヘクタールの土地が新たに獲得された。この段階になると都市の大商人や資産家、貴族などが積極的に干拓事業に投資し、干拓は営利事業に変わっていく。新たに造成された土地は一〇ヘクタールほどの短冊形に区画されて出資者に配分された。興味深いことは、投資額の大きな人がまとまった大きな土地を優先的に入手して有利にならないように、そういう人には何カ所かに分散して配分されたという。こういうところにオランダの伝統的な民主主義の起源があると

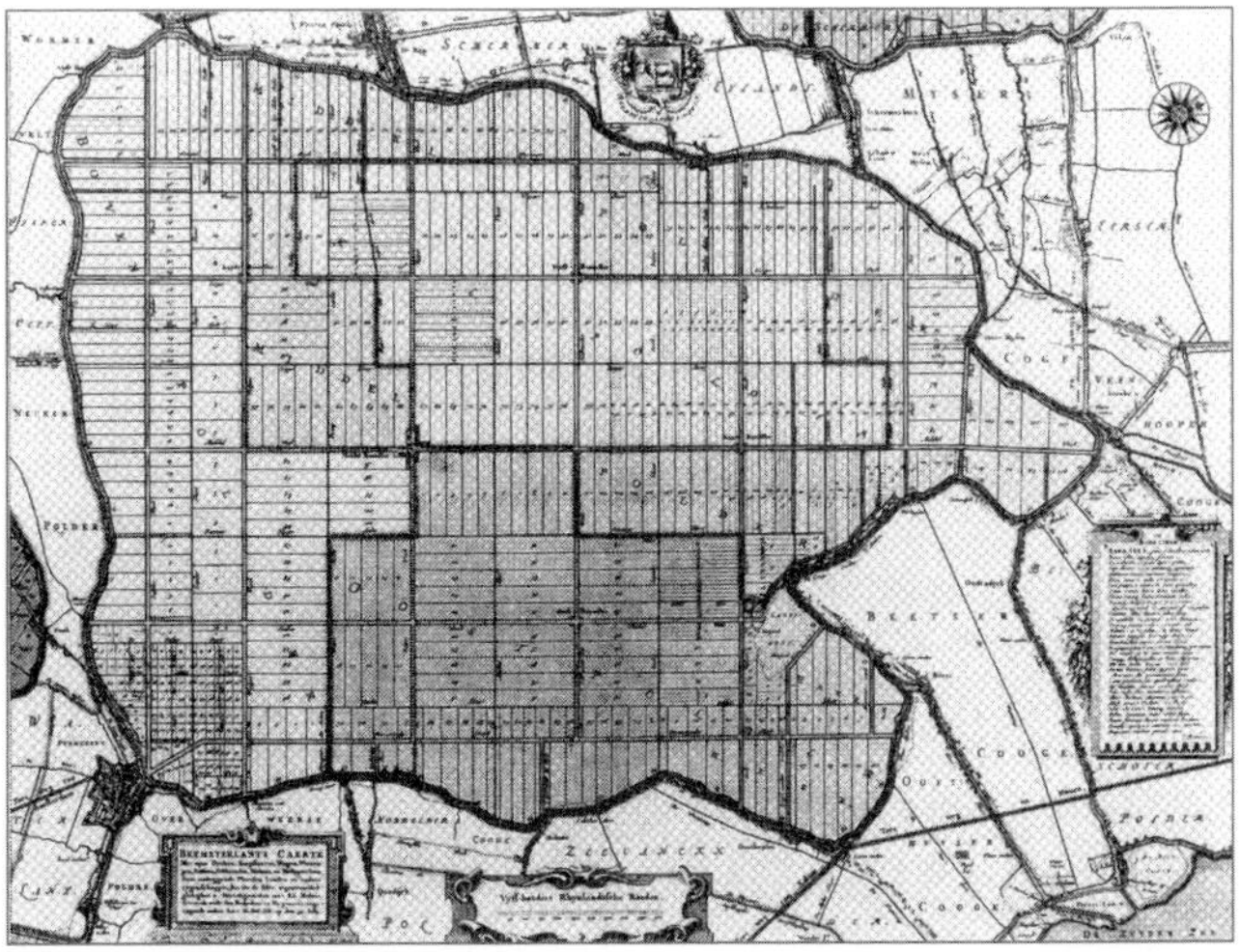

▶**干拓地の土地区画**　アムステルダムの北約二〇キロメートルにあるベームステル干拓地。一七世紀前半に干拓された。

誇らしげにいう人もいる。ともかくこうして海抜ゼロメートル以下の土地とその周辺に立つ風車がオランダの新しい景観となっていった。

オランダ人はこのように長い時間をかけて水と戦い、かつ水と共存してきた。それに関わる貴重なノウハウを国民的財産として蓄積して現在にいたっている。しかしそれでもオランダのように海に面した低湿地ではたえず洪水の危険と背中合わせで、自然の脅威を前にしてはその備えも万全とはいかない。特に沿岸部では高潮の危険が大きい。晩秋から二月頃にかけて大西洋で発生する暴風がしばしば高潮を伴い、甚大な被害をもたらす。高潮による大洪水は一〇世紀以降だけでも二〇回近く記録されており、そのつど多くの人命や財産が失われている。二〇世紀にいたり、オランダは二つの巨大プロジェクトを完成させた。これについては改めて取り上げるが、これでオランダ人はやっと水の脅威から解放された感があるが、地球温暖化に伴う海面の上昇によってまた新たな問題をつきつけられている。

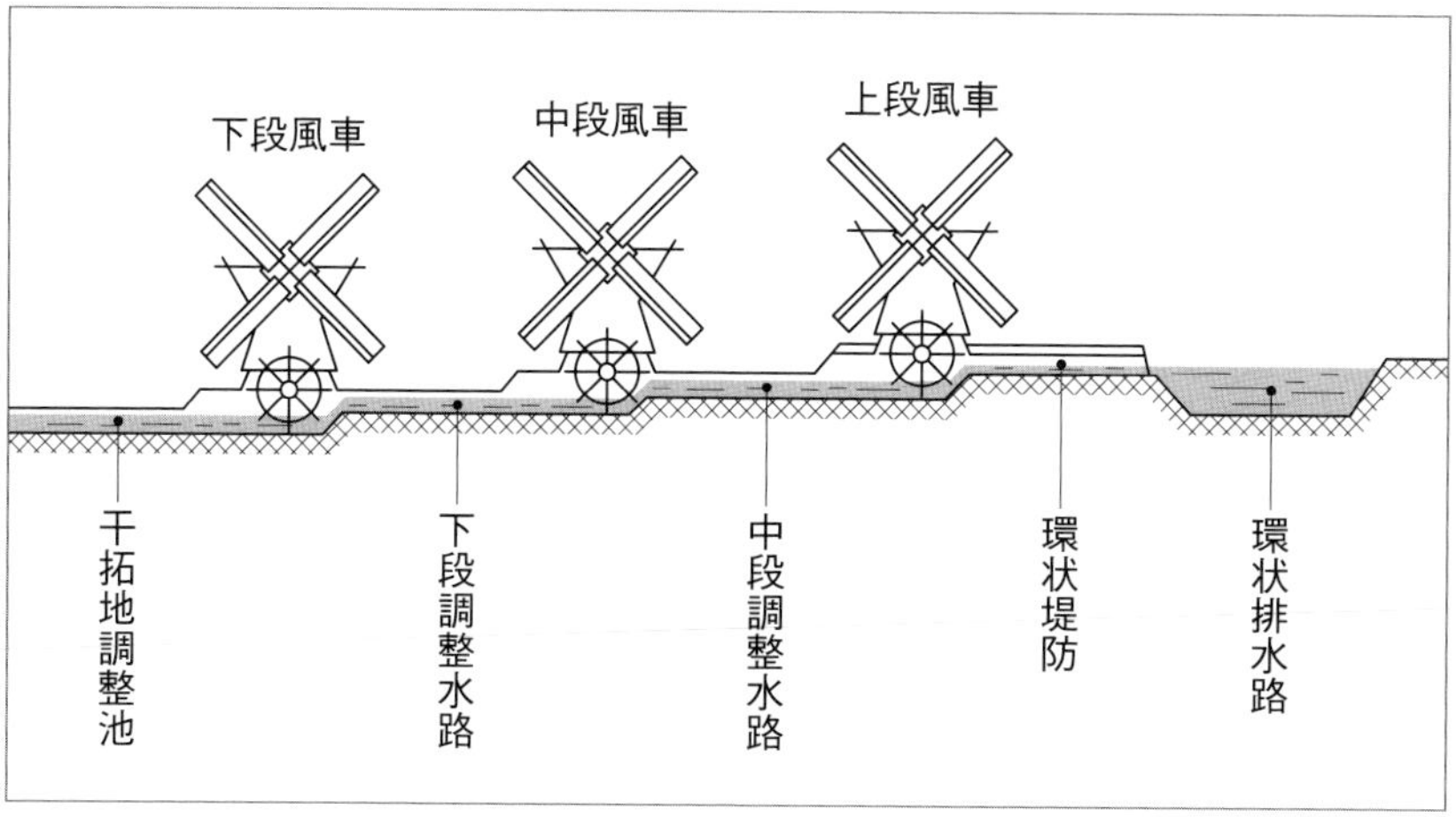

◀風車排水の三段階　三段階の高さに風車を作り、低いところから順に水をくみ上げ、排水路に流す。干拓はまず高い風車で排水し、水位が下がったら、次の風車を作り排水を続ける。水位次第で二段階排水ですむこともある。

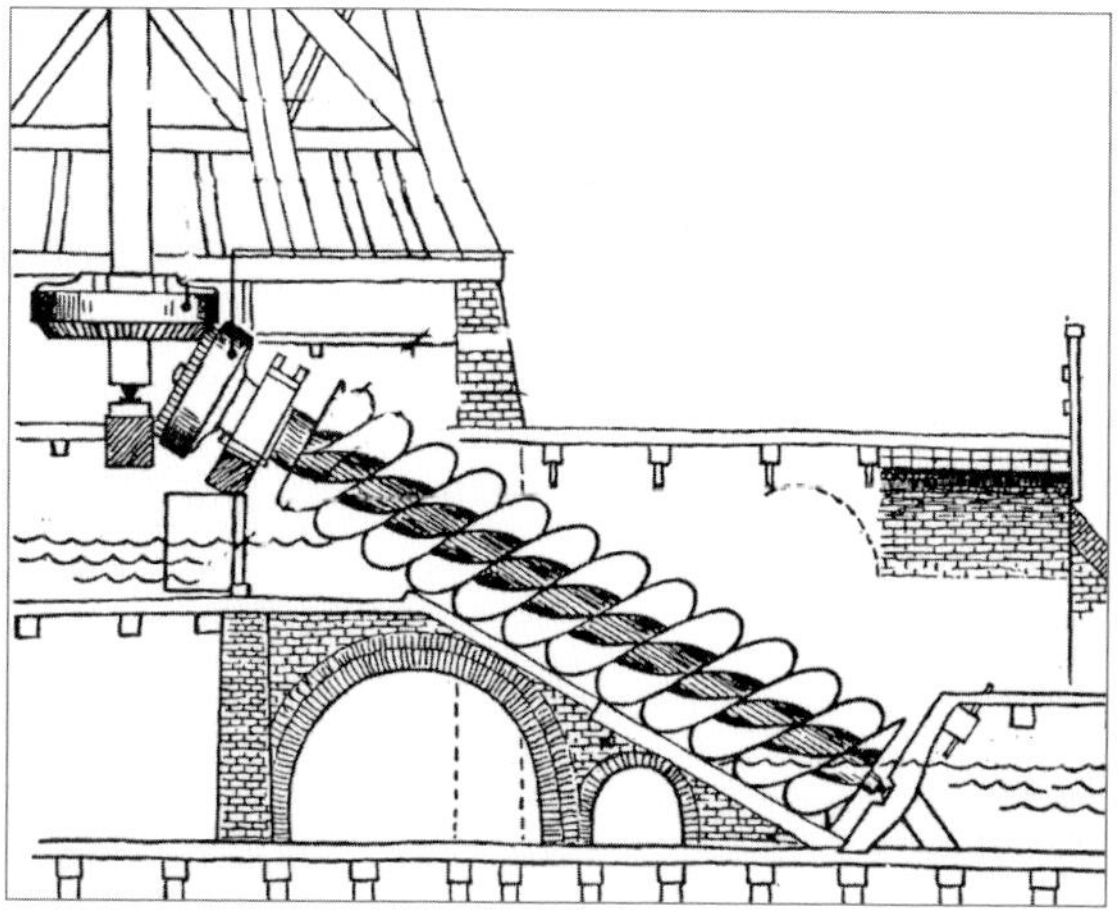

▲▼スクリューポンプ

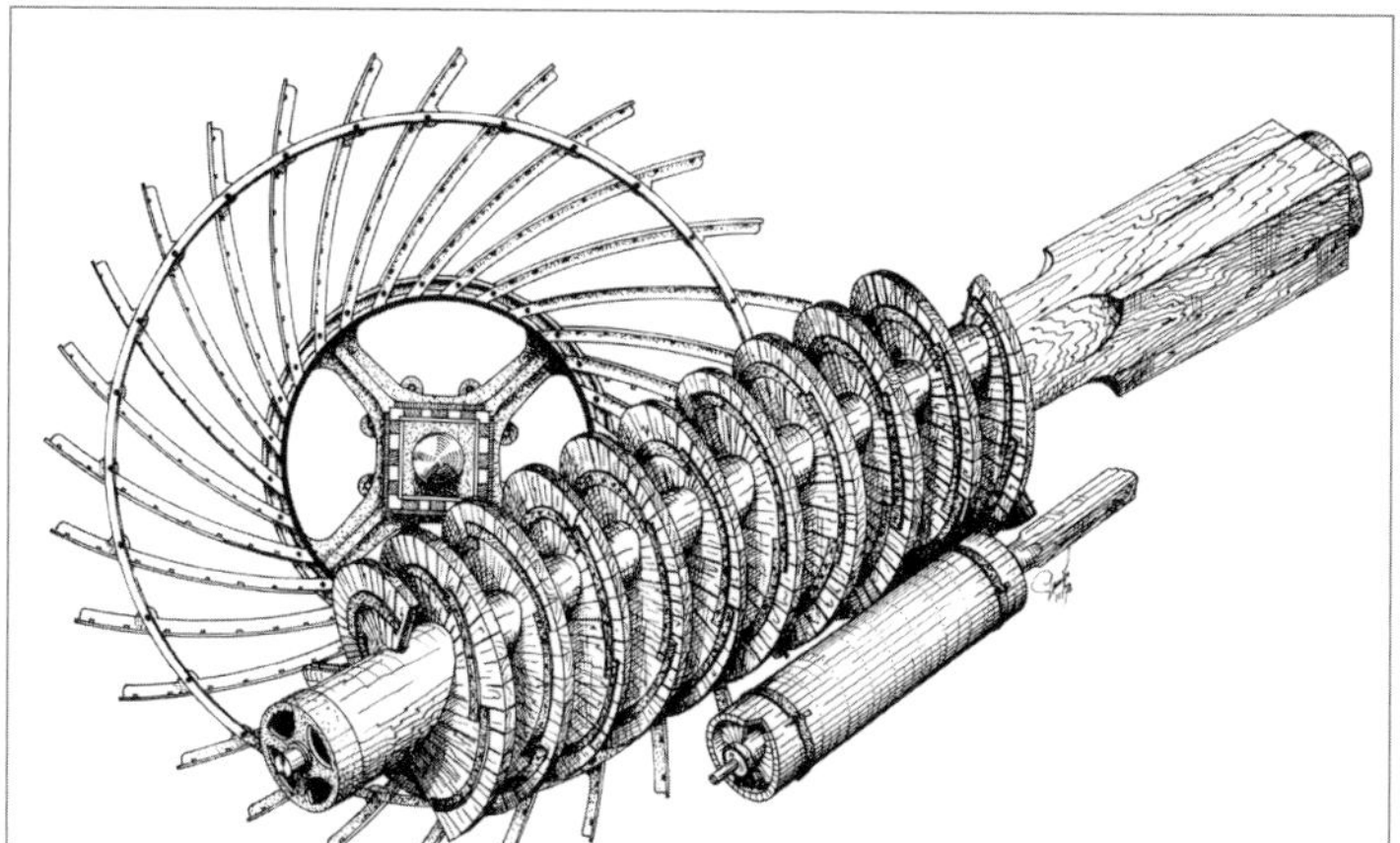

二章　古代ローマからフランク王国へ

ローマ時代と民族大移動期

現在のベネルクス三国やセーヌ川以北の北フランス、さらにライン川以南のドイツ西部を含む一帯は古代ローマ時代にはガリア・ベルギカ地方とよばれ、そこにはいわゆるベルガエ人が住んでいた。彼らは紀元前三世紀頃から北方のゲルマン人の影響を強く受けてゲルマン化が進んだケルト人であったらしい。ベルガエ人といっても、その中はさまざまな部族に分かれていた。たとえばネルウィイ、モリニ、メナピイ、トレウェリ、アドゥアトゥキ、エブロネス、カニネファートなどといった部族で、いくつかの地方に部族ごとに分かれて集住していた。このベルガエ人がローマの将軍カエサルに攻撃されたのが紀元前五七年のことで（ガリア戦争）、彼らはほどなく制圧されて、抵抗をやめた。

その後ローマは前一三年にベルガエ人の居住地を属州（のちにはゲルマーニア州の一部となる）として組みこみ、レック川（ラ

◀古代ローマ時代の民族分布　ローマ人はライン川流域に城砦や宿営地をおいていたが、ケルト人、ゲルマン人は部族ごとにまとまって各地に定住していた。

イン川の一分流）をその北限とした。こうして現在のオランダの地はライン川を境に南北に分断され、南側はゲルマン人と対峙するローマの前線基地の任を負わされた。オランダのライン川沿いにはネイメーヘン、ドーレスタット、ユトレヒトなど一定の距離ごとに要塞が築かれ、さらに海岸に近いフォールブルフ、ファルケンブルフには兵士の宿営地がおかれ、兵士が駐屯していた。そこでは住民のローマ化が急速に進み、ネイメーヘンのようにやがて本格的なローマ都市に成長するところも出てくる。

　オランダはこのようにゲルマン人と対峙する最前線であったが、そこにはすでに一部のゲルマン人も住んでいた。ライン川の下流域にはバターフ人やフリース人、内陸部の東部にはカマーフ人などが住んでいて、ローマとは友好関係を保ち、兵士の調達などで協力していた。バターフ人は元はライン川上流域に住んでいたらしいが、ローマ人によって下流の、現在のオランダの地に移されたという。彼らはローマ人のお膝元であるネイメーヘンを中心に居住し、ライン川の国境線を守りながら、ローマの技術を取り入れて高度な農業を営んでいた。これに対して北部の沿岸部に住んでいたフリース人は、しばしばローマの支配に抵抗する動きをみせていた。

　ところがバターフ人は西暦六九年から七〇年にかけて、皇帝ネロの死でローマが混乱したのに乗じて、ローマに対して大規模な反乱を起こす。ローマによる度重なる重税と徴兵に不満を爆発させたものであった。この反乱にはフリース人やカニネファート人、カッティ人なども盟約を結んで加わり、さらにライン川右岸のゲルマン人も加勢した。ローマの支配に対する不満が広範囲にわたってくすぶっていたことがわかる。しかしこの反乱はローマ軍に鎮圧されて失敗に終わった。その後まもなくローマ人とバターフ人は友好関係を回復した。

　オランダの地はその後ローマのゲルマーニア州の一部として、〝ローマの平和〟を享受し、平和で比較的安定していた。しかしバターフ人はその後なぜか歴史から姿を消した。もっと南のほうに移っていったのではないかという説もあるが、はっきりしたことはわからない。それにもかかわらず近世のオランダ人のなかには自分たちの先祖はバターフ人であるとして、意識的にそれを強調する人も出てくる。

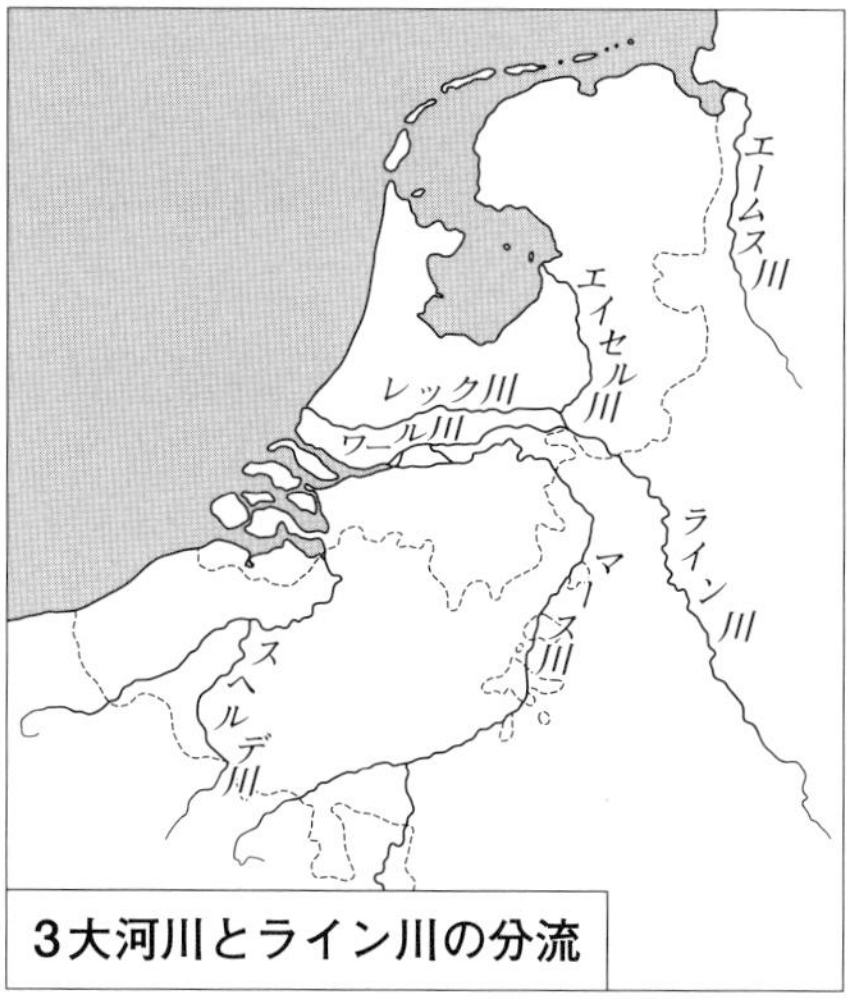

▲三大河川とライン川の分流　ワール川とマース川は下流では入り組んで流れている。二世紀頃の本流はレック川。

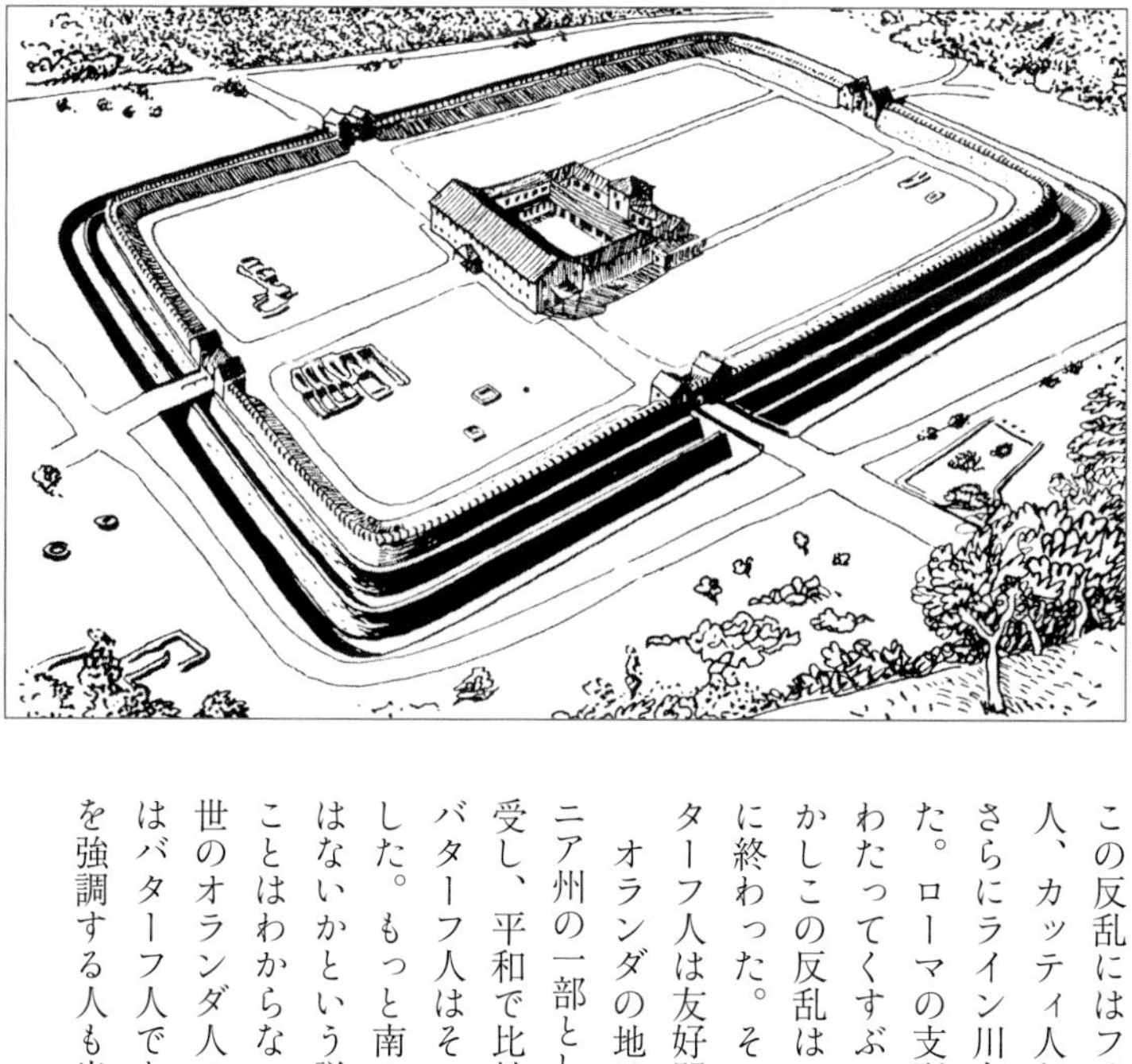

▲ローマ軍の要塞

▲バターフ人のローマに対する反乱　このレンブラントの名画は当初はアムステルダムの新市庁舎に展示されていたが、現在はストックホルム国立美術館にある。

三世紀後半になると北からローマ領へ侵入してくるゲルマン人が目立ってくる。ローマの政情が不安定になり、異民族に対する睨《にら》みが次第にきかなくなったためと思われる。二五六年からフランク人、わけてもサリ・フランク人が軍団を組織して次々とライン川を越えて侵入してきた。多くの都市が襲われ、ゲルマーニア州も混乱した。二八七年にはゲルマーニア州の中心地トリアーも攻撃される始末であった。しかしローマは侵入してくるフランク人を撃退するばかりでなく、同盟者として定着させることも考えたようで、かつてのバターフ人の居住地に侵入してきたサリ・フランク人はローマと協約を結んで、ライン川の下流域にかけて定着した。オランダのマーストリヒトやベルギーのトンゲレン、トゥルネーといったローマ都市はこうしたサリ・フランク人の定着で成長していった。三四〇年頃にはトンゲレンに司教座がおかれ、キリスト教も伝えられた。バターフ人はこのサリ・フランク人の進出によって、オランダの地から姿を消した可能性もある。

四〇二年、ローマ人がゲルマーニア州から事実上撤退したため、権力の空白地帯が生まれ、この地方はゲルマン人に開放されたも同然になった。四〇六年の大晦日にヴァンダル人、スエヴィ人、アラーネ人などのゲルマン人が大挙してドイツのマインツ付近でライン川を越え、長年守られてきたローマの国境防衛線を突破した。サリ・フランク人もこれに合わせてさらに南下し、セーヌ川を越えて、やがてはローヌ川近くにまで達した。彼らの多くは現在のベルギーから北フランスにかけてのガリア北部に定着し、やがてそのなかからクローヴィスがフランク王国を樹立する。

フランク王国の成立

ローマ人撤退後のこの地域の大きな動向は、何といってもフランク王国（四八一頃—九八七）の成立である。オランダの地を越えて南下を続けたサリ・フランク人は、メロヴィング家のクローヴィス（四六六頃—五一一）のもとで、四八一年にメロヴィング朝のフランク王国を樹立する。現在のベルギー南部のフランス語圏にあるトゥルネーがその中心の一つであったとみられる。そして五五〇年頃にはほぼ全ガリアがその支配下に入った。その過程でクローヴィスの後継者はローマ人の統治形態や徴税方法を積極的に取り入れたため、フランク王国では急速にローマ化・キリスト教化が進んだといわれる。

こうして南下するにつれてローマ化を強めたフランク王国は、今度はこのローマ文明を武器に北部と東部にも進出を始めた。つまりローマ時代に住んでいた故地にももどってきた。フランク王国の支配は六〇〇年頃にはライン川付近まで北上したといわれ、その間にオランダの地にとどまり勢力圏を拡大したフリース人や、新たに北のほうからやってきたザクセン人と対峙する形になった。結局、フリース人も抵抗むなしくその一部はフランク王国の支配下に入った。そしてレック川より北のフリースラント（フリース人の故地）も、メロヴィング家のシャルル・マルテル（六八八頃—七四一）により七三四年に制圧されてしまった。これにより現在のオランダの地はほぼ

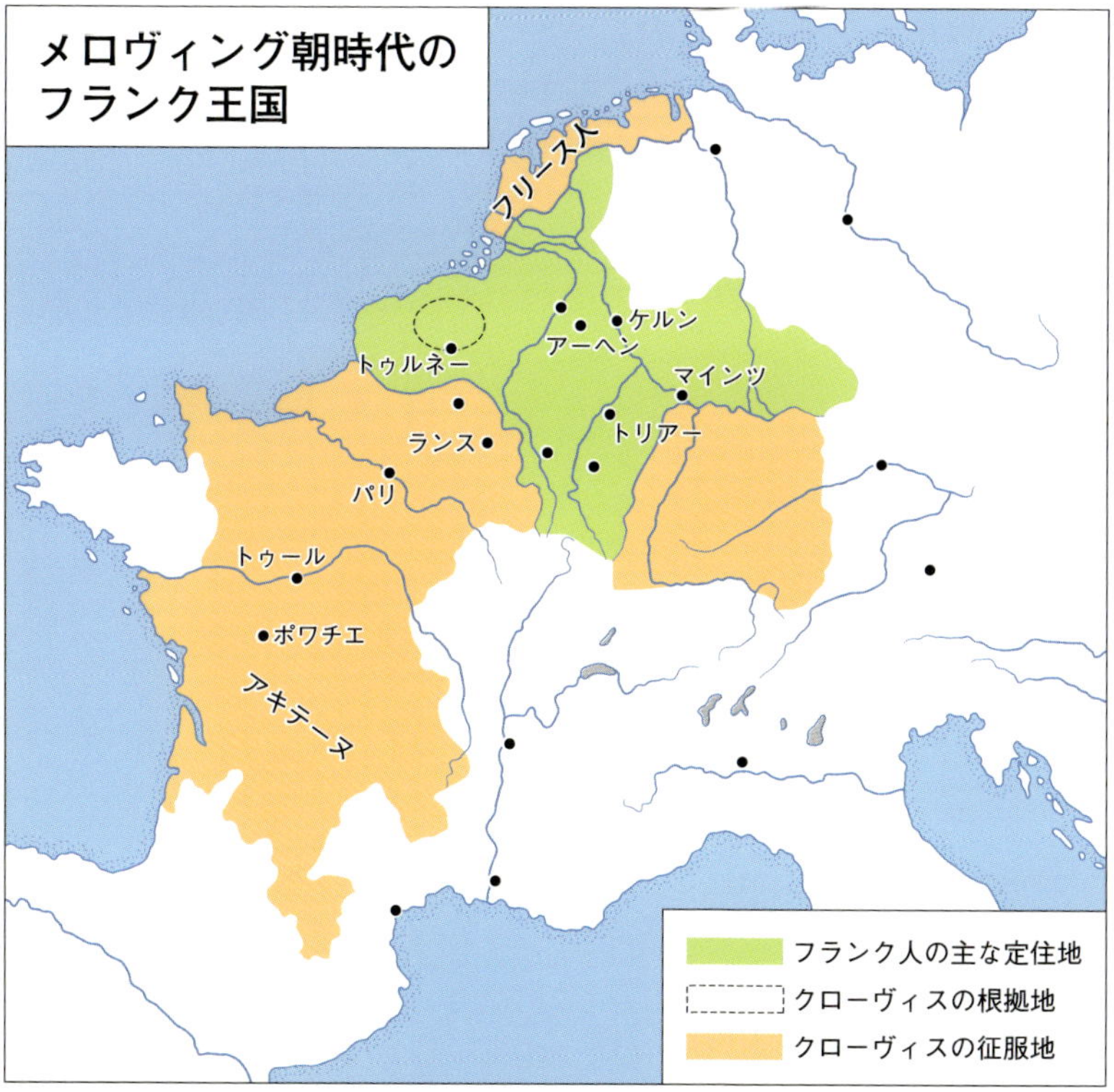

◀メロヴィング朝時代のフランク王国　オランダの中部・南部はフランク王国の中心部に近かった。

▲ボニファティウス　732年にマインツ大司教になり、多くの修道院をつくり、司教区の整備にも貢献した。753年にユトレヒト教会監督人になったが、翌年フリースラントで殺害された。左右中央の人物がボニファティウス。

全域がフランク王国の支配下に入った。

フランク王国はフリース人を懐柔するために、ライン川沿いにいくつか教会を建て、キリスト教の布教を進めた。ローマ時代の要塞ユトレヒトに司教座をおいて、六九五年にはアングロサクソン人のウィリブロード（六五八頃—七三九）を初代の司教として招聘した。かつてクローヴィスが自らカトリックに改宗して、それを武器にフランク人をまとめて勢力を広げていったように、フランク王国はキリスト教の布教を通してフリース人の統合を進めようとしたが、あまり成果はなかったという。七一六年にはやはりアングロサクソン人のボニファティウス（六七二頃—七五四）を送りこんで布教を進めたが、難航し、あげくのはてに彼は七五四年、フリース人に殺害されてしまった。

七五一年にはピピン三世（七一四—七六八）が王位を継いで、フランク王国のカロリング王朝が成立し、その子のカール（シャルルマーニュ）大帝（七四二—八一四）の時代にフランク王国はその最大の版図を記録する。メロヴィング王朝の中心地は現在のベルギーから北フランスにかけての地域であったが、カロリング王朝の中心地はそれよりももっと北東のドイツのアーヘン周辺であった。アーヘンはオランダとドイツの国境にある古都で、カール大帝は八〇〇年にこのアーヘンの居城で西ローマ皇帝に即位している。すぐ近くのヘルスタル（リエージュに近い）やネイメーヘンにも居城をかまえて、しばしば滞在したという。したがってオランダの地はカロリング時代にはフランク王国の中心部になっていたといえる。

カール大帝の時代に、フランク王国は現在のフランス、ドイツはもとより、イタリアの一部、東欧までもその勢力下におさめた。しかしカールの三人の孫が王国の跡目争いをくり広げ、八四三年のヴェルダン条約でフランク王国を三つに分割した。長兄のロターリウス一世（七九五頃—八五五）が治める国が中央フランクで、ここはのちに〝ロタールの国〟（ロートリンゲン）とよばれるようになる。オランダの地はこのロートリンゲンの北端に位置することになった。しかしロートリンゲンは東フランクを継いだドイツ王ハインリヒ一世（八七五頃—九三六）により九二五年に実力でドイツに併合されてしまった。したがってオランダは九二五年以来、法的、形式的にはドイツ（神聖ローマ帝国）の一部を構成することになった。とはいえ、ドイツの西のはずれに位置していたことから、現実にはかなり独立した地域になっていたといっていい。

カロリング王朝の血筋は東フランクでは九一一年に、西フランクでは九八七年に断絶し、フランク王国はその歴史を閉じる。東フランクはドイツになり、西フランクはやがてフランスになる。カロリング王朝の断絶で各地の豪族は独立の動きを強めたといわれており、オランダの有力者もドイツ王とは一線を画し、独自の道を歩み始めた。

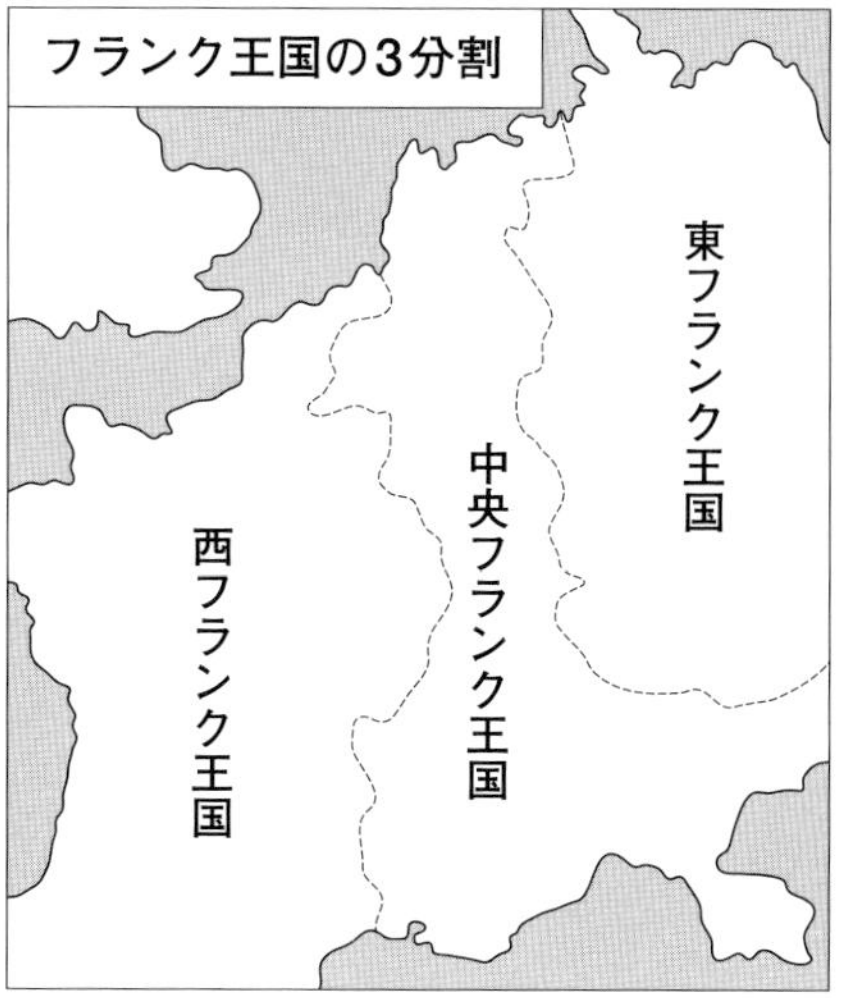

◀**フランク王国の三分割**　オランダの地は中央フランク王国の北端を占めることになった。

カロリング王朝時代の低地地方（現在のベネルクス三国とフランスの北西部を含む地域をさす。ネーデルラント地方ともいう）はガウもしくはパグスとよばれる行政地域に分けて統治されていた。各ガウには国王の代理人として伯（伯爵）が任命されて派遣された。当初は伯は国王の任免が自由な役人で行政、裁判、軍事などを司っていたが、八四三年もしくは八七七年から世襲になり、それを機に地方の有力者にのし上がっていく者も出てくる。

フリース人の活躍

オランダは四世紀末から六世紀にかけてのゲルマン人の民族移動期には不安定な時代が続いたが、フランク王国の支配下で次第に落ち着きを取りもどした。それを示すものはフリース人の旺盛な経済活動である。七世紀に入ると、彼らはオランダの地を越え、活発な商業活動をくり広げた。ライン川が活動の表舞台で、ケルン、マインツ、ウォルムスとさかのぼって、ドイツの奥地にまで進出した。また海を渡り、イギリスのロンドンやヨーク、パリ近郊のサン・ドニ、クワントヴィク（現在のエタープル）、ユトランド半島のハイタブ、さらにはバルト海を通ってスカンディナヴィアにも進出した。ヨークやハイタブには彼らの居留地もあった。東欧のスラブ人とも接触していたらしい。オランダ国内の取り引きの中心地はレック川に面した都市ドーレスタット（現ウェイク・ベイ・デュールステーデ）とユトレヒトで、ここでは貨幣の鋳造も行なわれていた。主な取り扱い商品はドイツ各地の穀物やモーゼル・ワイン、オランダ産の羊の毛皮や魚、塩、リエージュ産の刀剣や武器などであった。奴隷の売買も多くの歴史家が一致して認めている点で、戦争捕虜を奴隷としてアラブ世界にまで売り払っていたという。

フリース人は七—八世紀になぜこのように広範囲にわたる商業活動を展開できたのか。すでにふれたように彼らはテルプの上に住み、水路で近隣とつながっている生活をし、日頃から水に親しみ、船を操るのはお手のものであった。テルプの上で暮らすフリース人は羊などを飼う牧畜とサケやチョウザメをとる漁業が主な生業で、日常の穀物はどうしてもほかから手に入れなければならなかった。これがおそらく彼らを商業活動に駆り立てたと思われる。その見返りに彼らは羊の毛皮、羊毛、魚などをもって出かけた。それに加えて、もし需要があ

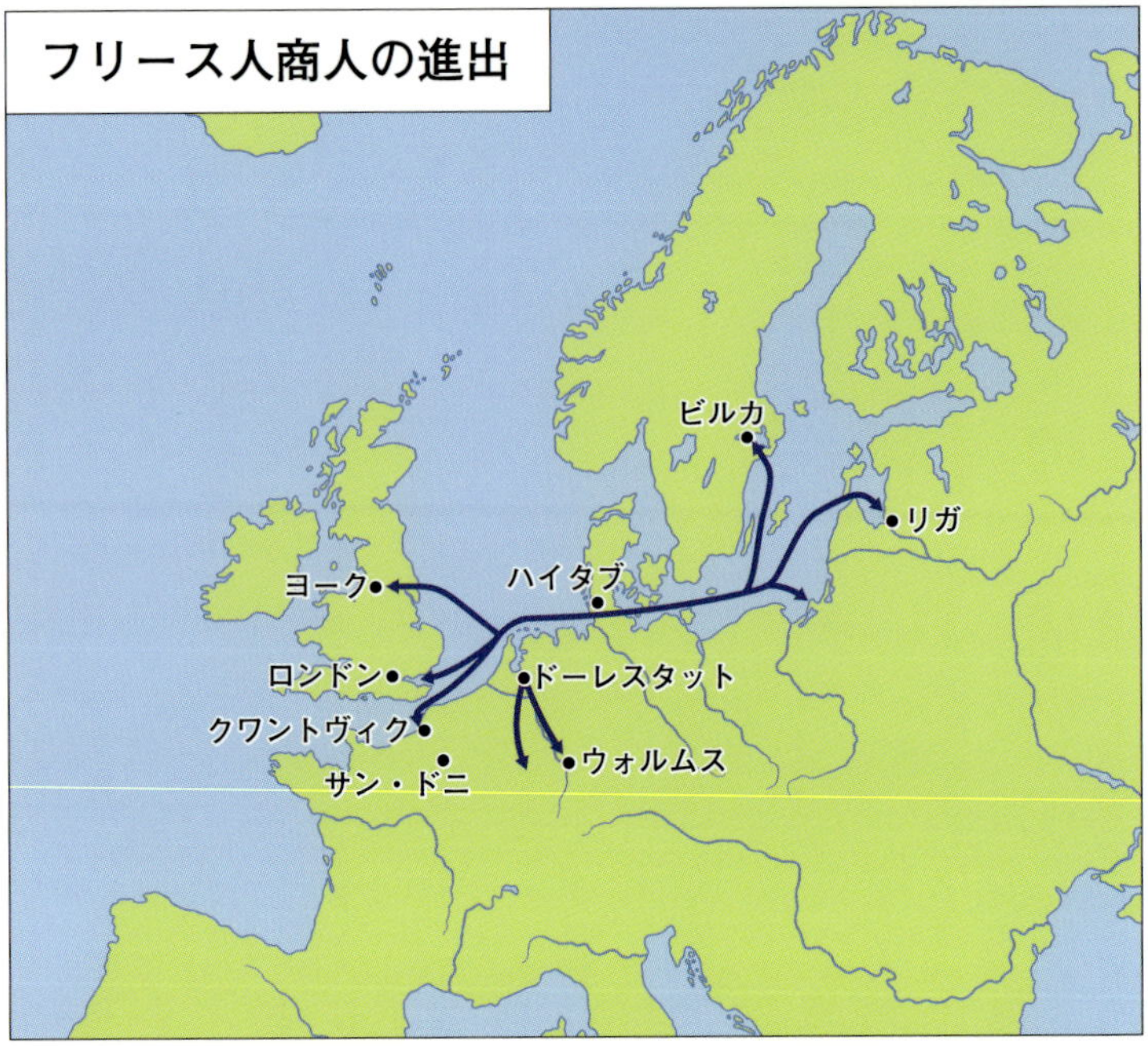

▶フリース人商人の進出　河川を利用して内陸部に深く入りこむと同時に、沿岸沿いにバルト海方面やイギリスにも進出した。

れば、先にのべたような各地の特産物を扱うのは自然な流れである。

　民族大移動の不安定な時代が終わるとともに、フリース人が手広い商業活動を展開したことは、オランダ人の歴史のひとコマとして注目してよいであろう。やがて一七世紀にオランダ人は世界の七つの海へ雄飛するが、何かそれを予感させるようなフリース人の活躍である。大西洋を舞台に大々的に黒人奴隷貿易をくり広げたところなどは、まさにフリース人の商業の伝統を受け継いだものといえるかもしれない。

ノルマン人の侵攻

　低地地方の九世紀は、何といっても度重なるノルマン人やデーン人の侵攻の歴史である。ヴァイキングの名で知られている北欧ゲルマン人の跳梁である。最初に狙われたのはフリースラントで、八一〇年のことであった。その後はさらに南のフランドル沿岸も襲われた。オランダではとりわけ八七九―八八二年の略奪は大規模なものであったという。フリースラントが最初に狙われたのは、その地理的な近さもさることながら、おそらくフリース人が商業活動で蓄積した富に目をつけたからであろう。彼らはやがてライン川やマース川、さらにはスヘルデ川の上流の内陸部にも現れるようになり、さらにはその地で越冬する集団もあった。

　このノルマン人の侵攻で、フリース人の商業は大きな打撃を受けた。八三四年から八三七年にかけてドーレスタットが四回にわたって襲われ、八六三年の大略奪を最後にドーレスタットは立ち直ることなく、歴史から姿を消した。

　ノルマン人は略奪に終始したとみられがちであるが、定着の動きもみせている。こうしたノルマン人の侵攻に手を焼いたフランク王（皇帝）のロタールリウス一世は八四一年に二人のノルマン人首領に侯位を授け、フリース人の住む土地やゼーラント沿岸部の土地を知行地として与えて、侵入をくり返すノルマン人の定着を試みた。このうちのひとりロリックは、これを受けてドーレスタットを中心にしてノルマン侯国を建て、以後三〇年ほどこの地を支配した。彼はキリスト教に改宗したとさえいわれている。ノルマン人の定着地としてフランスのノルマンディー（九一一年建国）が有名であるが、これに先立ち短期間ながら〝フリース・ノルマンディー〟がオランダの地にもあったことになる。しかしどれほどの規模で、どのような支配が行なわれていたのかは、まったく不明である。

▲『バイユー・タペストリー』に描かれた、ヴァイキング船を作るノルマン人たち

▼写本に描かれたヴァイキングたちの集団

フリース人の商業活動はノルマン人の侵攻で大きな打撃を受け衰退したとみられるが、その後ノルマン人に合流して略奪に加わったフリース人も少なからずいたのではないか、とみる人もいる。広範囲な商業活動で勝手を知っていたフリース人が加われば、どこで獲物が手に入るかを知るのは簡単で、まさに鬼に金棒である。ノルマン人の侵攻が長期にわたって続いたのは、それを手引きしたフリース人がいたからだという説は興味深い。当時の商業と略奪は紙一重の差だったといえるかもしれない。

▲ヴァイキングが使用していたとされる武器

三章 中世のオランダ

中世オランダの政治勢力

ノルマン人の侵攻が終わり、混乱がおさまった一一世紀以降のオランダでは、四つの政治勢力が互いにしのぎをけずっていた。まず中央部にユトレヒト司教領があり、それをはさむように、西側の沿岸部にはホラント伯領、東側の内陸部にヘルレ伯領があった。さらに北部の沿岸地方にはフリース人の住むフリースラントがあった。

フランク王国はフリース人の反抗に手を焼き、そのキリスト教化をめざして司教をユトレヒトに派遣し続けた。そのためローマ時代には軍の要塞であったユトレヒトは、今後は司教座として発展していった。ユトレヒト司教は当初からケルン大司教の下にあって、主にフリースラントを布教の対象にしていたが、実質的にはほぼ現在のオランダ全体をその管轄下においていた。当時の司教は単なる聖職者ではなく、司教裁判権をもち、軍事力もそなえて、世俗的支配権もふるい、聖職者ながら世俗領主のような存在であった。やがて一〇世紀半ばにはドイツ王オットー一世（九一二―九七三）から国王大権の一部（貨幣鋳造権、通行税の徴収権、狩猟権や漁業権）を授与され、伯位までも認められるようになる。司教は周辺の多くの土地の寄進を受け、その領土

◀中世中期のオランダの政治勢力図

▲ユトレヒト司教座教会　フランク王国時代に最初に聖マールテン教会が作られ、これが司教座教会となる。12世紀から13世紀にかけて塔をもつ大聖堂が建てられた。周囲に4つの教会も建てられた。中央の塔が、現存する大聖堂の塔。17世紀の画家サーンレダムが描いたもの。

を北のほうに拡大した。その結果、ユトレヒトを中心とする低地司教領（ほぼ現在のユトレヒト州に相当する）と、それよりもっと北の高地司教領（現在のオーフェルエイセル州やドレンテ州に相当する）が生まれ、司教はこの二つを支配する領主となり、ひとつの政治勢力を形作っていった。歴代の司教はドイツ王が任命したドイツ人貴族で、その多くは王の寵臣であり、俗人であった。したがってユトレヒト司教職は、ドイツ王がオランダの地にドイツの影響力を確保し、その利害を守るために任命した封臣という側面を強くもっていた。このように一一世紀のユトレヒト司教はドイツ王の後ろ盾を得て権勢をふるい、周囲の領主を飲みこむような勢いであったという。

しかし一二世紀前半に転機が訪れる。司教の任命をめぐってローマ教皇とドイツ王とのあいだでくり広げられた叙任権闘争の結果、ウォルムスの協約（一一二二年）が成立し、以後ドイツ王は司教の任命権を失う。ドイツ王の影響力は大きく後退し、ユトレヒト司教も支えを失う。代わって聖堂参事会が司教選任権をもつことになり、今度は地元の有力な貴族が司教職をめぐって争うようになる。隣接するホラント伯とヘルレ伯がそのすきをついて司教領に介入し、勢力の拡大をはかった。また司教職は世俗領とちがい世襲ではなかったので、有力な家門が生まれず、それが司教の求心力を弱める一因ともなった。

　ユトレヒト司教が世俗勢力の圧力に屈し、弱体化していくにつれて、司教のお膝元のユトレヒト市が発言力を強めていく。ユトレヒトは商工業の盛んな都市で、一四世紀にはオランダで最大の都市に成長していた。当然大商人や手工業ギルドが発言力を強め、聖堂参事会に席を占める貴族たちもこれを無視できなくなる。その結果、やがて司教の選出をめぐって二つの派に分かれ、対立・抗争が起きる。これにつけこんで西側からホラント伯が触手をのばし、勢力範囲の拡大を画策した。現在首都アムステルダムがあるアムステラント地方は元はユトレヒト司教領の一部であったが、一三一三年にはホラント伯領に組みこまれてしまう。また東側からはヘルレ伯が機会をうかがい、領土の拡大を狙った。ユトレヒト司教の政治的権力は中世の終わりに近づくにつれて、次第に風前の灯火となっていった。

ホラント伯家の擡頭

　沿岸部のホラント・ゼーラント地方の主役はホラント伯で、中世には常にゼーラント伯も兼ねながら、次第に勢力をのばしていった。したがってオランダの中世政治史はこのホラント伯家の歴史を語るだけですませてしまうことが多い。

　ホラント伯領はケネメルラント伯領から発展したといわれている。ケネメルラントは現在のハールレム付近からアルクマール付近にいたる海岸の砂丘の内側に沿った細長い地方で、特にハールレム周辺には今でも豊かな森林が広がっている。そのためここはホルトラント（木の豊かな土地）ともよばれ、これがホラントになったともいわれている。ホラントといえば当初はこの付近だけをさしていたが、一二世紀以降ホラント伯が勢力を拡大するにつれて、その勢力圏全体をホラントとよぶようになった。

　ケネメルラント伯を名乗る人物がいたか

▶ホラント伯ウィレム二世（左）とフローリス五世　この父子はホラント伯領の名声を高めたが、二人とも非業の死をとげた。

どうかははっきりしないが、ヘルルフ二世と名乗る地元の有力者が八八五年にノルマン人の首領を殺害して、その勢力を一掃したのがきっかけとなって、ホラント家を名乗り、急速に力をのばし、初代のホラント伯になる。ホラント伯はオランダ中央部のデルタ地帯をその勢力圏とし、同時にゼーラント地方も治めるようになった。ホラント伯家はヘルルフ二世から数えると最後のヤン一世まで一八代にわたっており、八八五年から一二九九年までになる。ホラント・ゼーラント伯（以下ホラント伯とだけ記す）は、ヨーロッパ大陸の辺境にある小さな伯家のひとつにすぎないようにみえるが、歴代の伯は意外にもヨーロッパの有力な家系と姻戚関係を結んでいる。二代目のディルク一世（ディーデリクともいう、?—九三九頃）は九二二年にドイツ王からエフモント修道院を贈られて大土地所有者になり、かのカール大帝の孫娘ゲヴァを妻にしている。ほかにもドイツの名門シュタウヘン家やザクセン侯家、さらにはフランドル伯家、イギリスのプランタジネット家などからも妻をむかえ、また娘をフランス王家やイギリス王家にも嫁がせている。もしこうした錚錚《そうそう》たる姻戚関係をひとつの目安とするなら、ホラント伯家は早くから国際的にも一目おかれていたといえる。またウィレム一世（?—一二二二）など歴代の三人が十字軍に参加し、存在感を誇示している。

対外的にもっともよく知られているのはウィレム二世（一二二七—五六）で、一二四七年に弱冠一九歳でドイツ王に選ばれている。ただしドイツ内部の抗争により担ぎ出されたという感が強く、実力で選ばれたわけではない。彼は一二五六年一月、不穏な動きをみせるフリース人を征伐するために遠征して、フリース人の農民軍に襲われ、二八歳の若さであえなく戦死した。歴代のホラント伯は北隣のフリース人には手を焼き、しばしば遠征を試みたが、フリース人を完全に支配下におくことはできなかった。ホラント伯はハーグに居城を構え、支配の中心地としていた。現在ハーグの国会（ビネンホフ）内にある〝騎士の館〟という古い建物は、ウィレム二世の遺産として伝わ

◀**騎士の館**　ホラント伯ウィレム二世が狩猟のための館として作ったとされ、現在はオランダの国会の一部となっている。国会の開会式は毎年九月、国王夫妻をこの騎士の館に迎えて行なわれる。

っている。

歴代のホラント伯はデルタ地帯の開墾に力を入れ、入植を奨励したほか、堤防の建設にも積極的に関わり、国土の安全をはかったという。また修道院を各地に建設して、開墾の担い手とした。そのせいか狭い地域ながら大きな都市がいくつも生まれ、経済活動が盛んになった。特に沿岸部では漁業、海運業、商業が発展した。のちの英仏百年戦争（一三三七―一四五三）では両陣営ともこのホラントの船舶をうまく利用したという。

エノー伯家とバイエルン侯家

非業の死をとげたウィレム二世の子がフローリス五世（一二五四―九六）で、父の遺志を継いで西フリースラントの制圧に一応成功し、さらに勢力をのばそうとしていた矢先、一二九六年六月にユトレヒトの貴族の争いに巻きこまれて殺害されてしまった。このとき息子のヤンはわずか一一歳でヤン一世として伯位を継ぐが、病弱で、三年後の一二九九年に男子の相続人がないまま没した。ホラント伯家では女子に相続権は認められていなかったので、この時点でホラント伯家は断絶してしまった。そのため祖父ウィレム二世の妹アレイトが嫁いでいたエノー地方の名門アヴェーヌ家にホラントの伯位が転がりこむことになった。アレイトの息子は一二八〇年にエノー伯ジャン一世になっていたので、彼がホラント伯としてヤン二世（一二四七―一三〇四）を名乗った。こうしてホラント・ゼーラントはエノー伯家の支配下に入った。エノーは現ベルギー南部からフランスの北部にまたがるフランス語圏の地方である。

このアヴェーヌ家もジャン一世の孫になるギヨーム二世（ホラント伯としてはウィレム四世）が一三四五年にフリースラント遠征で戦死したことにより、同家はわずか三代、五〇年足らずで断絶してしまった。そのためホラント伯領の相続権はドイツのバイエルン侯家に移ることになった。これは戦死したギヨーム二世の姉のマルグリットが、ドイツ王であったバイエルン家のル

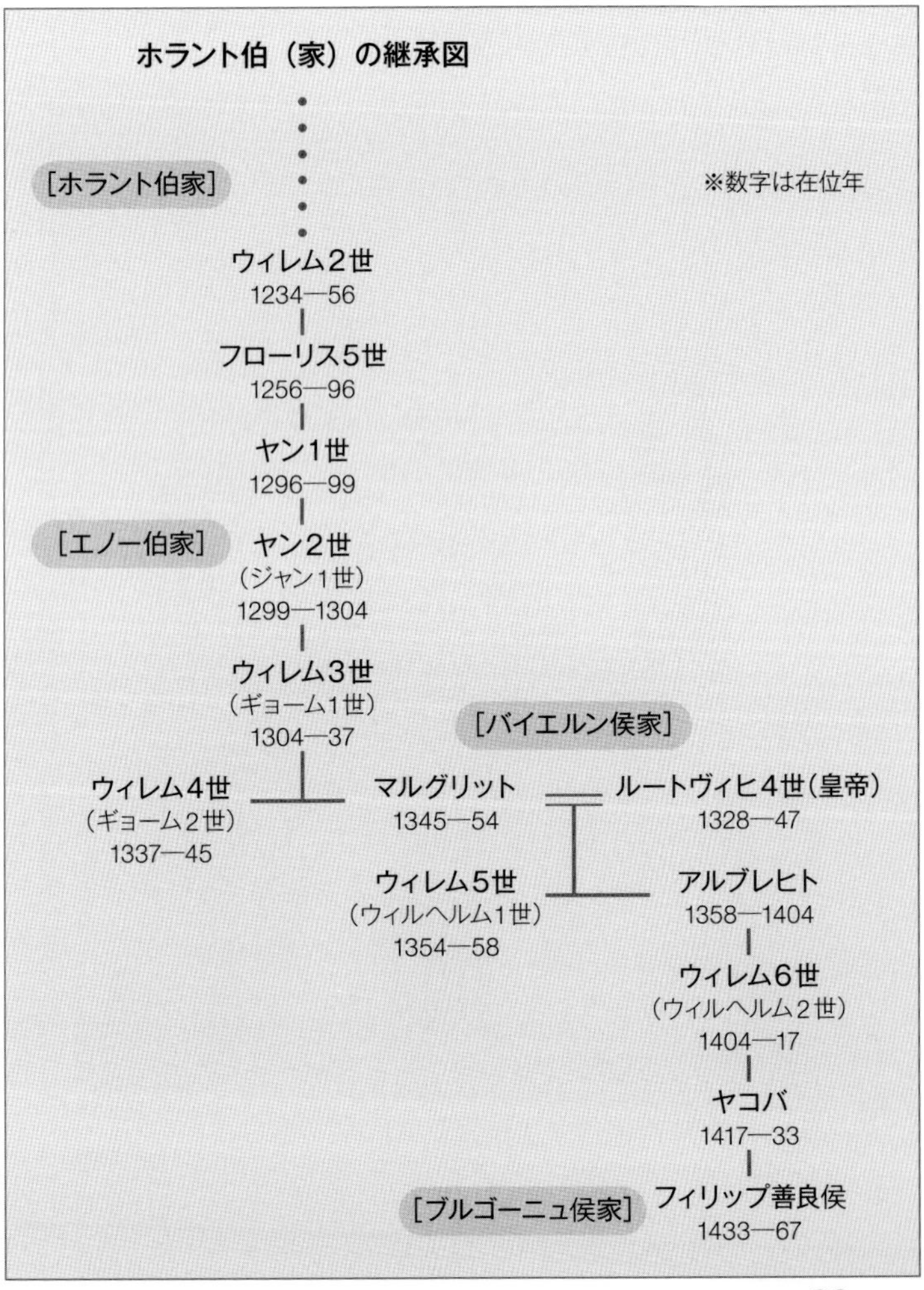

ートヴィヒ四世（在一三一四―四七）に嫁いでいたからである。エノー家は女子にも相続権が認められていたので、マルグリットがそのままエノー女伯マルグリット二世（一三二一―五六）としてエノー伯領を継いだが、ホラント伯領については王妃のマルグリットが一時的に知行地（レーン）として預かるという形にし、将来的には当時一三歳の息子のウィルヘルムが相続することになった。実質的にはマルグリットが三つの伯領を相続したといっていい。こうしてバイエルン家の時代が始まる。

女系の相続が認められていなかったホラントでは、この措置に反対する動きが貴族や都市のあいだで表面化した。名称の由来ははっきりしないが、これを機に鱈派と名乗るグループと釣針派と名乗るグループが各地に生まれ、抗争をくり広げた。息子のウィルヘルムはまもなくホラント伯ウィレム五世（一三二九―八九）として即位したものの、母マルグリットが実権をにぎっていたため、母子の争いになったが、一三五四年に彼女は息子を正式にホラント伯として認め、その権限を譲った。その二年後母が没し、エノー伯位も息子ウィルヘルムが継いだ。

しかしまもなくして彼にも不幸が襲う。精神障害が次第に昂じたため、一三五八年には幽閉され、八九年に死ぬまで三〇年も幽閉生活が続いたのである。その間弟のアルブレヒトがバイエルン侯として実質的な後継者になる。そしてアルブレヒトの息子のウィルヘルム二世（ホラント伯としてはウィレム六世、一三六五―一四一七）が一人娘のヤコバ（一四〇一―三六）を残して一四一七年に没すると、また新たな相続問題がもちあがった。ヤコバがホラント女伯、エノー女伯になったことから、彼女の相続をめぐって叔父のヤン（ウィルヘルム二世の弟）が異議をさしはさんできた。これにはローマ教皇や皇帝ジギスムント、さらにはほかの領邦も介入し、事態はもつれる。しかし叔父のヤンはその最中にヤコバの計略により毒殺され、結局最後にはヤコバとは従兄妹関係になるブルゴーニュ侯国のフィリップ善良侯（一三九六―一四六七）がうまくヤコバをまるめこんで、一四二八年七月の〝デルフトの和解〟で、一〇年越しの相続争いに終止符を打った。ヤコバは女伯の称号だけは認められたものの、フィリップ善良侯を摂政ならびに三伯領の相続人として受け入れざるをえなくなった。そして一四三三年四月、ヤコバがこの〝和解〟に違反したという理由で、フィリップ善良侯はホラント・ゼーラント、エノーの三伯領を併合することに成功した。こうしてドイツのバイエルン侯家によるホラントの支配も八〇年ほどで終わり、代わって今度はフランスのブルゴーニュ侯家の時代が始まる。

◀バイエルン侯家支配下の三領域　フリースラントは直接の支配下になかったが、法的には同家がその領主であった。

ヘルレ伯領

現在のオランダ東部にヘルデルラント州という州がある。この州の起源になったのがヘルレ伯領で、ユトレヒト司教領の東側に隣接していた。最初は一一世紀末に成立したヘルレ伯領であったが、やがて少し北のズットフェン伯領を併合したオットー一

▲フィリップ善良侯　ブルゴーニュ侯国の3代目の当主。侯国（1363—1477）はわずか4代で断絶したが、在位期間が48年ともっとも長かった（在1419—67）。豪奢な宮廷生活を演出した典型的な中世人であったといわれる。政治の実権をにぎっていた官房長のニコラ・ロランの手腕もあって、彼の時代に侯国は周辺の併合により低地地方に勢力圏を大きく拡大した。また金羊毛騎士団を設立（1430年）したことでも知られる。

▲バイエルン家のヤコバ　バイエルン侯ウィルヘルム２世のひとり娘で、父の死後、ホラント・ゼーラント女伯、エノー女伯になるが、女系の相続が認められていなかったホラント・ゼーラントの相続をめぐってオランダでは深刻な対立が生じた。４度結婚したが、いずれも結婚運にめぐまれず、政治の激流に翻弄されて生涯を終えた。

世（一一五〇—一二一五）が一一八二年からヘルレ・ズットフェン伯を名乗った。ドイツ国境に近いアルネムが事実上の首都で、ユトレヒト司教領を南北に分断する形で領地をもっていた。ライン川やマース川の流域を支配下において、通行税収入は多かったようであるが、ネイメーヘンやルールモント以外には、あまり都市の発展はみられなかった。その後一三三九年に皇帝により侯国に格上げされ、ヘルレ侯国となった。しかしこの頃から侯位の継承をめぐって、有力な貴族が二つの派に分かれて抗争をくり広げ、一三七一年にレイナウト三世（一三三三—七一）が相続人を残さず没して、侯家は断絶する。

　後継者が決まらないままヘルレ継承戦争が始まり、最終的にはドイツのユーリヒ家が二代にわたって侯位につくが、あとが続かず断絶する。代わってホラントのエフモント家のアルノルトが相続するが、内紛は相変わらず続いた。折から低地地方に勢力をのばしつつあったブルゴーニュ侯国がここにも介入してきて、シャルル突進侯（一四三三—七七）が一時ヘルレ侯領を支配する。しかしそのシャルルが一四七七年に戦死し、ブルゴーニュ侯国が瓦解すると、それを受けてハプスブルク家が低地地方の新たな支配者になるが、ヘルレ側はその支配下に入ることを拒否する。しかしカール五世の攻勢におされて、一五四三年にフェンロー条約を結び、ハプスブルク家の支配下に入ったのち、ヘルデルラント地方とよばれるようになる。低地地方のなかで大国の支配に最後まで抵抗したのがこのヘルレ侯国であった。

自由農の国フリースラント

　第四の政治勢力はフリースラントである。フリース人の故地フリースラントは中世には今よりずっと広かった。フリース人はローマ時代以来一貫して外部権力の支配を拒んできた。九世紀には一時ノルマン侯国が成立するが、すでにふれたように、ホラント伯の始祖になるヘルルフ二世によってノルマン侯が殺害されて、ノルマン侯国はあっけなく姿を消した。その後一一世紀にはドイツのブラウンシュワイク伯のもとで辺境伯領になったり、一二世紀にはホラント伯家とユトレヒト司教の共同統治を経験したりするが、これも形式的なもので長続きせず、一二〇〇年以降は実質的な領主のいない状態が続くことになる。そうしたなかで一四、一五世紀になると、禁酒法時代のアメリカのギャング団に似た私的権力組織が生まれ、住民を支配するようになった。ときには凄惨な私闘がくり広げられたともいう。

　このようにフリース人は外部権力の支配を嫌い、自らの自由と自治を守ってきたが、こうした自由への強いこだわりは、彼らの自由がはるか昔カール大帝から認められた自由（特権）に由来するという誇り高き伝統が生きていたからだという説もある。カール大帝がザクセン人の征伐に出かけたとき、それに協力したフリース人の勇敢さを称えて、彼らに自由と自治を認めたというものであるが、もちろんはっきりした証拠があるわけではない。フリースラントはよく〝領主なきフリースラント〟といわれ、ここではほかで広くみられた封建制や領主制は根づかなかった。したがって住民には不自由身分の者はなく、自由農だけの世界であった。これは当時の西ヨーロッパではきわめて例外的な地域で、ほかには盟約者団に結集したスイスの山岳地帯があるだけであった。フリース人はこれを民族的誇りにしているとして、フリース人気質をそこにみる人もいるが、一方で、住民は自由を謳歌するというより、アナーキーな無法状態に呻吟していたとみる人もいる。

ブルゴーニュ家からハプスブルク家へ

　一三六三年、フランス東部にブルゴーニュ侯国が、フランス王家の分家として創設された。その第三代目のフィリップ善良侯は巧みな婚姻政策と買収により低地地方を次々に支配下におさめ、領土を拡大した。一四三三年にホラント・ゼーラント伯領がその支配下に入ると、ブルゴーニュ侯国は一四三〇年に併合したブラーバント侯国の首都ブルッセルを事実上の首都として、低地地方に軸足を大きく移した。一四五五年にはユトレヒト司教領も事実上その勢力下においた。オランダではヘルレ侯領とフリースラントだけが併合を免れていた。四代目のシャルル突進侯は各地の伝統や慣習を無視して、強力な中央集権国家をめざして反発をまねいた。

　しかしこのブルゴーニュ侯国はシャルル突進侯が戦死して、一四七七年にあっけなく瓦解した。ひとり娘のマリー（一四五七―八二）が女侯になることにはなったが、本来のブルゴーニュ領はフランスに接収されて、領土は分断された。侯家が新たに獲得した領土のみを〝ブルゴーニュの遺産〟としてマリーが相続したが、それは低地地方が中心であった。これを機に低地地方では全国身分制会議が開かれ、マリーの相続

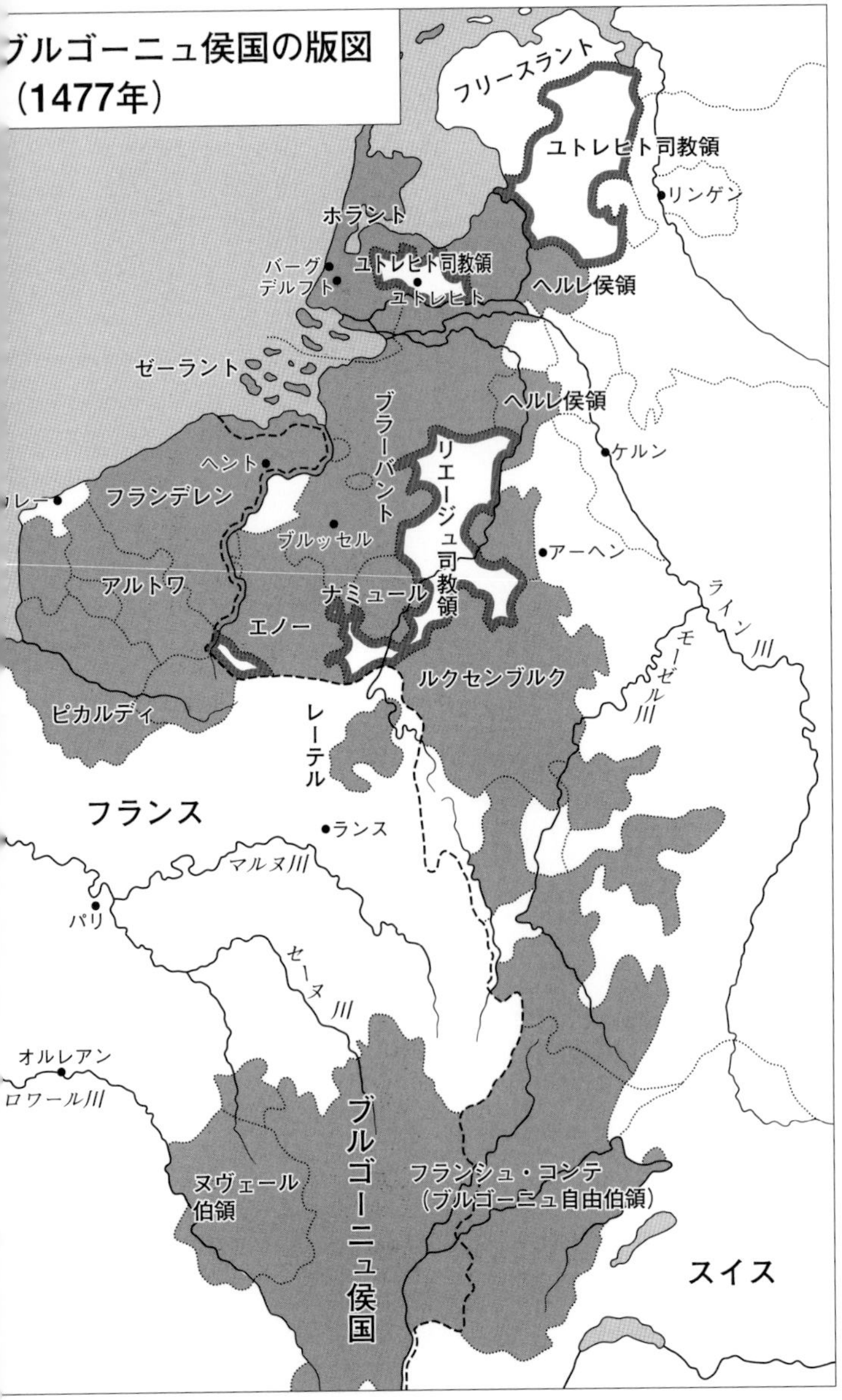

▲シャルル突進侯　ブルゴーニュ侯国の四代目の当主（在一四六七―七七）。戦場を好む猪突猛進型の支配者といわれる。フランスとの封建的主従関係を断ち切って、別個の国を作ることをめざした。周囲の反対を押し切り真冬に戦争に打って出て、ナンシー郊外でスイス農民軍に敗れて戦死した。

◀ブルゴーニュ侯国の版図　ブルゴーニュ侯国が最大の版図を記録した一四七七年の勢力図。本来のブルゴーニュ侯国と低地地方が一円的につながる寸前にまでいたっていた。低地地方ではリエージュ司教領とユトレヒト司教領、フリースラントとごく一部の地方がブルゴーニュ侯国の支配から逃れていた。

は認めるが、マリーはその代わりに父の進めてきた中央集権的政策を見直し、各地の伝統や慣習を復活させた。ホラントとゼーラントはこのとき〝大特権〟を認められ、大幅な自由と自治を獲得した。これにより公文書には外国語ではなくオランダ語を使うことなどが認められた。この〝大特権〟を時代に逆行しているとして否定的にみる人もいるが、のちに成立するオランダ共和国はこの〝大特権〟の延長線上にあるとみることもできる。

　マリーは一四七七年八月にオーストリアのハプスブルク家のマクシミリアン王子と結婚し、低地地方は事実上同家の支配下に入る。しかしまもなくマリーが落馬の事故がもとで急死し、〝ブルゴーニュの遺産〟は三歳の長子フィリップが継ぐことになった。一四八六年にドイツ王となる父のマクシミリアン一世（一四五九―一五一九）が摂政となり、ハプスブルク家による支配が本格化する。

　このフィリップ（一四七

◀**ブルゴーニュのマリーとマクシミリアン一世**　シャルル突進侯のひとり娘マリーは父の死後〝ブルゴーニュの遺産〟として低地地方を相続し、それを婚資として一四七七年八月にオーストリアのハプスブルク家のマクシミリアン王子と結婚する。しかし彼女の急死で、長子フィリップが三歳で相続人となるが、父マクシミリアンが摂政となり、ハプスブルク家が低地地方を名実ともに支配することになる。

八―一五〇六）は一四九四年に成人して、ブルゴーニュ侯を継ぎ、父の摂政は終わるが、一四七七年に母マリーが国内各地方に認めた〝大特権〟に対しては宣誓を拒否し、それを尊重する意思を示さなかった。そして一八歳になった一四九六年、スペインの〝カトリック両王〟の次女ファナ（一四七九―一五五五）と結婚する。一五〇〇年に長子カールが生まれるとともに、妃のファナにカスティーリヤ（以下スペインとよぶ）の王位継承権が転がりこみ、ファナは一五〇四年にスペイン女王となった。これによりフィリップはスペイン国王フェリペ一世となる（妻が女王のあいだは夫は王を名乗る）。したがってこの時点でハプスブルク家とスペイン王国は合体し、低地地方はハプスブルク家の所領のまま、スペイン王国の一部ともなった。しかしフェリペ一世は一五〇六年九月、ブルゴスで急死し、低地地方は夫妻の長子カール（六歳）が継ぐことになり、祖父にあたるマクシミリアン一世が再び摂政となる。マクシミリアンは娘のマルガレータ（一四八〇―一五三〇）を摂政代理とし、一五〇七年から彼女を執政（全州総督）として低地地方を統治させた。

　カール（一五〇〇―五八）は一五一六年に成人してスペイン国王カルロス一世となり、スペインおよび低地地方、そのほかを治め

▲フィリップ1世とフアナ　フィリップは容姿端麗で、美王、美男王などとよばれるが、彼がスペインのカトリック両王の次女フアナと結婚したことにより、ハプスブルク家がやがてスペインをも支配することになる。結婚当初フアナのスペイン王位継承権は3番目であったが、長男、長女があいついで早世したことにより、母親の死とともにスペイン女王になり、夫はスペイン国王フェリペ1世となる。フィリップ夫妻は戴冠のために1506年4月にスペインに入り、7月に正式に即位するが、フィリップは同年9月ブルゴスで急死する。その後まもなく女王フアナは精神病として幽閉され、75歳で死ぬまで46年間幽閉生活が続いた。そのためフアナは狂女王とよばれることもある。

た。さらに一五一九年には祖父マクシミリアン一世が没したため、ハプスブルク家の本領を相続してドイツ王カール五世となる。これにより、スペインとオーストリアが一人の王のもとに統一された。カールは同年、さらに神聖ローマ皇帝にも選出される。

カール五世はフランスとの戦争をくり返しながら、他方では低地地方の勢力拡大に努め、一五二四年にはフリースラントを併合する。これによりフリースラントの〝自由〟は終焉を迎えた。さらに一五二八年にはユトレヒト司教領も併合し、司教がもつ世俗的支配権を奪う。続いて一五三六年にはヘルレ侯が支配していたフローニンゲン市とその周辺地域を奪い、四三年には最後まで頑強に抵抗していたヘルレ侯国をついに屈服させて、支配下に入れた。これで現在のオランダの地はすべてカールの支配下に入り、低地地方はリエージュ司教領をのぞき全一七地方がカールのもとで統一された。これを受けて、カールは一五四八年のドイツ帝国議会で一七地方（州ともよばれる）を法的にドイツから切り離し、別個のブルゴーニュ領域（クライス）として認めさせた。以後ドイツ皇帝の裁判権はここにはおよばなくなる。さらに翌年、カールは相続順位法を定めて、低地地方の一七州を不可分の一体のものとして相続していくことにし、各地方には互いに対等な自治的特権を認めた。ただしこの一七という数字は必ずしも厳密なものではない。オランダはこのうち七つを占める。

◀カール五世（カルロス一世）　フィリップ一世とファナの長子として一五〇〇年にヘント（ベルギーの大都市）で生まれた。一五一六年三月、スペイン国王カルロス一世として即位し、一五一九年にはドイツ王および神聖ローマ皇帝カール五世となる。フランスとしばしば戦火を交えた。

〝新しい信心〟運動とエラスムス

オランダでは一四世紀後半に〝新しい信心〟というひとつの注目すべき宗教運動がみられた。これはフローテ（一三四〇―八四）というデーフェンテルの市民が広めた信仰生活で、世俗の世界にありながら修道士のような敬虔な祈りをささげ、労働にいそしむ生活を共同生活のなかで実践する運動で、ここから「共同生活兄弟団」と「共同生活姉妹団」が生まれ、写本と教育に力を注ぐ教団へと発展した。この運動はやがて大きな広がりをみせ、一三八七年にはズウォレ市の近くにウィンデスヘイム修道会も設立された。一三九五年にはローマ教皇からも認可されて、この運動はオランダはもとより低地地方、ライン川沿いのドイツ、さらにはスイス、ボヘミア、ポーランドなどにも広まった。トマス・ア・ケンピスはこの教団の学校で学んで、この運動の精神を『キリストのまねび』として四巻にまとめて出版したが、この本は聖書に次いで、

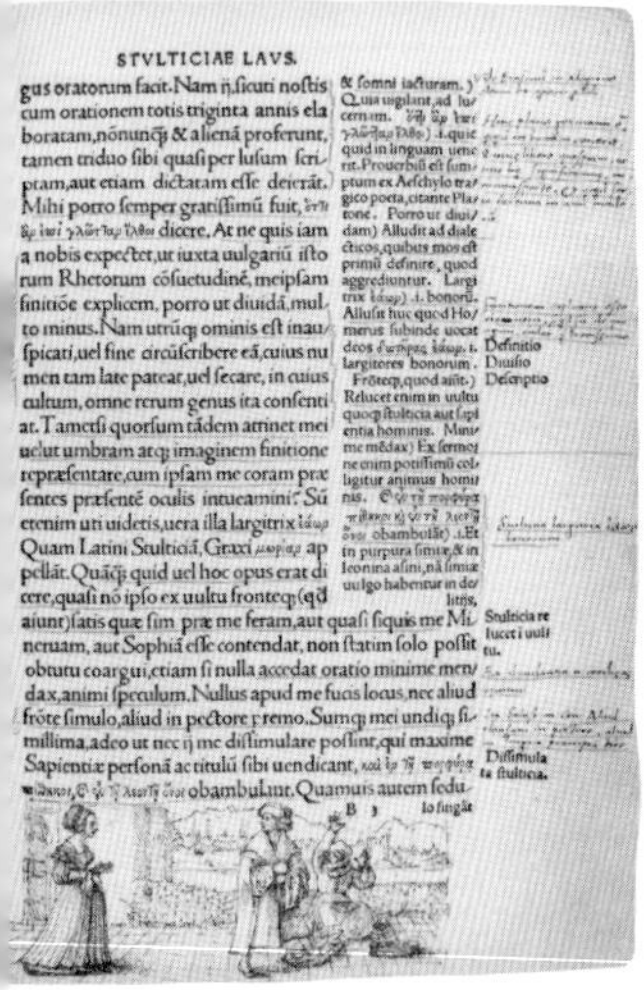
STVLTICIAE LAVS.

gus oratorum facit. Nam ij, sicuti nostis cum orationem totis triginta annis elaboratam, nōnunq; & alienā proferunt, tamen triduo sibi quasi per lusum scriptam, aut etiam dictatam esse deierāt. Mihi porro semper gratissimū fuit, dicere. At ne quis iam a nobis expectet, ut iuxta uulgariū istorum Rhetorum cōsuetudinē, meipsam finitiōe explicem, porro ut diuidā, multo minus. Nam utrūq; ominis est inauspicati, uel fine circūscribere eā, cuius numen tam late pateat, uel secare, in cuius cultum, omne rerum genus ita consentiat. Tametsi quorsum tādem attinet mei uelut umbram atq; imaginem finitione repræsentare, cum ipsam me coram præsentes præsentē oculis intueamini? Sū etenim uti uidetis, uera illa largitrix Quam Latini Stulticiā, Græci appellāt. Quāq; quid uel hoc opus erat dicere, quasi nō ipso ex uultu fronteq; (qd aiunt) satis quæ sim præ me feram, aut quasi siquis me Mineruam, aut Sophiā esse contendat, non statim solo possit obtutu coargui, etiam si nulla accedat oratio minime mendax, animi speculum. Nullus apud me fucis locus, nec aliud frōte simulo, aliud in pectore premo. Sumq; mei undiq; simillima, adeo ut nec ij me dissimulare possint, qui maxime Sapientiæ personā ac titulū sibi uendicant, obambulant. Quamuis autem sedu

▲『痴愚神礼賛』の1ページ　エラスムスの主著。余白への書き込みはエラスムスと親交のあったドイツの画家ホルバインのもの。

▲トマス・ア・ケンピス　オランダに近いドイツのケンペン出身の神秘主義者（1379頃—1471）。ただし主著『キリストのまねび』の著者かどうかはっきりしないところもあるという。

▼エラスムス　ロッテルダムが生んだルネサンス最大の人文主義者。聖書の実証的研究を進めながら、あるべきキリスト教の精神を説き、他方では国際平和のために為政者にも積極的に働きかけ協力した。彼の著作は王侯の子弟の教育にも使われたという。ホルバイン（子）が描いた最晩年のエラスムス。

もっとも読まれた本として有名で、西ヨーロッパのキリスト教世界に大きな影響を与えた。しかし一六世紀の宗教改革の嵐のなかで、この教団と修道会は一五二七年に解散した。

オランダのもっとも著名な人文主義者であるエラスムス（一四六六頃―一五三六）もこの教団の学校で学んだのち、修道士として修行し、それからフランス、イギリス、イタリア、スイスを舞台に真の国際的教養人として活躍した。彼はギリシャ語の聖書研究を通じて当時の神学を無意味なスコラ学的論争から解放したとされ、福音と寛容を重視するその著作（代表作は『痴愚神礼賛』一五一一年）は当時の王侯貴族にも支持を得ていた。最後にはルターと対決を余儀なくされたが、ルターには理解を示しつつも寛容を説くことを忘れなかった。

オランダのこうした穏和で寛容的な信仰の風土が逆にわざわいしたのか、一五二〇年代になるとドイツからはルター派が、四〇年代にフランスからはカルヴァン派がオランダに流れこみ、さらにそこに熱狂的な再洗礼派も加わり、次第にその支持を広げる。不気味な不協和音があちこちで強まるなかで、カール五世の治世はスタートした。

四章 八十年戦争からオランダ共和国の誕生へ

八十年戦争への道

神聖ローマ皇帝はカトリックの保護者を自任していたから、その皇帝に即位したカールにとって、自分が生まれ育った低地地方に新教徒（プロテスタント）が増えていくことは許しがたいことであった。それゆえ、新教徒とは全面的に対決するしかなかった。カールは一五一九年に皇帝に即位すると矢継ぎ早に手を打ち、二一年に早くもルター派を禁止し、さらにその翌年の二二年に異端審問所を開設する。ただカールは皇帝であるがゆえに低地地方ばかりに滞在するわけにはいかなかったので、一五三〇年までは代理人として叔母のマルハレータを、それ以後は妹のマリーを執政に任命して低地地方の統治を委ねた。しかし新教徒は増大を続ける一方で、そのためカールは一五五〇年には〝血の布告〟を出して、死刑をもって新教徒弾圧に乗り出した。しかしドイツでは一五五五年のアウクスブルクの宗教和議で新教徒との共存を認めざるをえなくなり、彼は皇帝としての面目を失った。

戦いは国内だけではなかった。カール五世の治世は約四〇年におよんだが、その半分の約二〇年間はフランスとの戦争に明け暮れた。このほか東欧ではトルコ人と戦い、北アフリカでもベルベル人と戦った。特にフランスとの度重なる戦争には多額の戦費を必要とし、その負担を低地地方の人々に求めたため、不満は高まった。

こうして打ち続く戦争に疲れ果てて、カール五世は一五五五年一〇月、フフンスとの戦争が決着をみないまま五五歳で引退し、息子のフェリペ二世（一五二七―九八）に王位を譲った。

フェリペはフランスとの戦争を続けるとともに、低地地方では新教徒の取り締まりをさらに強化した。その一環として彼はローマ教皇と協議して一五五九年に低地地方の司教区の再編に乗り出し、司教区の数を大幅に増やして新教徒の取り締まりをやりやすくしようとした。新設の司教区にはスペインの息のかかった外国人が任命されたことにより、地元の中小の貴族は旧来の特権や経済的利権を失うことになり、フェリペに対する批判と不満がうずまいた。

◀**フェリペ二世**　スペイン生まれで、スペイン語しか話せなかったため、低地地方の統治は異母姉のマルハレータに任せ、スペインからはあまり離れなかった。優柔不断で決断がおそく、慎重王という異名をとった。狂信的なカトリック信者であったといわれる。スペイン国王に即位する前の一五五四年にイギリスのメアリ女王と結婚したほか、八一年にはポルトガル国王ともなった。

▲**貴族同盟の請願書提出**　低地地方の2人の有力貴族が400人の貴族をともない、執政マルハレータに異端審問の緩和を求める国王宛の請願書を提出した。このときベルレイモンという執政の側近が彼女に「単なる乞食どもでは？」とささやいたという。

▼**聖画像破壊運動**　低地地方南部から始まったカトリック教会や修道院に対する攻撃。またたくまに南部や北部の大都市に飛び火した。これはデン・ボス市の聖ヤン教会への攻撃の図。

一五五九年にカトー・カンブレジの和平で長年にわたるフランスとの戦争に決着がつくと、フェリペは異母姉のマルハレータ(パルマ侯妃)を執政に任命して、スペインに向かった。しかし彼は再び低地地方の土を踏むことはなかった。

　低地地方の貴族たち四〇〇人余りは貴族同盟を結んで、引き続き異端審問の緩和と全国身分制会議の招集を執政に求める(一五六六年)。このとき政府高官の一人が集まった貴族たちを〝乞食ども〟と呼んだことから、彼らはこの語をむしろ誇りをもって使うようになったという。執政は国王の返事を待つあいだ、一時的に異端審問を緩和したことから、カルヴァン派が公然と活動し始め、都市の外で野外説教をくり広げた。また南部地方の都市では教会に対して聖画像破壊運動が起こり、各地に拡大していく。多くのカトリック教会や修道院が狙われ、破壊された。

　これを抑えるためにフェリペ二世は鉄の侯爵といわれた猛将アルバ侯を一万余の軍隊とともに低地地方に派遣し、一五六七年八月にアルバ軍はブルッセルに到着した。到着後さらに増員がはかられ、一五七二年には約六万人にふくれあがったという。彼はさっそく〝騒擾評議会〟(別名〝血の評議会〟)という特別法廷を設置して、新教徒狩りや騒擾責任者の逮捕などを進め、エフモント伯やホールネ伯などの高級貴族を次々と捕らえ、反逆罪で処刑した(一五六八年六月)。そのためドイツやフランスに逃げた貴族も多かった。低地地方最高の貴族で、カール五世の信任がもっとも厚かったオランイェ公ウィレム一世(一五三三―八四)もその一人であった。逃亡した貴族の財産は欠席裁判で没収された。

八十年戦争の始まり

　こうしたアルバ侯の弾圧と圧制は、すでにのべたように、一四七七年にブルゴーニ

▲アルバ侯　スペイン国王の首席顧問で、ナポリ副王（1556—67）。1566年4月フランドル軍司令官に任命され、67年8月にブルッセルに到着し、低地地方の反乱を徹底的に弾圧した。まもなく執政としても全権をふるうが、のちに失脚する。

▼オランイェ公ウィレム1世　“祖国の父”としてオランダの歴史上もっとも敬慕されているオランダ最高の貴族。ルター派からカトリック教徒に転じてカール5世を支える。しかしその子フェリペ2世には反旗をひるがえし、カルヴァン派に転じた。

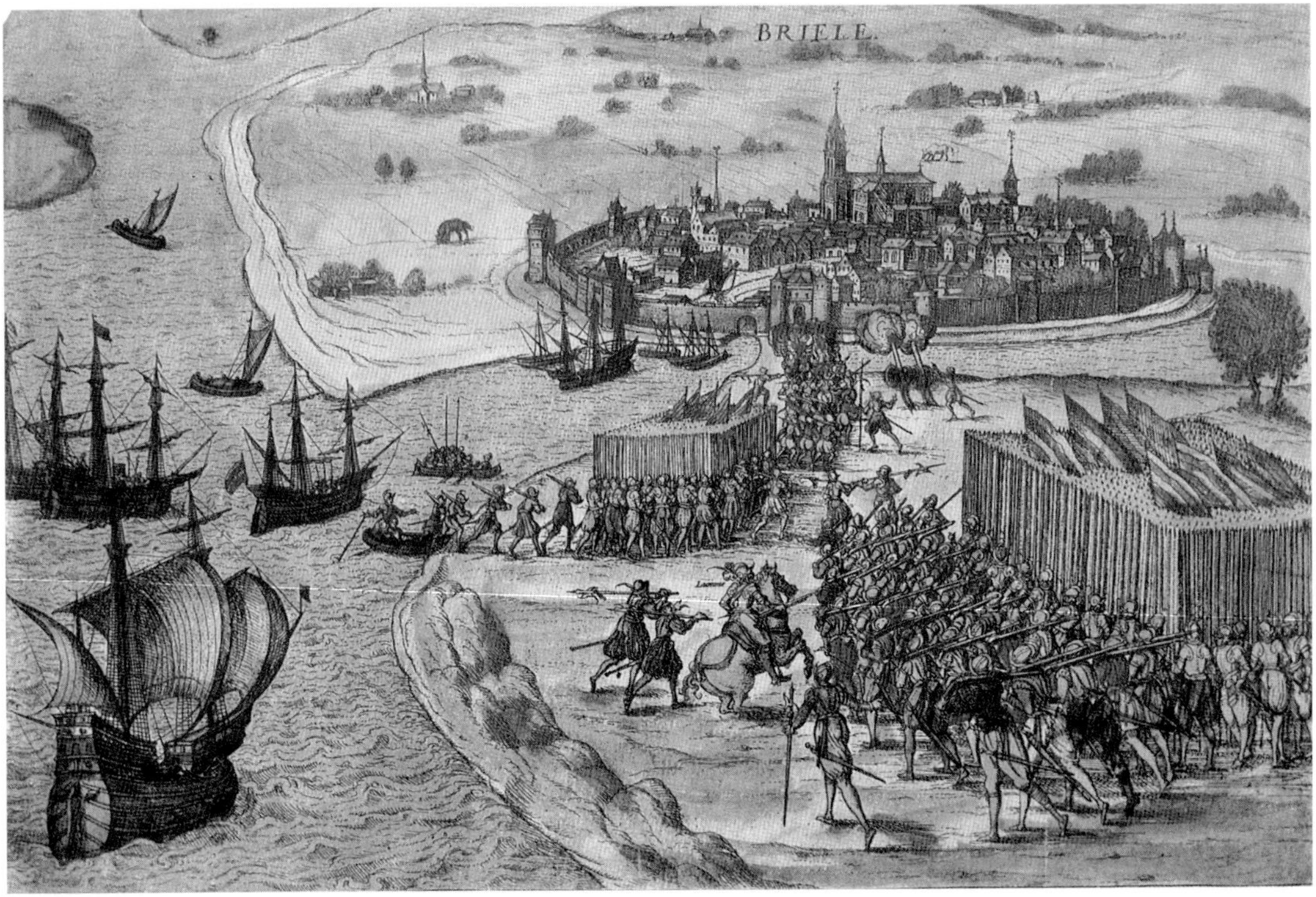

ュ女侯のマリーが認めた大特権に明らかに反しており、低地地方が長年維持してきた自由と自治の伝統を踏みにじるものであった。これに抗議してオランイェ公ウィレム一世は、一五六八年四月に自分の兄弟や同志の貴族を誘って公然と国王フェリペ二世に対して反旗をひるがえした。彼は事前にフランスのユグノー（カルヴァン派）の指導者と同盟関係を結んでいた。これはこの反乱の性格をある程度は示すものであるが、まだカトリックに対するプロテスタントの全面的対決ではなかった。ウィレム自身、まだこの時点ではカトリックであったとみられる。

戦いはオランダの北部地方から始まった。これがスペインに対するオランダの反乱の始まりで、その後八〇年間も続いたことから八十年戦争ともいう。途中で事実上オランダが独立して共和国になるので、オランダ独立戦争という人もいるが、最初から独立をめざしていたわけではなかったので、オランダでは独立戦争とよぶことはあまりない。

　アルバ侯は同年末には自ら執政に就任して、全権をにぎり、財産に対する三種類の課税を新規に導入して、さらに低地地方への圧力を強めた。これも旧来の特権を真っ向から否定する措置で、反発を招いた。フェリペ二世が国王に即位した一五五七年にスペインは国家破産を宣言し、財政に苦慮していたから、約六万にふくれあがったスペイン軍の戦費をまかなうためには、こうした課税に頼らざるをえなかったのであろうが、住民の反スペイン感情、さらには反カトリック感情に火をつけたことは明らかであった。

　ひとつの転機は一五七二年四月にやってきた。〝海乞食〟を名乗る急進的なカルヴィニストの海上ゲリラ部隊がブリーレという小さな港町を占領したのを皮切りに、次々とほかの都市をも占領し、反乱の拠点を増やしていった。そのため〝海乞食〟は

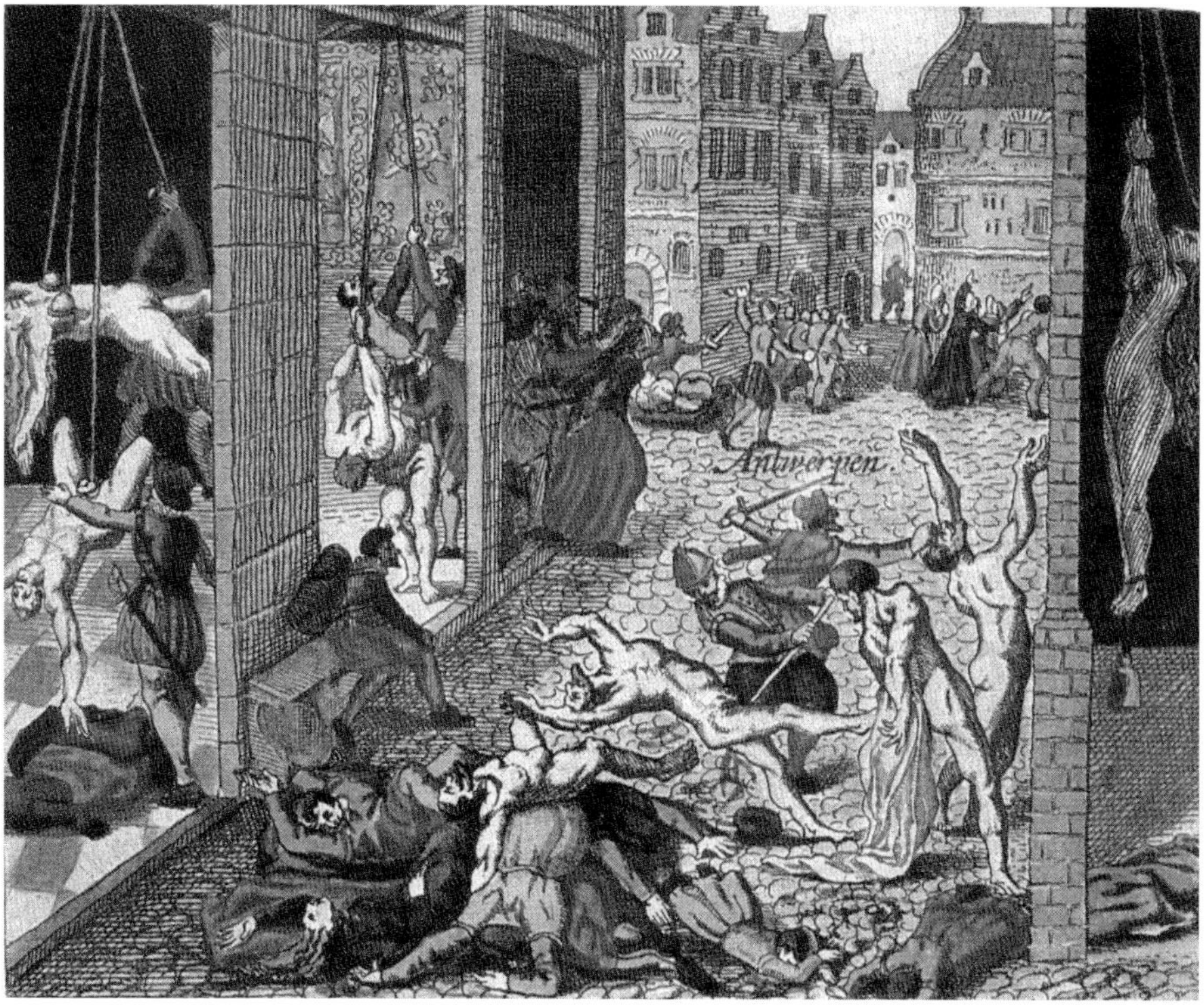

▶ブリーレの占拠　マース川河口にある小港町ブリーレ（デン・ブリールともいう）は一五七二年四月に〝海乞食〟を名乗るカルヴィニストの一団に占拠された。ここを拠点に〝海乞食〟は次々と港町の占拠を進め、反乱側の勢力範囲を広げてアルバ侯に対して厳しく対決した。その意味で〝海乞食〟によるブリーレの占拠は八十年戦争のひとつの転機となった。

◀スペイン軍の狂乱　スペイン軍兵士は一五七六年六月頃から給料の遅配に抗議して手当たりしだいに都市に対して大規模な略奪行動に走った。なかでも当時の世界市場アントウェルペンに対する略奪は凄惨をきわめ、七〇〇〇人余りが殺害され、市の中心部は放火や破壊で壊滅的な打撃を受けた。これによりスペイン軍に対する不信が一気に高まった。

いまや反乱側に結集した人々の通称となった。そしてホラント、ゼーラントの二州が自ら州身分制会議（以下州議会とよぶ）を開いて、オラニェ公を州総督に任命して、反乱の姿勢を明確に示した。ただこの時点では、良心と信仰の自由は新教徒にもカトリック教徒にも認められるとした。しかし戦いが各地で激化すると、ホラント州議会は信仰の自由をカルヴァン派（改革派）のみに限定して認め、カトリックの礼拝を禁止する。これにより宗教的寛容が放棄されて、反乱の性格も変わり、急進的な改革派が少数派ながら反乱を主導していくことになる。これに合わせてウィレムも一五七三年には改革派に改宗せざるをえなくなる。

信仰の自由が認められたのはカルヴァン派のみだったため、反乱側に対するフランスのユグノーからの支援が絶望的になると、スペイン軍はアルバ侯の息子のドン・フレデリクが中心となって攻勢を強め、いくつかの都市を攻略した。しかしレイデンは一年余りにおよぶスペイン軍の包囲にも耐え、最後は堤防を切る水攻め作戦で難をのがれた。その後アルバ侯が更迭され、息子ともども低地地方を去る。後任の執政レケセンスは反乱の原因とみられた新規課税と異端審問所を廃止して、一度は和平交渉に入るが、決裂する。この間スペイン軍は給料の遅配が慢性化して統制がきかなくなり、各地で略奪に走る。特に低地地方南部は無政府状態になり、重要な商業都市アントウェルペンは〝スペイン軍の狂乱〟とよばれる大規模な略奪にさらされ、七〇〇〇人以上が殺害された。これで住民の反スペイン感情は極度に悪化する。その結果、一五七六年一一月には低地地方のすべての州が合意し〝ヘントの和約〟（ヘントはフランドル地方の三大都市の一つ）が成立する。それはスペイン軍の撤退を要求するとともに、異端審問を中止し、すべての州が参加する全国身分制会議を国王の同意なしにも開けるようにし、そこで宗教について自由に協議していくというものであった。これは反乱側が国王権力を無視して独自に自治を推し進めていくことを宣言したもので、国王の権力が事態を収拾できず無力であることを暴露することになった。

ユトレヒト同盟の成立

これに対して国王側が折れて、スペイン軍の撤退は実現するが、まもなくこれも反故にされ、パルマ侯ファルネーゼ（フェリペ二世の甥）が率いるスペイン軍がまたもどってくる。一進一退の戦いが続くなか、一五七九年一月に南部フランス語圏のアル

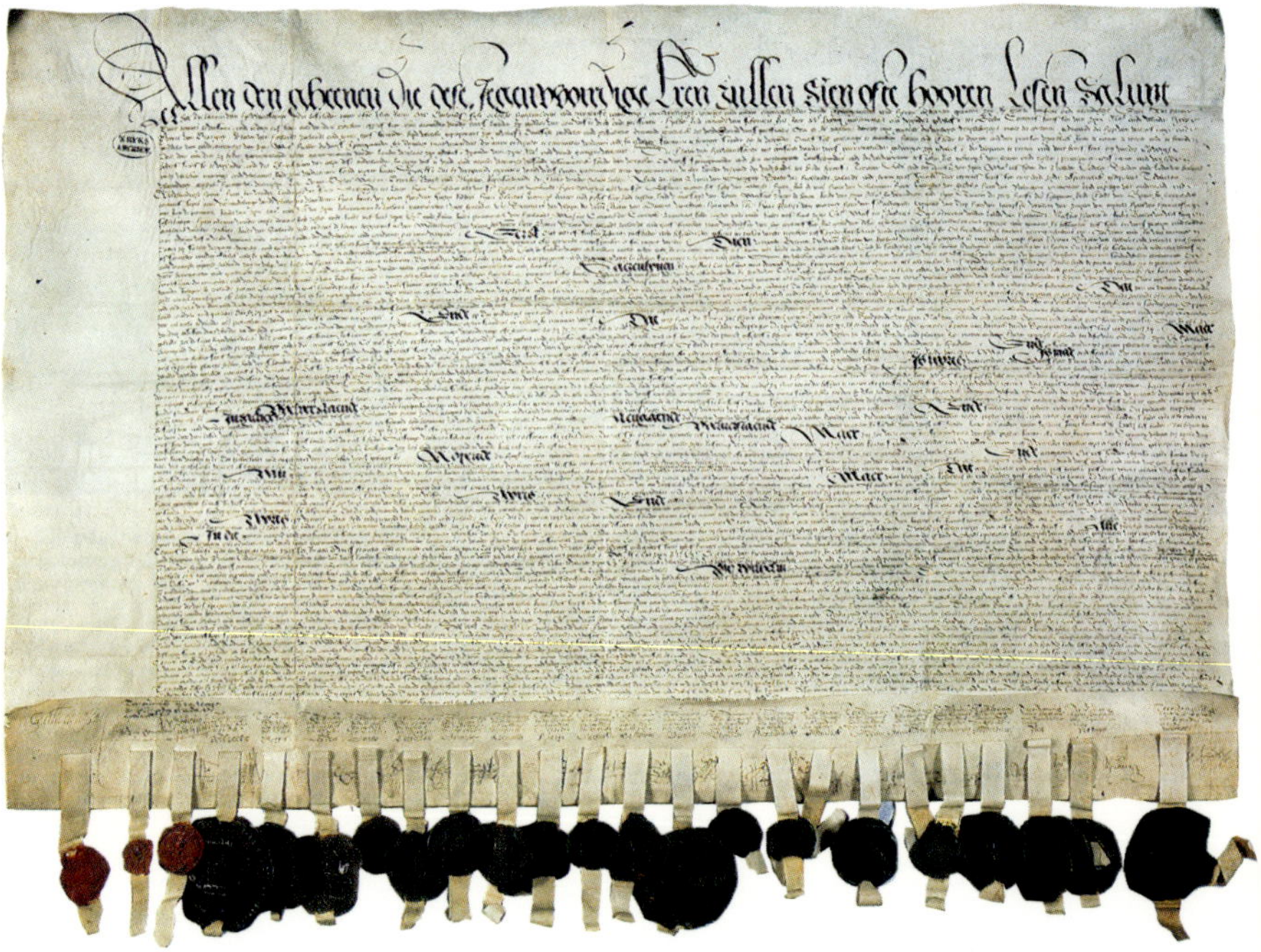

◀**ヘントの和約**　統制のきかなくなったスペイン軍に危機感を強めた各州は、一五七六年一一月にヘントに集合して全国議会を開いた。全国議会の開催は君主だけに認められた特権であったが、今回はブラーバント州議会の呼びかけで開かれるという異例の開催となった。それにもかかわらず多くの州や地方が代表を送り、低地地方全体が小異を残して大同団結し、低地地方の利害を守ってゆくことになった。しかしスペイン側の切り崩しもあり、二年余りでこの和約は破綻した。

▶**アラス同盟とユトレヒト同盟**　保守色の強い南部のアルトワ州とエノー州がスペイン国王に忠誠を誓い、カトリック教会のみを唯一の教会として認めながら、ヘントの和約を実現してゆこうとして結んだのがアラス同盟で、南部のいくつかの都市も加わった。これに対抗して北部の五州が結んだのがユトレヒト同盟で、これには南部のイーペル、ヘント、ブルッヘ、アントウェルペンなどの大都市も加わった。この二つの同盟ができたことによりヘントの和約は破綻した。

トワ州とエノー州、それにいくつかの都市が加わってアラス同盟（アラスはアルトワ州の首都）が成立する。この同盟はカトリックを維持し、スペイン国王への忠誠を守りながら、〝ヘントの和約〟を実施し、平和を実現しようという同盟で、明らかにスペイン側が巻き返しをはかったものであった。これに対抗して北部の五州が同じ一月に結成したのがユトレヒト同盟で、その後

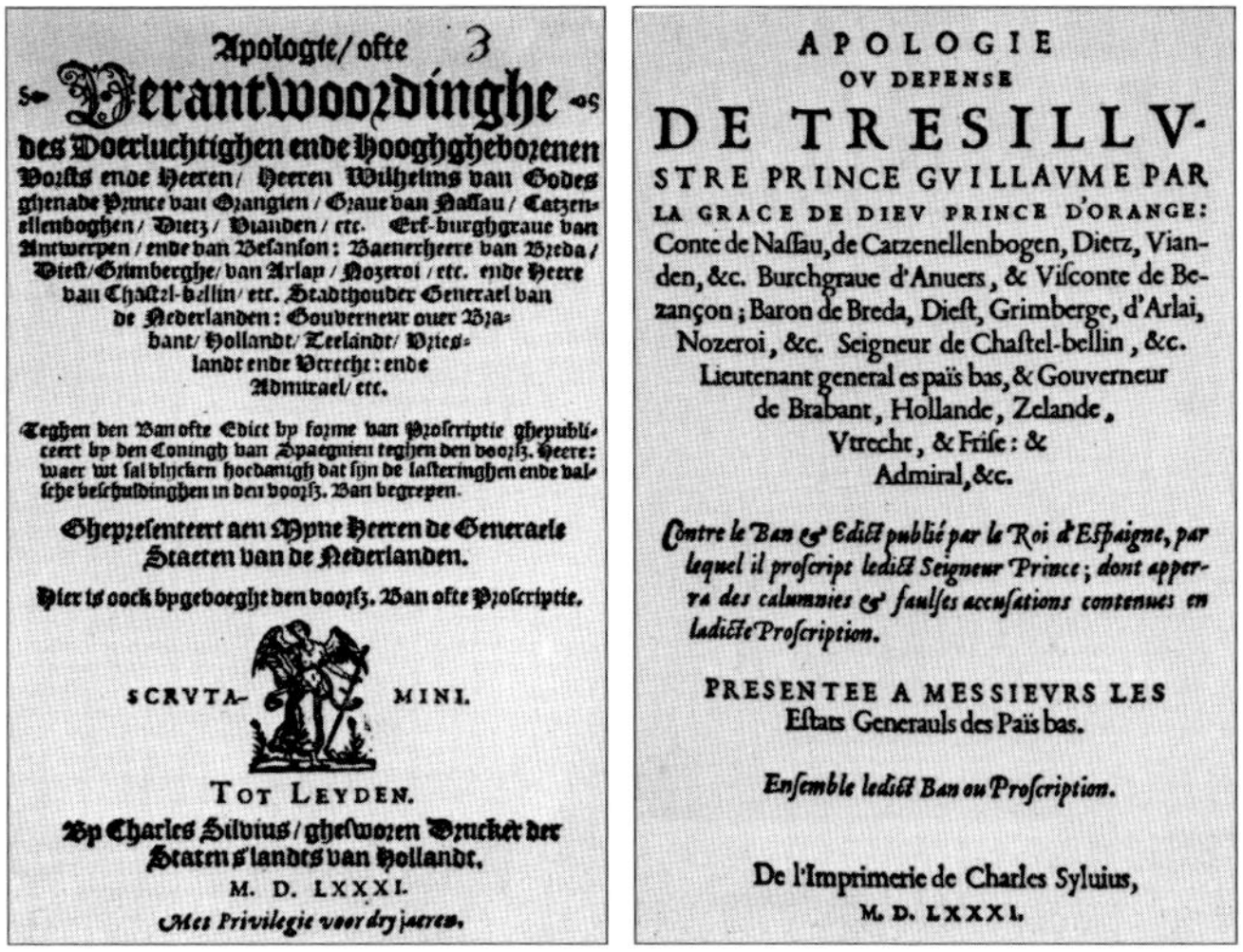
Apologie/ ofte Verantwoordinghe des Doorluchtighen ende Hooghgheborenen Vorsts ende Heeren/ Heeren Wilhelms van Godes ghenade Prince van Orangien/ Grave van Nassau/ Catzenellenboghen/ Dietz/ Vianden/ etc. Erf-burghgrave van Antwerpen/ ende van Besanson: Baenderheere van Breda/ Diest/ Grimberghe/ van Arlay/ Nozeroi/ etc. ende Heere van Chastel-bellin/ etc. Stadthouder Generael van de Nederlanden: Gouverneur over Brabant/ Hollandt/ Zeelandt/ Utrecht ende Vrieslandt: ende Admirael/ etc.

Teghen den Ban ofte Edict by forme van Proscriptie ghepubliceert by den Coningh van Spaegnien teghen den voorsz. Heere: waer wt sal blijcken hoedanigh dat sijn de lasteringhen ende valsche beschuldinghen in den voorsz. Ban begrepen.

Ghepresenteert aen Mijne Heeren de Generaele Staeten van de Nederlanden.

Hier is oock bygevoeght den voorsz. Ban ofte Proscriptie.

SCRVTA- MINI.

TOT LEYDEN.
By Charles Silvius/ ghesworen Drucker der Staten s'landts van Hollandt.
M. D. LXXXI.
Met Privilegie voor drij jaeren.

APOLOGIE OV DEFENSE DE TRESILLVSTRE PRINCE GVILLAVME PAR LA GRACE DE DIEV PRINCE D'ORANGE: Conte de Nassau, de Catzenellenbogen, Dietz, Vianden, &c. Burchgraue d'Anuers, & Visconte de Bezançon; Baron de Breda, Diest, Grimberge, d'Arlai, Nozeroi, &c. Seigneur de Chastel-bellin, &c. Lieutenant general es païs bas, & Gouverneur de Brabant, Hollande, Zelande, Vtrecht, & Frise: & Admiral, &c.

Contre le Ban & Edict publié par le Roi d'Espaigne, par lequel il proscript ledict Seigneur Prince; dont apperra des calumnies & faulses accusations contenues en ladicte Proscription.

PRESENTEE A MESSIEVRS LES Estats Generauls des Païs bas.

Ensemble ledict Ban ou Proscription.

De l'Imprimerie de Charles Sylvius,
M. D. LXXXI.

◀オランイェ公の弁明書　右がフランス語版、左がオランダ語版。

ヘント、イーペル、ブルッヘ、アントウェルペンなど南部の大都市も参加した。こちらは共同防衛や財政支出の共同負担を通じて国王の圧政と戦っていくと対決姿勢をあらわにした同盟であった。特に重要なのは信教の自由をかかげて、各州が自由に宗教問題を決めていくのを認めたことである。これにより、たとえばホラント州、ゼーラント州は今後カルヴァン派のみを認めることになった。反乱の指導者オランイェ公は宗教的寛容を求めてためらっていたが、すこし遅れてこれに参加した。

こうして反乱側は大きく二つに割れ、低地地方全体がまとまる可能性はなくなってしまい、〝ヘントの和約〟は破綻した。これによりユトレヒト同盟側の反乱はいっそう急進化していく。一五八〇年三月、フェリペ二世はオランイェ公を反乱の首謀者とみなし、懸賞金をかけて逮捕状を出す。オランイェ公はこれに対して同年一二月に〝弁明書〟を発表し、国王の支配からはのがれることはできないが、国王が住民を奴隷のように扱うなら、国王を替えることは許されると反論した。そしてここにおよんで、反乱側は一五八一年七月にはスペイン国王廃位令で応じ、スペイン国王をもはや自分たちの王とは認めないことを宣言する。この廃位令をオランダの独立宣言だという人がよくいるが、これは独立宣言ではない。何よりもその証拠は、スペイン国王に代わって、フランス国王（アンリ三世）の弟で、カトリックのアンジュー侯フランソワ（一五五六―八四）を君主として戴くことに決めたことである。この際カトリックであることは障害にはならなかった。しかし反乱

Ban/ ende edict by forme van proscriptie/ uytgegaen ende gedecreteert by onssen alregenadichsten Heere de Coninck, tegens Wilhelm van Nassau, Prince van Oraignyen, als hooft, beruerder ende bederuer van tgeheel Christenrijck, ende namentlyck van dese Nederlanden: Waerby een yegelijck gheauctorifeert wordt van hem te beschadigen, offenderen ende vuyter weerelt te helpen, mit loon ende prys voor den ghenen die dez doen, oft daer toe assisteren sullen.

Ghedruckt door ordinantie ende expres beuel der Coninckl. Mt. Int iaer M. D. LXXX. Tot Shertogenbossche by Ian Scheffer.

◀フェリペ二世が出したオランイェ公の逮捕状

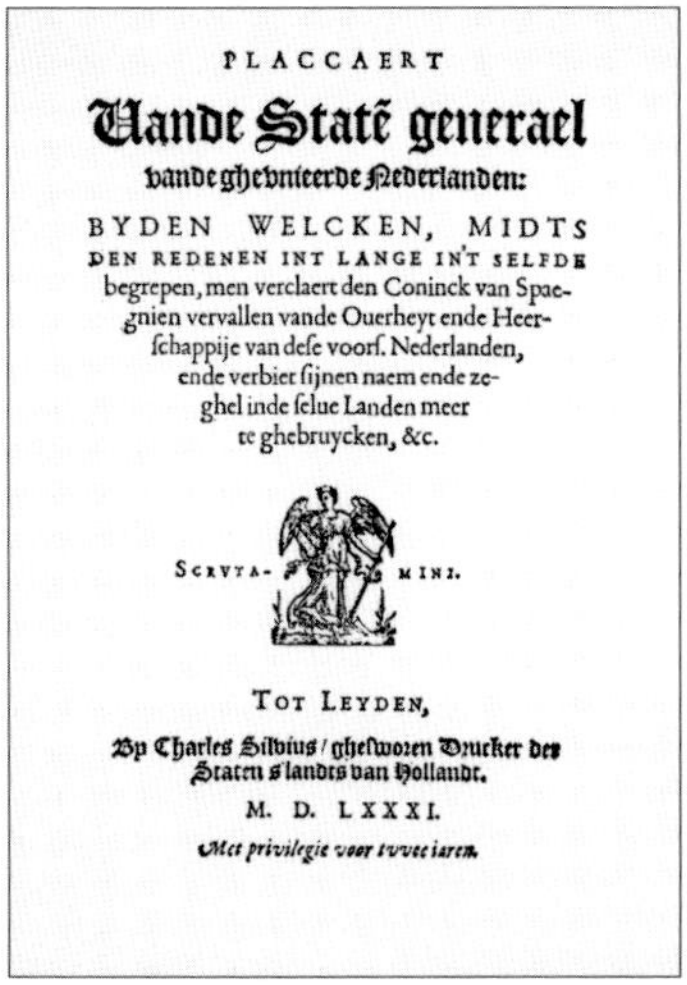
PLACCAERT Vande Staté generael vande ghevnieerde Nederlanden:
BYDEN WELCKEN, MIDTS DEN REDENEN INT LANGE IN'T SELFDE begrepen, men verclaert den Coninck van Spaegnien vervallen vande Ouerheyt ende Heerschappije van dese voorsz. Nederlanden, ende verbiet sijnen naem ende zeghel inde selue Landen meer te ghebruycken, &c.

SCRVTA- MINI.

TOT LEYDEN,
By Charles Silvius/ ghesworen Drucker des Staten s'landts van Hollandt.
M. D. LXXXI.
Met privilegie voor twee iaren.

◀スペイン国王廃位令　これをもってオランダの独立宣言という人もいるが、これは自分たちの戴く君主を替えることを宣言したもので、当時のオランダ人が君主というものを固定的、受動的に考えていなかったことを示している。その後も独立宣言は出ていない。

▶アンジュー侯　フランス国王アンリ三世の弟フランソワで、正式にはアンジュー・アランソン侯。一五八〇年一二月、低地地方の全国議会がフランスと条約を結び、王弟を低地地方の君主として迎えることに決めた。しかし侯にはさまざまな制約が課されていたため、考え方の相違が表面化して、侯は信用を失い一五八三年六月フランスに帰った。

◀レスター伯ロバート・ダッドリー　エリザベス女王はオランダとノンサッチ条約を結び、寵臣のレスター伯をネーデルラント執政（全州総督）として派遣し、オランダに軍事援助を行なった。これはオランダを主権国家として認めた結果といわれている。一五八五年一二月にオランダに到着し、約二年間戦争の指揮をとったが、めぼしい成果のないまま、一五八八年五月正式に辞任した。一五八六年一一月にすでに帰国していた。

▶エリザベス一世

州側の思惑のちがいから、これは失敗に終わる。

　そうしているあいだに、反乱の指導者オランイェ公が一五八四年七月にデルフトで刺客に暗殺され、事態は急変する。息子のマウリッツはすでに一六歳になっていたが、ユトレヒト同盟は彼を指導者として仰がずに、今度はフランス国王アンリ三世に主権の提供を申し出るが（一五八五年一月）、これは断られ、六月にはさらにイギリスのエリザベス女王にも同じ申し出をする。しかしエリザベス女王もこれを断った。英仏とも支配権を拡大する絶好の機会であったにもかかわらず、なぜこれを断ったのか、その理由は明らかではない。好戦的カルヴィニストの抵抗を懸念したのかもしれない。イギリスはその代わりノンサッチ条約を結んで、女王の名代としてレスター伯ロバート・ダッドリーを執政として反乱州に派遣し、合わせて援軍を送りこんで助けることになった。そしてその代償としていくつかの都市や要塞を担保として押さえた。この条約は必ずしも反乱州の意に沿うものではなかったが、条約を結んだことはイギリスがユトレヒト同盟諸州を主権国家として認めたことを意味する。しかしやってきたレスター伯は軍事的にめぼしい成果をあげられず、また商人に対して強引な統制策に出たことにより、不興を買い、一五八六年一一月にいったん帰国してしまう。

　こうしてユトレヒト同盟の諸州はこの段階にいたり、外国への主権の申し出を断念した。その代わりに各州が州議会によって主権を握ることになり、ユトレヒト同盟規約（全二六条）を基本法として、その範囲内で連邦国家を作ることになった。また全州が集まって協議する場として連邦議会が作られた。こうして国王をもたない共和国としてオランダという国が初めて誕生した。しかし独立宣言や建国宣言のようなものは出ず、いつから独立国として出発したのか正確な日時はわからない。建国にいたる経緯をみると、最初から独立や共和国をめざしていたのではなく、反乱の過程でやむをえず独立国家になっていたという感が強い。

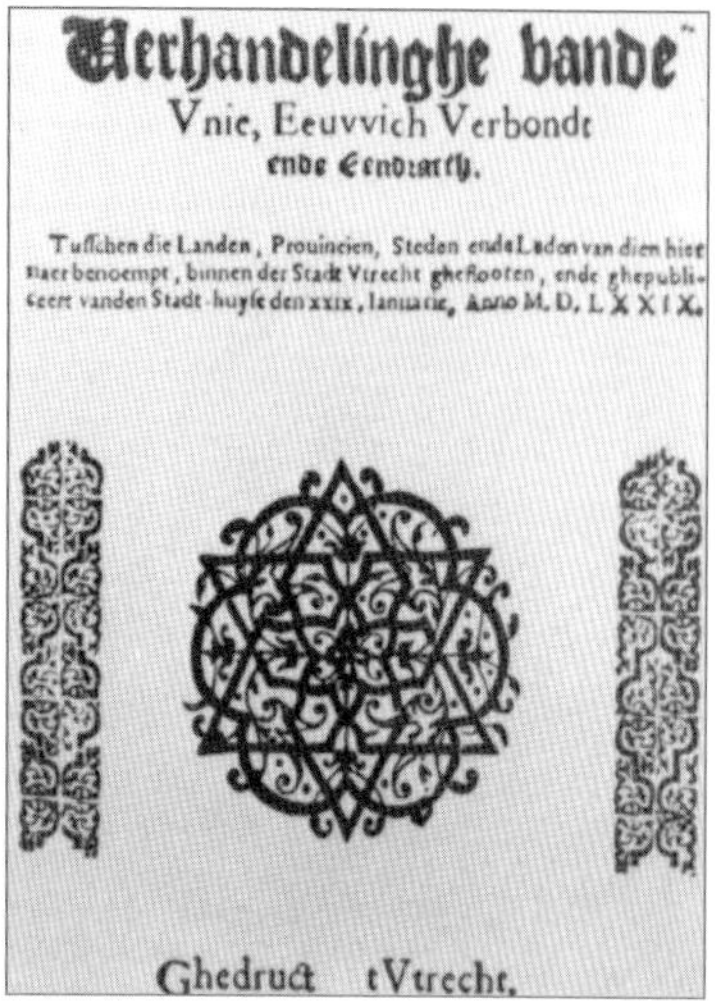
Verhandelinghe vande
Vnie, Eeuvvich Verbondt
ende Eendracht.

Tusschen die Landen, Prouincien, Steden ende Leden van dien hier naer benoempt, binnen der Stadt Vtrecht ghesloten, ende ghepubliceert vanden Stadt-huyse den xxix. Ianuarie, Anno M.D.LXXIX.

Ghedruct tVtrecht.

▶**ユトレヒト同盟規約**　ユトレヒト同盟規約はオランダの共和国時代には七州をまとめる憲法のような機能を果たした。

◀**オランイェ公マウリッツ**　オランイェ公ウィレム一世の次男。父の死後ホラント・ゼーラント州総督となり、やがてユトレヒト州など六州の総督となった。軍事的才能にめぐまれ、スペイン軍を次第に南部に追いつめた。正式には長兄フィリップス・ウィレムが一六一八年に没したあと、オランイェ公となった。ホラント州法律顧問のオルデンバルネフェルトとしばしば対立した。終生独身ながら八人の子を残した。

主権をもつ各州の集まりであることから連邦共和国を名乗るが、連邦には国家主権という観念はなく、あくまでも州主権にこだわっていた。

　いよいよ独立国家としてやっていかざるをえなくなったとき、オランダ最高の貴族であるオランイェ家のもつ求心力は無視できなかった。そこで一五八五年一一月、ウィレム一世の次男マウリッツ（一五六七―一六二五、長男のフィリップス・ウィレムはスペインに人質として取られていた）が一八歳になったのを機に、ホラント州とゼーラント州は彼を州の総督に任命した。総督は本来国王が不在のとき、国王の代理人として任命された役職であり、国王がそもそもいない共和国では不要なはずであるが、それを国王に代わって州議会が任命して、その仕組みを続けざるをえなかったところに、当時のオランダの苦悩がみえる。最高の貴族であるオランイェ家を国王のような地位に押し上げ、国家としての求心力を高めていかなければ、当面の難局は乗り切れなかったのであろう。彼はまもなく連邦議会により陸海軍最高司令官にも任命され、対スペイン戦争は彼の指導と指揮にゆだねられた。さいわい彼は軍事的才能を発揮し、スペイン側の執政パルマ侯（フェリペ二世の甥）と渡り合っていくことができた。

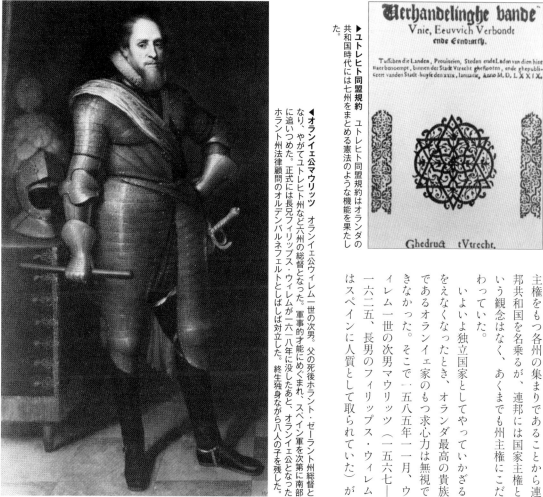

十二年間休戦

　ユトレヒト同盟側に立っていた南部の都市はあいついでスペイン側に落ち、一五八五年八月のアントウェルペンの陥落を最後に南部はほぼスペインに掌握され、北部だけが反乱側に結集する。スペインは一五八八年に無敵艦隊でイギリスへの侵攻を試みて失敗し、海軍力が大幅に弱体化したが、それでも戦いは一進一退をくりかえし、ど

▶**ホラント州法律顧問オルデンバルネフェルト**　ロッテルダムの市法律顧問をへて、一五八六年にホラント州法律顧問になり、ウィレム一世亡き後の共和国を事実上の宰相として治めた。外交手腕に優れ、オランダ共和国を国際的に認知させるのに貢献した。しかしマウリッツ公と対立し、カルヴァン派内の神学論争に巻きこまれて、その犠牲となった。

ちらも決定的な勝利を得ることができなかった。それでもオランダにとり有利に働いたのは、一五九六年に英仏と三国同盟を結ぶことに成功し、両国から独立国として認められたことである。一五九八年にフェリペ二世が死去し、息子が同三世として即位すると、新国王の柔軟な対応もあり和平交渉の機運が生まれ、フランス、イギリスなどの後押しもあって、一六〇八年から和平交渉が始まる。交渉は難航したが、一六〇九年四月にアントウェルペンで十二年間休戦条約が成立した。この時点で両国が実効支配している現状を固定化したので、スペイン軍はそのまま南部地方に駐留することになり、また南部ではカトリック以外の宗教は禁止された。これによりスペインは南部地方は何とか失わずにすみ、カトリックをも守ることができた。しかし低地地方全体をカール五世の設定した領域（クライス）として守ってゆくことは不可能になった。他方オランダ側はアントウェルペン港に通ずるスヘルデ川の入口の封鎖は続けたが、フランドル海岸の封鎖は中止した。またスペイン軍の撤退を実現できなかったし、低地地方全体を〝ヘントの和約〟の線に沿ってまとめていくこともできなくなった。こうして休戦はヨーロッパ内だけとし、海外では敵対関係は継続された。内容的には双方とも不満を残していたが、この休戦条約はその間のオランダの主権を認めたので、スペインは事実上オランダの独立を認めたも同然であった。その意味ではオランダにとって重要な休戦条約になった。

四〇年も続いてきた戦争が休戦となって一時的に緊張がゆるんだせいか、オランダ国内では改革派（カルヴァン派）の予定説をめぐって大きな対立が表面化する。当初はレイデン大学の神学者の神学論争であったが、やがて州議会をも巻きこみ、国家が教会の上に立つべきか、それとも教会が国家の上に立つべきかという政治体制論争に発展し、政治的主導権争いがくり広げられ

▲ドルドレヒト全国教会会議　カルヴァンの予定説をめぐる対立に決着をつけるために、予定説を厳格に解釈するホマルス派（厳格派）が1618年にドルドレヒトで開いた一大国際宗教会議。その結果アルミニウス派（寛容派）が断罪され、オルデンバルネフェルトもその犠牲者のひとりとなった。また、聖書の公認オランダ語訳を作ることが決まった。

▶ホマルス　予定説を厳格に解釈することを主張したレイデン大学神学部教授。ホマルス派には南部地方から逃げてきた好戦的カルヴィニストが多く、庶民にも支持されていた。

た。その背景には休戦賛成派と反対派の対立があり、休戦を利用して政治勢力を拡大したり、経済活動の発展につなげようとする賛成派と、逆に戦争を継続することによって有利に立とうとする反対派が鋭く対立した。反対派の中心は総督で陸海軍最高司令官のマウリッツ公と、最大の経済力を誇っていたアムステルダム市で、そこに南部地方から亡命してきた好戦的なカルヴィニストが加わったから、簡単には決着がつかない。結局最後には、当時ホラント州法律顧問（事実上の宰相）で、優れた外交手腕を発揮して休戦を推進してきた、穏健派のオルデンバルネフェルト（一五四七—一六一九）が国家反逆罪で処刑されて、一件落着となった。これは裏を返せば総督マウリッツ公の政治的勝利であり、以後総督派（オランイェ派）と議会派（穏健派）が事あるごとに鋭く対立することになる。他方神学論争のほうは一六一八年一一月にドルドレヒトで開かれた全国教会会議で、予定説を厳格に解釈するドルドレヒト教会規則が採択され、これを主張してきたいわゆるホマルス派（厳格派）の勝利に終わった。敗れたアルミニウス派（寛容派）の牧師は職を失った。しかしこれによって改革派教会がオランダの国教会になることはなかったし、教会が国家の上に立つ神政政治が実現することもなかった。カトリック教徒は公の礼拝が禁止されたため、やむなく改革派に改宗した人々も多かったので、厳格なカルヴィニストは大きな支持を得られなかった。

戦争の再開

一六二一年四月に休戦が期限切れになり、戦争は再開された。スペインのスピノラ将軍が各地で攻勢に出るとともに、フェリペ四世はオランダとの通商を禁止し、ダンケルクに私掠船を集結させてオランダの商船や漁船に対する攻撃を強めた。一六二五年四月、オランダではマウリッツ公が死去し、弟のフレデリック・ヘンドリック公（一五八四—一六四七）が五州の総督と陸軍総司令官に就任する。他方、スペインでは一六二七年末にスピノラ将軍が解任される。この頃からフレデリック・ヘンドリック公は南部地方で攻勢に出て、一六二九年にデン・ボス市を、さらに三七年にはブレダ市などをスペインから奪回し、〝都市の制圧者〟とよばれるほど戦果をあげた。これで北部七州の安全がほぼ確保された。また一六三九年にはオランダのトロンプ提督がドーヴァー海峡で三度にわたりオケンド提督率いるスペイン艦隊と海戦を交え、スペイン海軍に大きな打撃を与えた。この時期には概してオランダの優位が続いた。

こうしたオランダ優位の背景には、スペ

▶アルミニウス　レイデン大学神学部教授。予定説を柔軟に解釈することを求めた。アルミニウス派には貴族、大商人、富裕な上層市民が多かった。

インがイギリス（一六二五―三〇）、フランス（一六二七―三一、三五―）やスウェーデン（一六三四年）と戦争になったことで、オランダに戦力を十分に投入できなかったという事情がある。逆にオランダは一六二四年にはフランスとコンピエーニュ条約を結んで支援を受け、二五年にはイギリスとサウスハンプトン条約を結んで関係を強化した。さらに一六三五年にはフランスと攻守同盟を結び、スペインが支配している南部地方を言語境界線に沿って両国で分割していく約束をした。このほかにもスウェーデン（一六一四年）、ヴェネツィア（一六二〇年）、デンマーク（一六二一年）、ブランデンブルク（一六二二年）などとも条約を結んだ。これはとりもなおさずこれら諸国がオランダを独立国として認めたことを意味する。また一六四〇年にスペインから独立を回復したポルトガルとは四一年に休戦条約を結んだ。

　一六四三年からドイツ三十年戦争の終結に向けて和平交渉がドイツのミュンスターとオスナブリュックで始まったのを機に、オランダとスペインは四六年一月から和平交渉を開始する。これで実質的な戦闘は終わる。一六四七年一月にミュンスター講和条約の仮調印がなされ、国内の調整をへて、四八年一月三一日に正式調印、五月一六日に批准書を交換した。全国民向けに和平が発表されたのは六月五日で、この日はちょ

◀**オランイェ公フレデリック・ヘンドリック**　オランイェ公ウィレム一世の三男で、兄マウリッツの死を受けてオランイェ公となり、やがて六州の総督になる。軍事的才能を発揮して、八十年戦争の後半に戦いを有利に進めた。特にスペイン軍に占領されていた都市を次々に奪い返し、〝都市の制圧者〟とよばれた。

▼**オスナブリュック市庁舎**　スペインとの和平交渉はドイツ西部のオスナブリュック市庁舎で行なわれた。オランダの代表団は各州の代表一人ずつと連邦議会書記の八人で構成されていた。交渉に使われた部屋は今も保存されており、見学することができる。

▲ミュンスター講和条約の批准式　スペインとの和平交渉はドイツ三十年戦争の和平交渉の一環として行われ、1646年末には講和条約草案（全文79条）で合意に達し、48年1月に調印した。5月にミュンスターで批准書を交換した（ナショナル・ギャラリー、ロンドン）。

うど八〇年前にブリュッセルの広場で二人の高級貴族がアルバ侯により斬首刑にされた日であった。このように途中一二年間の休戦があったが、戦争は八〇年も続き、その間にオランダは国際的に独立国として承認された。当時のヨーロッパではひじょうに珍しい七州の連邦共和国であった。これがほぼ現在のオランダの原形となる。カール五世の望んだ全ネーデルラントの統一は実現せず、現在のベルギーにあたる地域は引き続きスペイン領ネーデルラントとしてスペインの支配下にとどまった。

連邦共和国の仕組み

オランダ共和国は主権をもつ七州の連合体であるが、ほかに独立の州とは認められなかったドレンテ準州と連邦議会直轄領がある。後者は戦争の過程でスペインから奪った地域で、南部国境に全部で五つあった。これらはスペイン領とのあいだの緩衝地帯とされ、連邦議会が管理した。そこの住民は自由と自治が大幅に制限され、差別された国内植民地のような存在であった。またドイツにはリンゲンという飛び地があった。

各州の代表で構成される連邦議会がハーグにあるが、各州が主権をもっていたので、連邦議会の仕事は外交と軍事・防衛、直轄領の統治など全州に関わることに限られていた。必要な連邦経費は一定の分担比率にしたがって各州から徴収されたが、ホラント州が全体の五八パーセントを負担していたので、必然的に大きな発言力をもち、連邦議会をリードしていた。条約の締結や防衛事項については全会一致が原則であったが、この場合でもホラント州は根回しや調整によって優位に立っていた。連邦議会は各州の問題に介入したり、州に関する法律を作ることはできなかった。海軍についてはアムステルダム、ロッテルダムなど国内に五つおかれた海事支庁に権限が与えられており、各海事支庁はさまざまな関税を徴収して、その収入から艦隊を維持し、独自に造船所をもっていた。海事本庁という組織はなかった。

　各州の州議会は都市、貴族、聖職者の代表で構成されるが、貴族と聖職者の代表はごくわずかで、大部分は都市の代表が占めていた。ホラント州議会には一八都市が代表を送っていたが、フローニンゲン州議会にはフローニンゲン市だけであった。州議会には法律顧問が任命されていて、州議会を運営・管理し、連邦議会にも州代表として出席した。そのためその職務をこえて州政治の中心人物としてふるまうことが多く、特にホラント州議会の法律顧問は連邦議会を動かすような権勢をふるい、事実上オランダの宰相であった。ただし日常業務は常設機関が処理したので、州議会の開催は多くはなかった。

　各州にはこのほかに州議会が任命する総督がいた。すでにのべたように、総督は国王が不在のとき代理人を務める人で、その地方の最有力の貴族が任命された。共和国になって国王がいなくなっても総督を制度としては残したところから、のちにいろいろな問題が出てくる。ウィレム一世が暗殺されたあと、その次男のマウリッツ公が一五八五年にホラント、ゼーラントの二州の総督に任命され、のちにはユトレヒト州な

◀一六四八年のオランダ共和国とスペイン領ネーデルラント　その後も国境線は少し動いているが、後年のオランダとベルギーの分離はミュンスター講和条約でひとつの方向が与えられた。

ど三州を加えて五州の総督になる。北部のフリースラント、フローニンゲンの二州ではマウリッツ公の従兄のナッサウ・ディレンブルフ伯ウィレム・ローデウェイク（一五六〇―一六二〇）が総督になり、基本的には今後この二家が総督を出す。いずれも終身制であった。総督は名門の出であり、陸軍の最高司令官をも務める。日頃は政治的権限は小さいが、有事になると発言力を増し、指導力を発揮する機会が多くなる。そのため州の法律顧問と張り合い、対立することも多かった。このようにホラント州議会の法律顧問と総督という二人の権力者が、二つの中心をもつ楕円形のように微妙なバランスを保ちながら一七世紀後半以降のオランダの政治をリードしていくが、しばしばこのバランスが崩れ、総督が政治の舞台から排除される事態がみられた。

連邦経費負担比率（1606年）

ホラント州	58.0%
ゼーラント州	9.5%
フリースラント州	11.5%
ヘルデルラント州	5.5%
ユトレヒト州	5.5%
オーフェルエイセル州	3.5%
フローニンゲン州	5.5%
ドレンテ準州	1.0%
合計	100.0%

▼アムステルダム海事支庁　各海事支庁は管内の港湾のみならず、河川、国境でも関税の徴収にあたる。

▼下右・**ナッサウ・ディレンブルフ伯ウィレム・ローデウェイク**　ナッサウ・ディレンブルフ伯はオランイェ公ウィレム一世の弟ヤン・ファン・ナッサウがフリースラントで継承した家系で、その子ウィレム・ローデウェイクは一五八四年にフリースラントとフローニンゲンの二州の総督となった。しかし彼には子がなく断絶。その弟のエルンスト・カジミールがナッサウ・ディーツ伯を名乗り、その後も同伯家はほぼ連続してドレンテ準州もふくめて三州の総督を務めた。

▼下左・**ユダヤ人のシナゴーグ（礼拝堂）**　ポルトガル系ユダヤ人（セファルディム）が一六七五年にアムステルダムに作ったシナゴーグ。落成式には市長など市の幹部も出席して祝福したという。

◀左・**カトリックの隠れ教会**　これは一七世紀半ばにアムステルダムで作られた隠れ教会で、屋根裏部屋を利用している。このほかに廃屋や倉庫などに目立たぬように作られた。カトリックの礼拝を公然と行なうことは禁止されていた。

各都市はそれぞれ都市参事会をもち市政を行なうが、ほとんどの都市で限られた少数の有力者が都市貴族（レヘントともいう）として市政を独占し、寡頭的な支配を続けた。特に際立っているのはアムステルダム市で、市はホラント州財政の約四四パーセント（連邦財政の約二五パーセント）を担っていたため、州議会を牛耳り、さらには連邦議会にも絶大な発言力をもつにいたった。ある意味ではアムステルダム市の意向がオランダ共和国の政治全体を動かしていたといっても過言ではない。

八十年戦争においては改革派（カルヴァン派）が果たした役割は大きかったが、改革派教会は、イギリスのアングリカン教会のように国教会になることはなかった。またカルヴィニズムは公認のキリスト教とされただけで、国教にはならなかった。他方カトリックの公然たる礼拝は禁止され、カトリック教徒は教会をもつこともできなかったが、隠れ教会は許されていた。しかしカトリック教徒は公職にはつくことができず、二流の市民として扱われる。宗教的寛容はかろうじて守られたが、ユダヤ教の礼拝堂（シナゴーグ）は認められながら、カトリックの教会は許されないという何ともちぐはぐな宗教的寛容であった。

COLUMN①

“祖国の父”オランイェ公ウィレム一世

オランダの〝祖国の父〟の愛称で今もってオランダ人にもっとも敬慕されているのがオランイェ公ウィレム一世で、ウィレム寡黙公という愛称でも知られている。現在のオランダ王室の遠い祖先のひとりである。それゆえ生粋のオランダ人と思われがちであるが、元来はドイツ人貴族である。ドイツ西部のボンに近いナッサウという小都市を拠点にし、その地方を支配していたのがナッサウ伯家で、ディレンブルクという城をもっていたことからナッサウ・ディレンブルク伯ともいう。ウィレムはこの伯家の長男として一五三三年に生まれた。したがってウィルヘルムが元来の名前である。この伯家はこの頃すでにルター派を信仰していたので、彼も幼少からそれに親しんでいた。

ウィレムが一一歳の一五四四年に従兄のオランジュ公ルネ・ド・シャロンが戦死したことにより、オランジュ公国を相続することになった。オランジュ公国は南フランスの独立した国で、伯領より位が高かった。ウィレムはこのときまだ未成年であったので、ときの皇帝カール五世は成人になるまでブルッセルの宮殿で自分に仕えることを条件に、その相続を認めた。ブルッセルの宮殿はカトリックの世界で、彼はカトリックとして育てられる。

一五五一年に成人すると、全所領を相続し、オランジュ公（オランダ語ではオランイェとなる）を名乗る。彼はカール五世の忠臣で、信頼を得ていた。一五五五年、カールがブルッセルで退位式をしたとき、足元がおぼつかなくなっていた皇帝に肩を貸しながら入場したという話は、彼がいかに皇帝から信頼されていたかを物語っている。

しかし息子のフェリペ二世とは信頼関係を築けなかった。フェリペがスペイン育ちでスペイン語しか話せなかったこともあるが、フェリペが地元貴族の意向や特権を無視して強権支配を行ない、カトリックにこりかたまっていたことが背景にあった。ウィレムは国王の支配をけっして否定しなかったし、また地元の貴族や都市が古くから守ってきた権利を守ろうとしたという点では保守的な政治家であったが、最後はカルヴァン派に改宗してまでフェリペに抵抗し、宗教的寛容を追求したところなどは彼が単なる保守主義者ではなかったことを示している。彼にとってはキリスト教の外的な形式の違いは二の次で、内面の自由こそが何よりも尊重されるべきであった。

自分の生国ではないネーデルラント地方の人々のために私財をなげうって、困難に敢然と立ち向かい、最後には凶弾に倒れたその一生はたしかに〝祖国の父〟の名にふさわしい。現在のオランダ国歌〝ウィルヘルムス〟は彼の国王に対する反乱の決意を一人称のモノローグの形で表現したもので、親友のマルニクスが一五七一年に作った。国歌としてはもっとも古いもののひとつであろう。

五章 黄金時代のオランダ

ヨーハン・デ・ウィットの時代

長い戦争が終わってほっとしたのも束の間、オランダはさっそく政治的混乱に見舞われる。総督のフレデリック・ヘンドリックは終戦を目前にして一六四七年三月に死去し、長子のウィレム二世（一六二六―五〇）が二〇歳で六州の総督と陸海軍最高司令官に任命された。彼は一六四一年に一四歳でイギリス国王チャールズ一世の長女メアリ（九歳）と結婚していたが、この結婚がやがてオランダの命運に影を落とす。ウィレム二世はミュンスターの講和に反対であり、また革命（ピューリタン革命）に見舞われたイギリスのステュアート王家を助けようとして陸軍の強化をめざす。しかしホラント州は戦争が終わったことを理由にこれを拒否し、陸軍を縮小してしまう。そのためウィレムは一六五〇年七月、ホラント州議会の六人の有力な政敵を捕らえてルフェステイン城砦に監禁し、さらにアムステルダム市へ軍事攻撃を企てるが、これは未遂に終わる。それでもウィレムはアムステルダムを何とか説き伏せて次の手を打とうとした矢先、同年一一月天然痘で急死する。その八日後に長子ウィレム（のちに三世になる）が生まれた。

▲ウィレム2世とメアリ　1647年総督に就任したときの夫妻。

これを機にホラント州議会は急いで全国の代表をハーグに招集していわゆる大会議を開き、今後は総督を任命しないことにし、オランイェ家を政治の世界から締め出した。こうしてオランイェ家抜きの〝真の自由の体制〟が実現したとして、反オランイェ陣営は喜びにわく。これがいわゆる第一次無

▲ルフェステイン城砦　14世紀にホラント南部のワール川とマース川が合流する地点に作られた城砦で、共和国時代には監獄として使われた。グロティウスが1619年にここに投獄され、1621年に本の差し入れに用いられた箱のなかに隠れて、ひそかに脱獄したことで有名となる。現在は博物館として公開されている。

▼グロティウス　オランダのデルフト生まれの有名な国際法学者。カルヴァンの予定説に対してアルミニウス派（寛容派）の立場をとったことから、1619年にドルドレヒト全国教会会議にあわせて行われた裁判で終身刑に処され、ルフェステイン城砦に収監された。1621年脱獄後はパリに亡命し、主著『戦争と平和の法』（1625年）などを刊行した。

総督時代の始まりで、一六七二年まで続いた。ただし北部の二州には別の総督がいたから、厳密には全国的な体制ではない。そしてこれに花を添えたのがヨーハン・デ・ウィット（一六二五―七二）で、一六五三年七月、弱冠二八歳でホラント州法律顧問に選出された。彼の父親はドルドレヒト市長であったが、三年前ウィレム二世により逮捕され、ルフェステイン城砦に監禁されたうちの一人であったことから、彼はオランイェ家に厳しい態度で臨んだ。折しもイギリスと戦争中であったが、辣腕をふるってこれを乗り切り、イギリス人からも〝完璧なオランダ人〟と賞賛された。彼は一六七二年に暴徒に虐殺されるまで一九年間にわたって事実上の宰相として共和国を指導するが、ちょうどこの頃がオランダの絶頂期であった。しかしイギリス、フランスがオランダを最大のライヴァルとして敵視し攻勢を強めるなか、むずかしい舵取りをせまられていたことはまちがいない。

イギリスとの確執

八十年戦争中のオランダで注目されるこ

とは、長引く戦争にもかかわらず、オランダ人がヨーロッパの内外において海運業や貿易でめざましい活躍をみせ、経済大国にのしあがったことである。このオランダ人の活躍を国際法的にいささか強引に正当化しようとしたのが、神童の誉れ高かったグロティウス（一五八三―一六四五）の『海洋自由論』（一六〇九年）であった。押され気味のイギリスはたびたび自国船を優遇し、オランダ船の活動を制限する措置をとるが、必ずしも十分な成果はあげられなかった。クロムウェル（一五九九―一六五八）

◀**ヨーハン・デ・ウィット**　ドルドレヒトの都市貴族で、市の法律顧問を務めたのち、オランダの全盛期にホラント州法律顧問として国政に優れた手腕を発揮した。各州が主権をもつ体制こそが〝真の自由の体制〟であるとして、政治からオランイェ家を排除することに努めた。保険業の基礎理論を確立したことでも知られる。

◀**クロムウェル**　護国卿。最初はオランダとの協調路線をとろうとしたが、不可能とわかると厳しくオランダと対決した。オランダの貿易・海運業を狙い撃ちにした〝航海法〟を出した。またステュアート王家がオランイェ家と結びつきを強めて復活することを強く警戒していた。

の革命政府は、処刑されたチャールズ一世の娘メアリがオランダで総督ウィレム二世の妻におさまり、子のウィレムもいたことから、ステュアート家の復活を懸念していた。そこでクロムウェルは一六五一年四月に大使節団をハーグに送り、ステュアート王家やその残党、さらにそれと結びついているオランイェ家を排除して、両国で単一のプロテスタント共和国を作ることを提案した。これにはオランダ人の経済活動を何とか取りこみたいという狙いもあったものと思われる。そのためか交渉はまったくかみあわないまま、使節団は帰国した。その結果イギリス議会が発表したのが有名な航海法（一六五一年一〇月）で、翌年二月から発効することになった。これは、オランダ船の動きを大幅に制限し、イギリス人の海運・貿易を保護する内容であった。あわてたオランダが今度は使節団をイギリスに派遣し、航海法の撤回と〝通商航海の自由〟の確認を求めたが、実現しなかった。そして一六五二年五月、両国の艦隊がドーヴァー海峡で偶発的に衝突したことから、互いに宣戦布告がないまま戦争（第一次イギリス戦争）に突入した。オランダのトロンプ父子やデ・ライテルが指揮するオランダ艦隊とブレークの英艦隊がたびたび衝突をくり返し、一六五三年には三度にわたって大海戦もあり、戦闘はリヴォルノ港沖の地中海でも展開された。戦いはイギリス側が優位に進めたようで、トロンプ（父）も戦死する。決着がつかないまま、和平交渉が進められ、一六五四年四月にウェストミンスター講和条約が成立したが、航海法は撤回されなかった。ホラント州議会は秘密条項でオランイェ家を総督に任命しないことを

▲コルネリス・トロンプ　イギリス戦争で活躍したオランダの提督（1629—91）。父マールテン・トロンプ（1598—1653）も17世紀前半に活躍した有名な提督であった。

▼デ・ライテル　17世紀後半に活躍したオランダの提督（1607—76）。1676年4月シチリア島沖でフランス艦隊と戦闘中に負傷し、戦死した。

“排除令”としてクロムウェルに約束した。イギリスでは一六六〇年五月王政復古となり、フランスに亡命していたチャールズ二世がオランダ経由で帰国して事態は変わる。

その後も海運・貿易をめぐってアフリカ、アジア海域で両国は対立し、一六六四年九月にはイギリス艦隊が北米のオランダ植民地ニーウ・アムステルダムを占領してニューヨークと改名する。こうしたなかで一六六五年一月にオランダがイギリスに宣戦布告し、三月にはイギリスがこれに応え、第二次イギリス戦争が始まる。一六六六年六

▲**リヴォルノ港沖海戦**　第1次イギリス戦争中の1653年3月、地中海のリヴォルノ港沖でも両国の艦船が衝突した。

▼**ニーウ・アムステルダム**　現在のニューヨーク。オランダ西インド会社が先住民からタダ同然にマンハッタン島を購入し、貿易の中心地にした。風車がみえている。1674年に正式にイギリスに譲渡され、ニューヨークとなる。

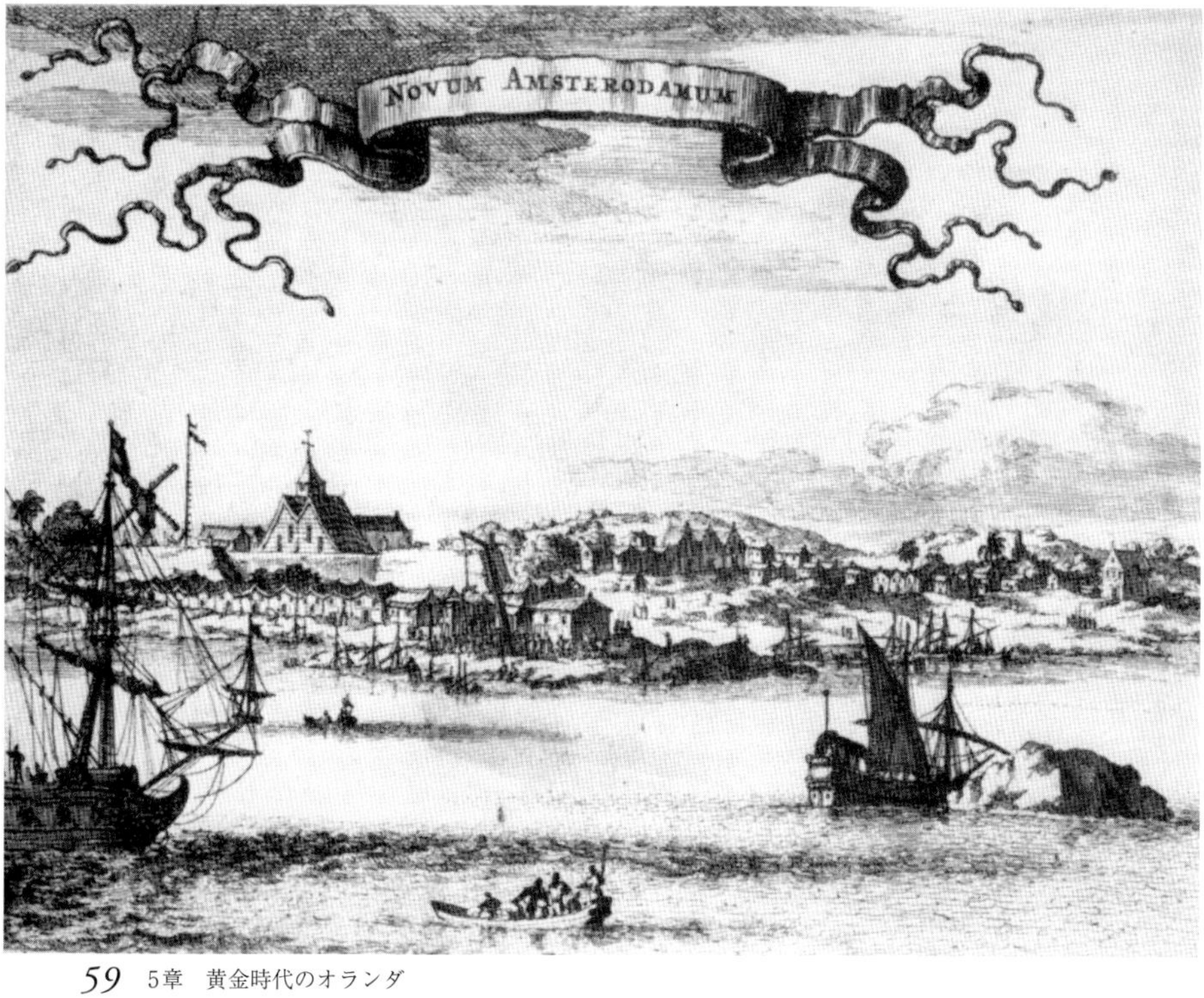

▲チャタム攻撃　イギリス艦隊が1666年8月にオランダのテルスヘリング島を焼き打ちにしたことへの報復として、ヨーハン・デ・ウィットはテムズ河口の海軍基地チャタムへの攻撃を企て、兄のコルネリスに連邦議会代表として指揮をとらせて、デ・ライテル提督に作戦を命じた。1667年6月、オランダ艦隊はメドウェイ川を突破し、チャタムを攻撃した。多数の艦船を破壊し、イギリス海軍が誇る旗艦ロイヤル・チャールズ号を捕獲して持ち帰った。これはイギリス海軍の歴史上もっとも屈辱的な敗北のひとつであったといわれる。オランダ艦隊がロンドンをも攻撃する恐れが出てきたため、イギリスはパニック状態になり、これにより和平交渉が一気に進んだ。

▶コルベール　フランスの政治家（一六一九—八三）。ルイ一四世に見出されて一六六一年に財務総監となり、事実上の宰相としてフランスを経済的に強国にするために腐心した。特に当時全盛期にあったオランダを目の敵にして、オランダ経済に打撃を与える政策を次々と打ち出した。またオランダの先進的な技術や制度の導入にも積極的に動いた。

月には一七世紀最大といわれる四日間海戦がドーヴァー海峡であり、八月にはイギリス艦隊がオランダ沿岸を焼き打ちにするなど、オランダ史上最悪の惨事が続いた。一方翌一六六七年六月にはデ・ライテルのオランダ艦隊が今度はテムズ川河口のチャタムを攻撃し、ロンドンに迫る勢いをみせた。こうしたイギリスの劣勢のもとに、七月、ブレダ講和条約が成立して戦争は終わった。その結果、航海法の適用が緩和され、オランダが主張する〝通商航海の自由〟が確保された。イギリスでは時の大法官クラレンドン伯ハイドが敗戦の責任を問われて失脚し、フランスに亡命した。

そのフランスでは一六六一年にルイ一四世の親政が始まり、財務総監としてコルベールが登場する。翌一六六二年にオランダ・フランス同盟条約が結ばれ、滑り出しは上々であった。しかしコルベールは一六六四年から六七年にかけてオランダ製品に差別的関税を強化し、他方ルイは〝ライン川自然国境説〟を唱えてオランダに不気味な圧力をかけ始めた。またルイは一六六七年、スペインが支配する南ネーデルラントに侵攻し、重要都市を次々と占領していった（遺産帰属戦争）。次にオランダが標的になるのは明白であった。これに対してオランダ、イギリス、スウェーデンが一六六八年一月に三国同盟を結んでフランスを牽制した結果、フランスは五月にスペインとアーヘン条約を結んで講和した。

英仏との戦争

しかしこれで事態はおさまらなかった。一六七〇年六月、英仏が〝ドーヴァーの密約〟を結び、翌七一年にはこれをオランダ攻撃の

▲ルイ14世（太陽王）

▼ライン川を渡るルイ14世とフランス軍　フランス軍はロビト付近でライン川を渡り、東からユトレヒトをめざして進軍を続けた。この年の春は極端に降雨が少なく、ライン川を徒歩で渡ることができたという。

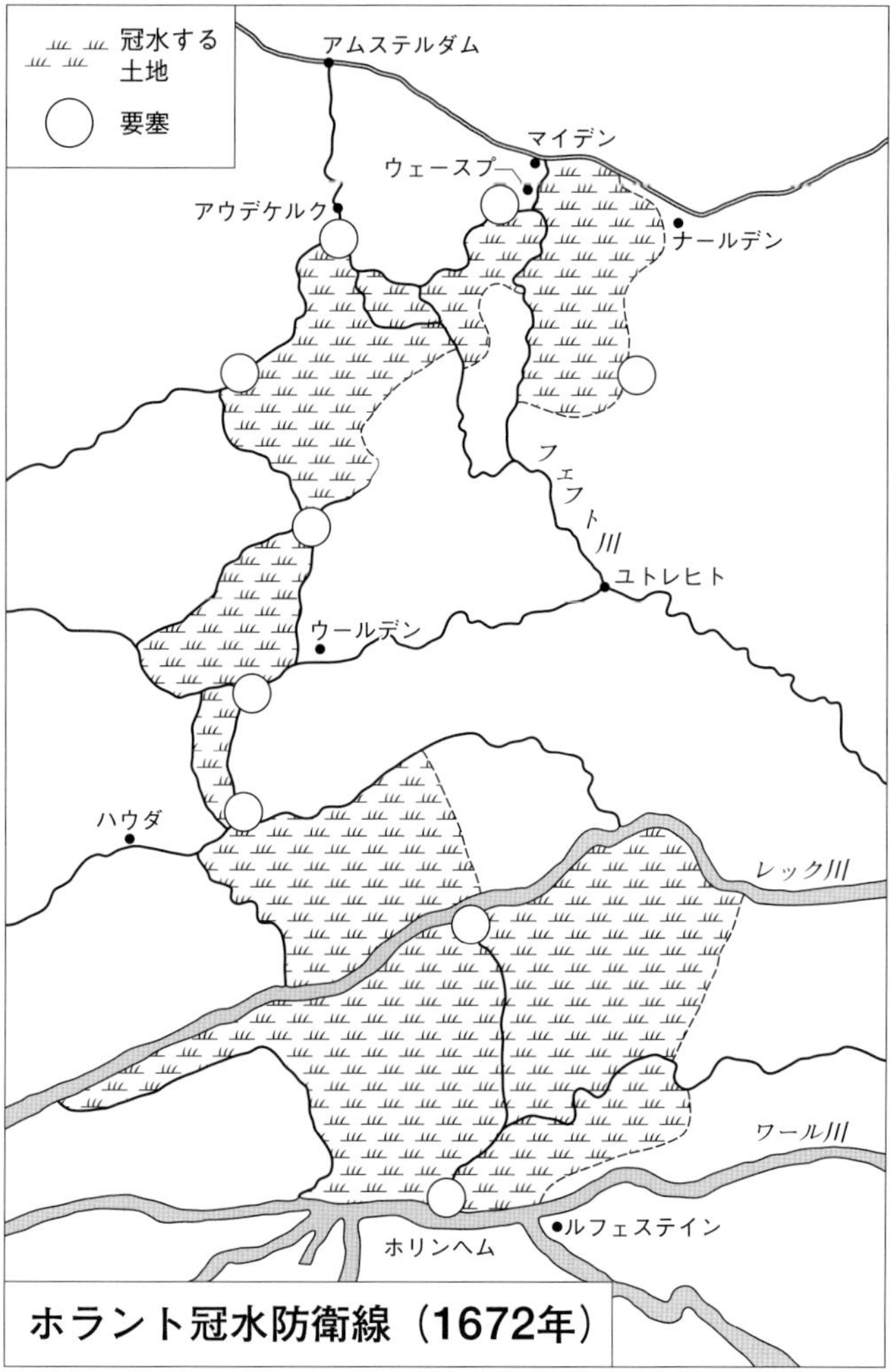

▶ホラント冠水防衛線（一六七二年）　基本的にはホラント州の中心部だけを防衛するために計画されたもので、全国的な規模ではなかった。

ための同盟関係に発展させる。さらにルイはドイツのケルン大司教やミュンスター司教をも抱きこんで態勢を整えた。チャールズ二世はオランダにいる甥のウィレム三世（チャールズの妹メアリの子）をオランダの主権者にすえることを狙っていた。そして一六七二年三月、まずイギリスがオランダに宣戦布告して第三次イギリス戦争が始まる。四月にはフランスも宣戦布告して、ルイ一四世のオランダ侵略戦争が始まった。これに呼応してケルン大司教とミュンスター司教も軍をオランダ北東部に向けたため、オランダは文字通り四面楚歌で、大混乱に陥り、この一六七二年は〝災厄の年〟といわれるようになる。

英仏連合艦隊は兵員を海岸から上陸させる準備をしていたところ、一六七二年六月、デ・ライテル率いるオランダ艦隊に襲われ大きな打撃を受けた。七月にもフランス軍を上陸させようとしたが失敗した。翌一六七三年六月と八月にも英仏連合艦隊とオランダ艦隊が激戦を交え、オランダ側が優勢に立った。これによりイギリスは和平交渉を始め、一六七四年二月、単独でウェストミンスター講和条約を結んで英仏連合から脱落する。大筋では戦前の原状は変わらず、イギリス側の要求はほとんど容れられなかったが、オランダの主張する〝通商航海の自由〟は確認された。そして一二月に改めて包括的な通商航海条約を結んだ。

他方、フランス軍一二万人は国王ルイ一四世自ら陣頭に立って、東からオランダに攻めこみ、一六七二年六月一二日にロビト付近でライン川を渡った。ルイの〝ライン川自然国境説〟を意識しての作戦である。フランス軍はたちまちユトレヒトやナールデンを占領し、オランダの心臓部にあと一歩のところまで進撃した。しかしここでオランダは、水と戦ってきたオランダ人ならではの作戦をとり、フランス軍のさらなる進軍をくい止める。それは〝ホラント冠水防衛線〟の発動で、幅は平均約五キロメートル、長さは約八〇キロメートルの線状に沿って干拓地を冠水させて、敵の動きを封じるものであった。フランス軍が近づいてきた六月八日から通水が始まり、月末には完了した。さらにこのホラント冠水防衛線に沿って大小の要塞が配置されていて、ここで敵を迎え撃つ態勢をとっていた。フランス軍はユトレヒトまでは難なくきたが、ここで動きを止められ、膠着状態となる。

フランス軍に呼応してケルンとミュンスターの司教軍約四万人も北東部から侵入し、フランス軍と組んで東部の三州を占領下においた。

◀デ・ウィット兄弟の虐殺事件　この事件によりオランダは国家存亡の危機を乗り越えたともいえるが、長い目でみればこれを機に衰退期に入る。

このように陸海両面から同時攻撃にさらされてオランダ人はパニック状態に陥り、大混乱になった。戦争とともにすべての港から船舶の出航が禁止されたため、以後ほぼ二年間にわたって貿易や海運業、漁業がストップし、国民生活は大きな犠牲を強いられた。その混乱のなかでウィレム三世（一六五〇―一七〇二）を前面に押し立てて難局を乗り切ろうという声が民衆のなかから強まり、ホラント州とゼーラント州は一六七二年七月にいたりウィレム三世を五州総督に任命し、一六五〇年以来続いてきた無州総督時代に終止符を打った。ウィレムはこれに先立ちすでに二月に陸軍最高司令官に任命されていたので、これで歴代のオランイェ公と並ぶ地位に立つことになった。危機のなかで再びオランイェ家のもつ求心力が頼りにされ、オランダの政治はまた二つの中心をもつ楕円形にもどった。しかしそれでも民衆の不安と不満はおさまらず、デ・ウィットは八月四日に法律顧問を辞職する。あげくのはて八月二〇日にデ・ウィットは、ドルドレヒト市法律顧問を務めていた兄のコルネリスともどもハーグで群集に襲われ、虐殺される。こうして今度はオランイェ公ウィレム三世が政治の主役となり、法律顧問を支持する議会派が大きく後

▲イギリス国王ウィリアム三世と女王メアリ二世

退したまま、戦争を続けていくことになった。

フランス軍は結局動きがとれないまま翌年秋にはユトレヒトから撤退し、ケルン、ミュンスター司教軍も背後からブランデンブルク軍に迫られ、撤退する。こうしてオランダは何とか未曾有の難局を乗り切り、逆に今度はフランス軍の武器庫といわれたボン（ドイツ）を攻撃し、さらにフランス軍を追走していく余裕さえみせた。フランスとは一六七八年にいたり、ようやくネイメーヘン条約を結んで講和する。

戦争を乗り切ったことにより、ウィレムの名声と指導力は高まった。ホラント州とゼーラント州は一六七四年、総督職をオランイェ家に世襲として認め、さらにその翌年、陸海軍最高司令官職も世襲として認めた。フランス軍などの占領から解放された三州も改めてウィレムを総督に認めた。新しく任命された法律顧問ファーヘルがオランイェ派であったことも幸いした。ウィレムは政府の重要ポストや各都市の市参事会員の任命にも大きな影響力をもつことになったので、政治的影響力は格段に大きくなった。そして一六七七年一一月、ウィレムはイギリスの王弟ヨーク侯（のちのジェームズ二世）の長女メアリ（一五歳）とイギリスで結婚した。この二人は従兄妹同士に

▲ウィリアムとメアリの戴冠式ミサ 1689年4月、ウェストミンスター寺院。

あたる。これはイギリスが再びオランダに接近するためであったとみられるが、これでオランイェ家とステュアート家との結びつきはさらに強まった。

名誉革命の輸出

イギリスでは一六八五年にチャールズ二世が死去し、弟がジェームズ二世（一六三三―一七〇一）として即位する。ジェームズ二世はカトリックであったため、この王位継承をめぐって意見が分かれ、新教徒の長女メアリをかつぎ出す動きもあった。しかし一六八八年六月にジェームズに男子が誕生し、メアリが王位を継承する可能性はほぼなくなった。そこでジェームズ二世を王位から排除しようとするホイッグ派が動き出し、メアリの夫ウィレム三世に軍事援助を要請する。このときウィレムにはイギリスの王位は約束されていなかったらしいが、ウィレムは直ちにこれを受け、準備に入る。これに対してホラント州議会も秘密決議でこれを認め、連邦議会も九月、満場一致でこれを支援することに決定した。

オランダは国の威信をかけて総力をあげて準備にとりかかり、ちょうど一〇〇年前のスペインのアルマダ（無敵艦隊）を上まわる大艦隊を編成した。オランダ側は当然こうした大盤振る舞いに見合った何らかの見返りを期待していたはずで、ウィレムがもしイギリス国王にでもなれば、ライヴァルのイギリスをうまくまるめこむことができる、という思惑もあったのかもしれない。オランダの大艦隊は一一月一五日にデヴォンシャー南部のトーベイ湾に上陸した。ウィレム率いるオランダ軍は一二月末にロンドンに入り、翌一六八九年二月ウィレムと

▲▼ブリュッセルのグラン・プラス炎上　フランス軍は低地地方南部に侵攻し、ブリュッセルの中心部を焼き打ちにした（1695年）。現在残っているグラン・プラスの壮麗な建物の大部分は以後再建されたもの。

◀八つの障壁都市　オランダはフランスと国境を接することを嫌い、共和国時代には南ネーデルラントを緩衝地帯としてスペイン領のままに残しておくことには反対ではなかった。八つの障壁都市はそうしたオランダ人の不安の現れとみられる。

メアリ夫妻は国王ウィリアム三世、女王メアリ二世として共同で即位した。ウィレムはオランダの五州総督とイギリス国王を兼ねることになり、両国の同君連合が始まる。名高いイギリスの名誉革命はこうして成功した。オランダは新国王をつけてイギリスに革命を輸出したともいえる。イギリス人の血を流さなかった革命という点では確かに名誉革命だが、その後アイルランドではフランスの助けを得てジェームズ二世が抵抗を続け、ウィレムは陣頭に立ってこれと激しく戦い、多くのオランダ人の血が流されたことも事実である。この点はイギリス史ではなぜかあまりふれることがない。

　ウィレム三世率いるオランダ軍がイギリスに上陸するのとほぼ同時に、そのすきをつくようにフランスのルイ一四世が再びオランダに宣戦布告し、九年戦争が始まる。オランダはイギリス、スペイン、ブランデンブルク、スウェーデンなどと大同盟を結んでフランスと戦ったことから大同盟戦争ともよばれるし、ウィレムの王位継承の正統性が問われた戦争であったことから、ウィリアム王戦争ともいわれる。最初はフランス軍が優勢であったが、一六九二年五、六月のラ・オーグ（ブルターニュ）の海戦でイギリス・オランダ連合艦隊がフランス艦隊を破り、制海権を握る。フランス軍はスペイン領低地地方の各地を攻撃し、ブルッセルのグラン・プラスを全滅させるなどしたが、軍の重要な拠点にしていたナミュール城塞がオランダ軍により陥落すると、勢いが止まった。一六九七年九月、レイスウェイク講和条約が結ばれ戦争は終結した。フランスはウィレム三世をイギリス国王として認め、低地地方のすべての占領地から撤退した。またオランダはフランスと国境を接するスペイン領低地地方南部の七つ（のちに八つになる）の都市を障壁都市としてオランダ軍を駐留させ、フランスの動きを牽制することになった。

　イギリスとオランダはこのフランスの挑戦を受けて、一六八九年四月に連合艦隊条約を結び、九月にはこれを同盟条約に格上げして連携を強めた。陸軍は五対三の割合でオランダが多く負担し、海軍は五対三でイギリスが多く負担し、指揮権をにぎることになった。これはオランダの海軍力をイギリスの指揮下において、その規模に枠をはめることを意味した。またフランスとの密貿易を防ぐという観点から、オランダの長年の国是ともいうべき〝通商航海の自由〟の原則もあっさり放棄された。

このようにウィレムがイギリス国王に即位したことにより、オランダは新たな戦争に巻きこまれて膨大な戦費を費やし、しかも軍事力も大幅に制約された。大艦隊に巨額の金をつぎこんだ直後に、長い戦争に巻きこまれたため、国家財政は逼迫の度合いを強めた。イギリスの国王を引き受けたことはオランイェ家の名声を高めることに寄与したとはいえ、オランダの平和と国益にはまったく結びつかないことも明らかになってきた。イギリスはオランダを同君連合として抱きこんで、以後重商主義国家として経済発展を加速させるが、逆にオランダは衰退の一八世紀を迎える。

COLUMN②

オランダ版アルマダ

『リヴァイアサン』で名高いイギリスの政治思想家トマス・ホッブズの母は、一五八八年にスペインのアルマダ（無敵艦隊）来襲の報におびえながら、トマスを生んだという。それからちょうど一〇〇年後の一六八八年、イギリスはまたしても大艦隊の来襲におびえることになった。今度はスペインではなく、オランダのアルマダといってよいようなオランダの大艦隊の来襲で、その規模はスペインのアルマダをはるかにしのぐものであった。ただしイギリス人すべてがこの来襲におびえたのではなく、これを歓迎していた人も少なからずいたことが、一〇〇年前との大きなちがいである。カトリックのジェームズ二世を王座からひきずりおろそうとするホイッグに属する政治家たちがこれを手引きしていたからである。

なにしろ当時の経済大国オランダの威信をかけ、総力をあげて用意したただけのことはある。諸説があって以下の数字にはばらつきがあるが、おおよそ戦艦（戦列艦）五三隻、焼き打ち船一〇隻、大小の輸送船約四〇〇隻、兵士は約一万四〇〇〇人（うち騎兵約三六〇〇人）で、船員、水夫は約二万人、それに馬約七〇〇〇頭という大規模なものであった。ちなみにスペインのアルマダは艦船、輸送船あわせて一三〇隻であったという。オランダはこれだけの軍勢を約四カ月で用意しているので、意気込みのほどがわかる。

オランダの大艦隊は将来のイギリス国王ウィレム三世（ウィリアム三世）を乗せて（女王に予定されていたメアリは乗船していなかった）、イギリス人提督ハーバートの指揮下に一〇月一九日にロッテルダムに近いヘレフットスライス港を出港するが、強い西風にはばまれ、一度は引きかえす。この荒天で八〇〇頭近くの馬が船中で死んだため、これを大急ぎで補充して、一一月一日に再出港し、途中一発の大砲を撃つこともなく、一五日にイギリス南部デヴォンシャーのトーベイ湾（ブリックサム）に上陸した。それからウィレム率いるオランダ軍はたいした抵抗にもあわず、一二月末にはロンドンに入った。メアリは翌一六八九年二月に渡英し、名誉革命はかくして成功した。

大艦隊の費用は約七〇〇万フルデンといわれ、オランダ連邦議会が四〇〇万フルデンの国債を発行したほか、ウィレム個人もアムステルダムのポルトガル系ユダヤ人銀行家から二〇〇万フルデンを借りた。オランダの造船所は二四時間フル操業で、船大工や労働者には賃金を二倍にして働かせたという。これほどの費用と労力をかけて派遣したオランダ版アルマダであったが、オランダはこれに見合った成果をほとんど得ることなく、かえって戦争に巻きこまれ、革命の輸出は商売としては高いものについた。逆にイギリス人は自らの血を流さなかった〝名誉〟革命であるとして、自画自賛する。歴史の皮肉というほかない。

六章 黄金時代の経済と文化

造船業の発展

一七世紀はよくオランダの黄金時代であるといわれてきたが、それほどオランダが圧倒的な経済力を誇ったことは確かで、しかもそれがスペインとの長い戦争中に始まって、その後の英仏との度重なる戦争の中で実現している点が注目される。こうした圧倒的経済力がどのような経路をたどって実現したのか、また具体的にどのような経済活動であったのか、この点を改めてみておこう。

オランダは中世以来ずっと主食穀物を自給できず、ドイツ東部やポーランドからバルト海経由で輸入していた。まずこれが大前提となる。穀物は向こうから誰かがもってきてくれるのではなく、オランダ人自ら船で出かけ、ライ麦や小麦を買いつけなければならなかった。穀物を輸入するには当然対価が必要で、オランダ産の乳製品や塩漬けニシン、タラなどのほかに、ドイツやフランスのワイン、フランスやスペインの

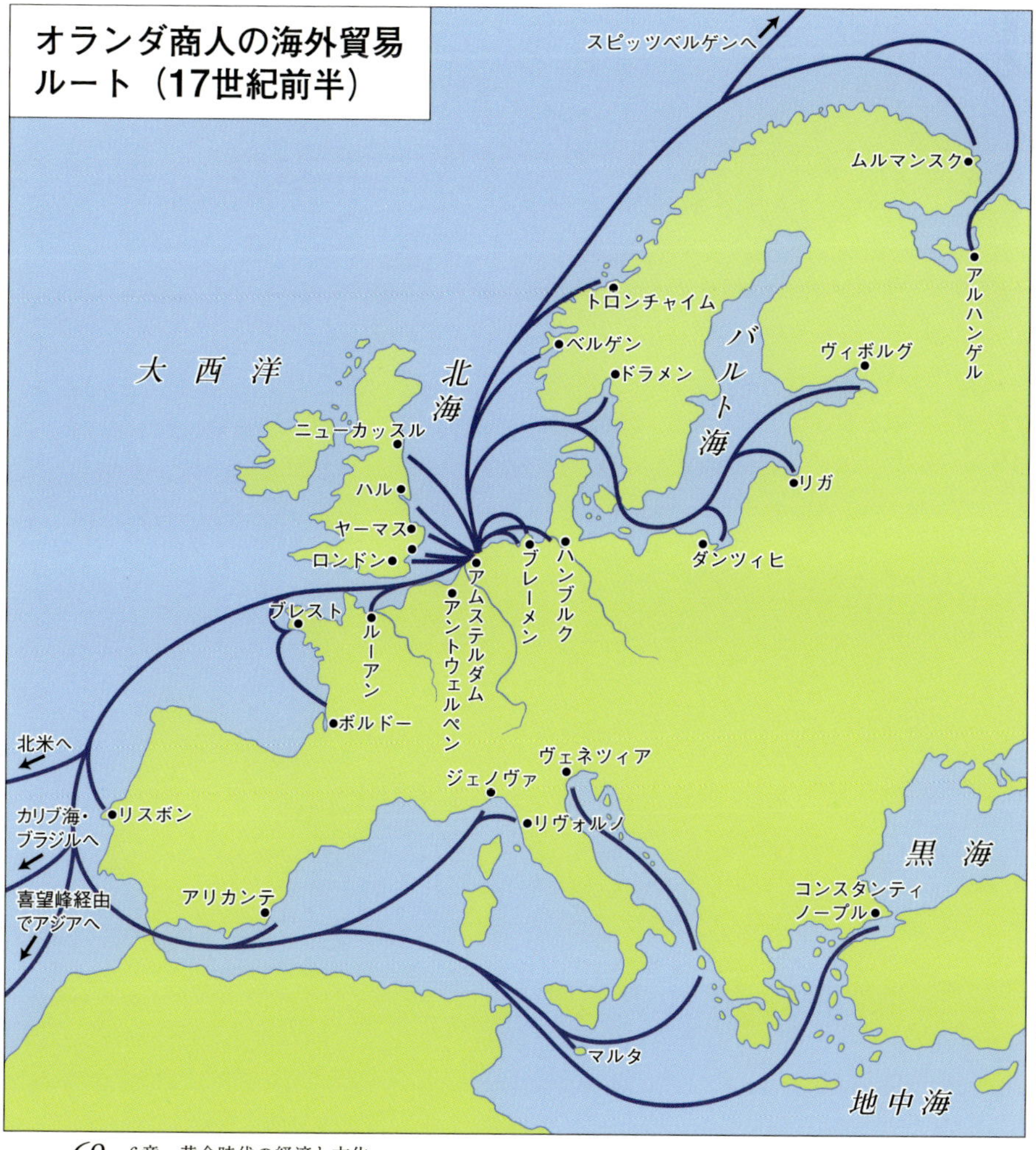

◀オランダ商人の海外貿易ルート（一七世紀前半） 当時としては空前の広がりをみせている。

▼アムステルダム海事支庁の造船所　**▲アムステルダム穀物取引所**　穀物だけは商業取引所とは別の穀物取引所で取り引きされていた。

◀**フライト船**　船腹が丸みをおびていて、貨物の積載量が多い割には少人数で操船できる、経済性の優れた新型船。最大級のものは約一〇〇〇トンで、戦時には大砲を積んで戦艦に転用された。

塩、オリーブ油、低地地方南部（とりわけフランドル地方）の毛織物などが輸出された。フランス産やスペイン産の商品も、オランダ人が自ら船で出かけていって入手しなければならなかった。このような貿易活動全体をひっくるめて、広い意味でバルト海貿易とよばれており、しかもこれはオランダにとって〝母なる貿易〟であるとしてもっとも重視されていた。これで基本的な食糧を確保するわけであるから、当然といえば当然である。

　こうした貿易活動には船が必要で、当然造船業の存在が前提となる。オランダは昔から漁業が盛んであったから、その点では特に問題はなかったようである。造船に必要な木材は、古くはドイツの奥地からライン川を利用して手に入れており、ライン川の下流に位置する古都ドルドレヒトは木材取り引きで知られていた。船舶の需要が増え、造船業が盛んになるにつれ、ドイツ産の木材だけでは間に合わなくなり、バルト海地方やノルウェーから輸入するようになる。バルト海貿易に今度は木材も加わり、その規模はさらに拡大していった。帆布やロープ製造に必要な麻もバルト海地方から供給されたので、バルト海貿易の重要性はますます大きくなる。このバルト海貿易の中心地はアムステルダムとザイデル海に面した諸都市であった。

　船を利用した貿易が拡大するにつれて、効率よく船を造ることが求められる。これに応えたのが一六世紀末に開発されたフライト船で、積載量が大きい割に、少人数でも操船できるように経済性を重視した新型船であった。部品がある程度規格化されていて、一枚の設計図でたくさんの船を効率的に造れるように工夫されていた。当然羽目板や帆柱、梁などの船材も効率よく生産されねばならないが、ここで威力を発揮したのが風車を動力にした製材業で、人力による製材よりも格段に効率的で、風車一基で二五人分の仕事に相当したという。これはおそらく当時のヨーロッパではオランダだけが独占していた最新の技術であったと

◀**ハールレム郊外の亜麻織物漂白業**　亜麻布は草地の上に広げて天日乾しをくり返して漂白する。背景にみえるのがハールレム市。ライスダールが1672年頃に描いた油彩画。王立マウリッツハイス美術館（ハーグ）。ほぼ同じ構図の絵はアムステルダム国立美術館にもある。

▲**レイデンの毛織物工業**　画家のスワーネンブルフが毛織物の製造工程を誇らしげに描いたもの（1594年）。ラーケン・ハル美術館（レイデン）。

思われる。これに付随して帆布製造業、ロープなどの索具製造業も存在していた。オランダの造船所は一七世紀には年間で優に二〇〇〇隻を進水させたといわれており、一日平均六、七隻の計算になる。一七世紀半ばのヨーロッパには約二万五〇〇〇隻の船舶があり、そのうち約六〇パーセントにあたる一万五〇〇〇隻はオランダ船であったとみられている。これはオランダが当時最大の造船国であったことの証明で、もちろん船は重要な輸出品でもあった。最大の造船業はアムステルダムの西隣のザーン地方で、ここには多数の製材用風車が立ち並び、次々と新造船が送り出された。修理部門はアムステルダム港に集中していて、ある種の分業化がなされていた。また船舶に関連してレンガ製造業も盛んになった。オランダから出港する船舶は積荷が少ないときにはバランスをとるために底荷（バラスト）としてレンガを積んでいたからである。平戸のオランダ商館の倉庫にはこうしたレンガが使われた。

織物工業の広まり

　このように地元に密着したバルト海貿易をベースにいくつかの産業が有機的に連関して、オランダに特徴的なひとつの経済部

門が作られていたが、ここにさらに新しい産業も一六世紀の後半以降に加わり、オランダ経済の地平をさらに拡大したことは確かである。これらの新しい産業は、八十年戦争の過程で低地地方南部のスペインの支配から難をのがれて逃げてきた人々が伝えたもので、当時のオランダにはまだないものだった。その代表的なものが、フランドル地方から伝えられた新毛織物工業で、これは一五七〇年代からレイデン市を中心にめざましく発展した。オランダでも古くから毛織物工業は存在したが、それとはちがう、今までにない新しい毛織物工業で、多様な毛織物製品を次々と世に送り出し、重要な輸出工業となった。

一七世紀のレイデン市は西ヨーロッパ最大の毛織物工業都市に成長し、人口でもオランダで二番目の大都市になった。その人口の約六〇パーセントは南部からの避難民や移民であった。航海法で対抗するイギリスや、コルベール主義を掲げるフランスが最大の目の敵にしていたのは、このレイデンの毛織物工業であったとみられる。多様な製品がオランダの貿易網に乗り、全ヨーロッパに輸出され、オランダの貿易に新たな活力を与えた。しかも原料の羊毛は大部分スペインのメリノ羊毛であったから、スペインとは長い戦争中であったにもかかわらず、羊毛の大量輸入が続いていた。スペインはたびたびこれを止めようとするが、かえって自分の首を絞める結果となり、めったに成功しなかった。こうしてオランダの貿易に毛織物と羊毛が加わり、いっそう貿易活動が拡大する。ちなみにラシャという日本語は当時レイデンで作られていたラスという毛織物に由来するようで、日本には貿易品としてではなく、将軍への献上品として入ってきた。

いまひとつの新しい産業はハールレム市の郊外を中心とする亜麻織物の漂白業で、これも南部地方から逃げてきた業者や職人が一六世紀後半に伝えたものである。ハールレム市がある北海沿岸に沿って伸びた砂丘の内側はきれいな水にめぐまれており、漂白業の立地としては申し分なかった。ここにはドイツのシュレージェンやブレスラウ方面から、またフランドルや北フランスからも大量の未漂白の亜麻織物が送られてきて、漂白され、ハールレム・ブリーチとして珍重された。漂白はひだえり、テーブルクロス、ナプキンなどの素材には欠かせない作業で、またレース編み用の糸にもなくてはならない仕事となった。この亜麻織物漂白業も西ヨーロッパ随一の規模を誇ったとみられ、画家のヤーコプ・ファン・ライスダール（一六二八頃―八二）がその光景を描いていることでも知られている。これに並行してハールレム市内では、亜麻織物工業も重要な産業として発展した。このように西ヨーロッパ随一と思われる産業が新しく二つ加わり、オランダ経済をいっそう活気づけた。

▶ニシン漁　ニシン漁はおもにイギリス沿岸の北海で行なわれた。

黄金時代のかげり

第一次産業に目を転じてみると、まず漁業が輸出産業の一翼を担っていた。漁業は古くから重要な産業で、沿岸漁業はもとよ

▶捕鯨業　捕鯨業は遠くはなれたグリーンランドや白海、バレンツ海などで寒さと戦いながら行なわれた。

り、イギリスの沿岸にまで進出して、イギリス人の反感を買ったニシン漁もあり、船上で加工処理されて樽に詰められたニシンが各地に輸出されていた。またグリーンランドや白海では捕鯨業が盛んになされ、鯨油が輸出品となっていた。

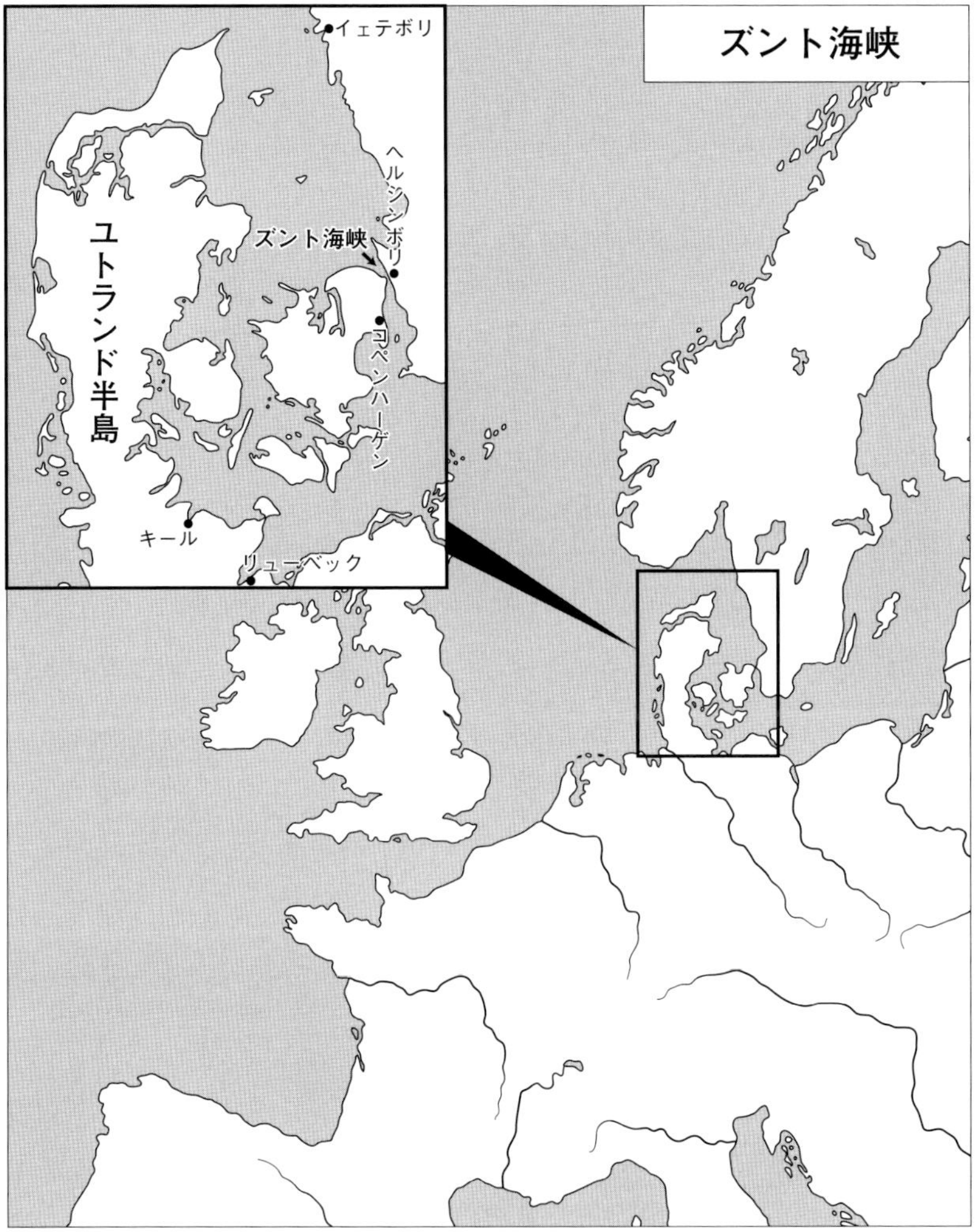

▲ズント海峡　北海からバルト海に入る最短航路はデンマークとスウェーデンの間にあるズント海峡を通る。この海峡はオランダの穀物貿易の生命線だった。

他方農業部門も商品作物の比重が大きかった。オランダは、ゼーラント州の一部を除いて、ライ麦、小麦などの穀物栽培に向いていなかった。その代わりに酪農や畜産が盛んで、チーズ、バターなどの乳製品が広く輸出された。都市周辺の干拓地では都市の市場向けに野菜、果物、花卉《かき》、ホップなどが栽培され、その生産性はかなり高く、主食穀物なしでも農業経営として立派に成り立っていたといわれている。このような商品作物中心の農業でも、オランダは一七、一八世紀を通じて食糧危機や食糧暴動に見舞われたことがほとんどなく、食糧供給はきわめて安定していた。これはとりもなおさずバルト海貿易がきちんと機能していた証拠でもある。バルト海への入口にあたるズント海峡はデンマーク領であったが、穀物を積んだオランダ船の航行が邪魔されないように、常時オランダの艦隊が監視していた。

　このようにオランダ経済は一七世紀にはめざましく発展したが、やがてそのかげりがしのびよってくる。住民の生活水準が向上し、それに合わせて担税力が大きくなったせいもあるが、オランダでは消費税をはじめとして各種の税がひじょうに高くなった。それは当然賃金にもはねかえっていった。その結果、次第に工業製品の輸出価格が相対的に高くなり、他国との競争力を失い、輸出に不利になっていった。毛織物工業などはより賃金の低い地方に生産の拠点を移し、生産コストの引き下げをはかるが、生産の拠点を移せば技術も移転し、そこに新たなライヴァルを生み出すことになる。

▲ズント海峡とクロンボール城　海峡の幅は6―8キロメートルほどで、デンマーク国王はここにクロンボール城を築いて、通航する船舶から通行税を徴収していた。この城はシェークスピアの『ハムレット』の舞台としても有名である。

◀16世紀の世界市場アントウェルペン

そうすれば都市の経済の空洞化は避けがたくなる。それに加えてイギリスは航海法や貿易振興法などの保護政策で、またフランスはコルベールの高関税政策などの一連の政策で、オランダの貿易に圧力をかけてきた。また両国ともオランダの優れた技術をとり入れて自国の工業競争力の強化をはかった。こうしたオランダを狙い撃ちにした大国の政策は小国オランダにとってはいかんともしがたく、オランダ経済はヘゲモニー国家ゆえの苦難を余儀なくされる。こうしてオランダの黄金時代もやがて終わりを迎えた。

東インド会社の誕生

オランダに繁栄をもたらした経済活動は以上の分野だけにとどまらない。これにさらに世界を股にかけたオランダ人の遠隔地貿易、海運業、植民地経営が加わる。その象徴的存在がオランダ連合東インド会社（以下東インド会社という）で、この会社は当時世界最大の私企業であり、周辺諸国の垂涎の的であった。株式会社の起源としても有名である。東インド会社の誕生にはその前史がある。

一六世紀のヨーロッパ人のアジア貿易は、アラビアから地中海経由でヴェネツィア人が行なっていた取り引きと、ヴァスコ・ダ・ガマ以来の実績を誇るポルトガル人が行なっていた取り引きが中心で、アジアの香辛料（胡椒、ナツメグ、メース、チョウジ［クローブ］、ニッキ［シナモン］など）はリスボン、さらには低地地方最大の貿易港アントウェルペン（一六世紀には世界市場として西ヨーロッパに君臨していた）で売りさばかれていた。しかしポルトガルが一五八〇年スペインに併合され、そのスペインとオランダが戦争をしていた以上、オランダ人が以後この香辛料取り引きに関わることはひじょうにむずかしくなった。それな

らばいっそのこと自らアジアに出かけて、香辛料を持ち帰ろうということになった。最初は航路の知識に乏しく、北極経由でアジアをめざそうとしたが、それが不可能とわかると、ポルトガル船やスペイン船が航行している水域をあえて突破する形で、喜望峰経由でアジアに向かった。これがオランダの大航海時代の幕開けである。一五九五年に出かけた最初の船団が何とか無事帰ってきたことから、次々にアジア貿易をめざす会社（先駆諸会社という）が生まれ、その多くは取り引きに成功した。一六〇一年までに一五船団六五隻がアジアに向かった。やがてオランダ人同士で競争が始まり、香辛料の価格が急速に下がるおそれが出てきたので、時のホラント州法律顧問オルデンバルネフェルトが音頭をとって、すべて

主な先駆諸会社

遠国会社	1594年
新アムステルダム会社	1597年
フェーレ会社	1598年
ミッデルブルフ会社	1598年
旧会社	1598年
マゼラン会社	1598年
新ブラーバント会社	1599年
連合ゼーラント会社	1601年
連合アムステルダム会社	1601年

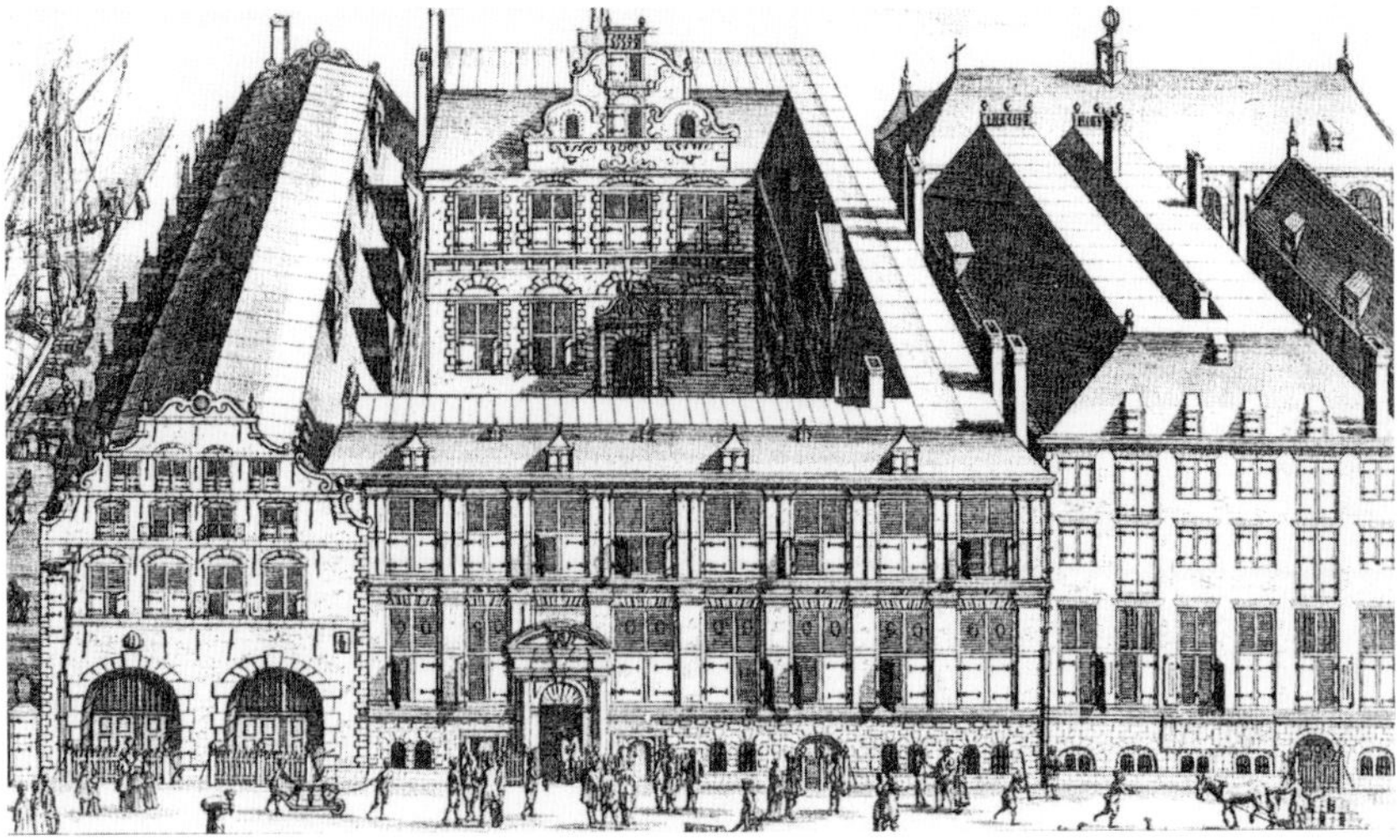

の会社を一つにまとめることになった。こうして一六〇二年に成立したのが東インド会社であった。

資本金は六四二万フルデン余で、イギリス東インド会社の約一〇倍であった。会社はアムステルダム、ロッテルダムなど六つの支社からなり、各支社ごとに出資金を募った。最大のアムステルダム支社は全体の約五七パーセントを集めたが、大口の出資者は多くがアントウェルペンから逃れてきた大商人であった。一五八五年にアントウェルペンがスペイン側の手に落ちたとき、カトリックへの改宗を拒否して市から出て行く人には四年間の猶予が認められ、これで大商人は資産をもってオランダに逃げることができた。このように東インド会社は南部から逃げてきた大商人には恰好の投資先になり、会社の設立はこうした大商人の資産の有効活用をはかるねらいもあったようである。たとえばアムステルダム支社で一万フルデン以上を出資した人は八八人いたが、このうち四〇人は南部から逃げてきた人であった。

▶東インド会社のアムステルダム支社　東インド会社は六つの支社で構成され、本社はなかったが、アムステルダム支社が事実上本社の働きをした。

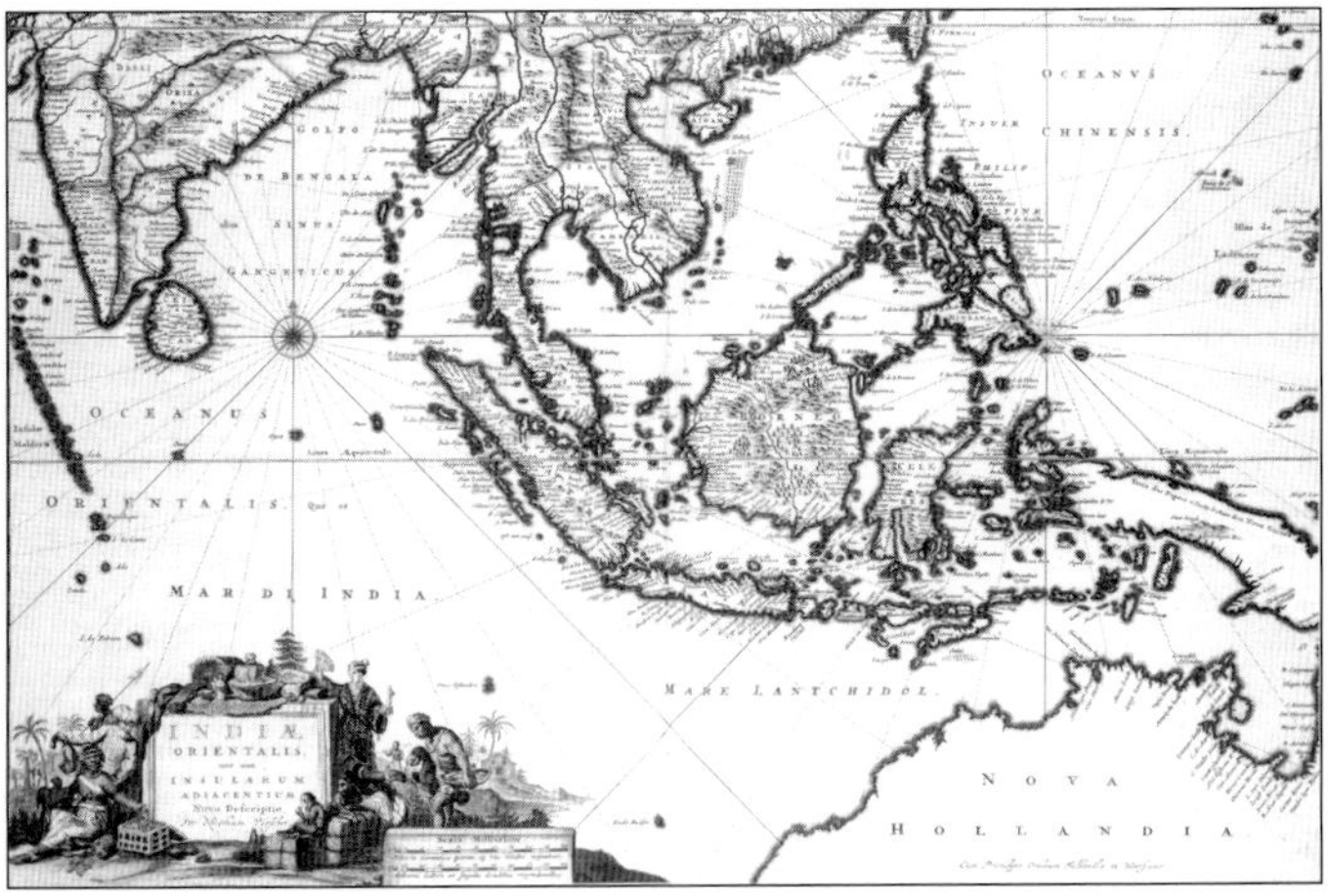

▶一七世紀のアジアの古地図　東インド会社の商業圏をくわしく記しており、一七世紀のオランダの地図製作技術の高さを示している。

▶東インド会社のロゴ（VOC）　会社の正式名は〝オランダ連合東インド会社〟で、そのロゴはVOCを組み合わせている。日本で輸出用に作らせた有田焼の大皿の中央に描かれたロゴ。

東インド会社は期限付きの独占企業で、喜望峰から東のインド洋、太平洋の西半分がその独占地域であった。さまざまな特権を認められていて、拠点となるところに城砦を築いて兵士を駐留させたり、外国君主と条約を結ぶことも許されていた。裁判権ももっていた。

一六一九年にはジャワ島西部にバタフィア城を建設し、ここをアジアにおける会社の中心にした。マルク（モルッカ）諸島（香料諸島ともいう）では抵抗する島民の大虐殺などをして、香辛料取り引きを独占することに力を入れていたが、当時アジアですでにでき上がっていた貿易のネットワークをも巧みに利用して、またたくまに東南アジア、インド亜大陸、中国、台湾、日本などに進出し、広範囲にわたって取り引きを行なった。しかしオランダからアジアに向ける輸出品がきわめて限られていたので、アジア内貿易で各地の商品を動かすことによって利益を確保し、一七世紀にはとりわけ日本の銀や銅が重要な役割を果たしていた。香辛料や砂糖、茶、コーヒー、綿布、硝石などがオランダにもたらされ、競売にかけられ莫大な利益をあげた。株主には高額の配当が支払われていて、一七三〇年頃までは経営も安定していた。しかし一七九九年には破産状態になり、解散された。植

▼東インド会社のアジアにおける商業圏　西のアラビア半島から東の日本まで広大な海域を股にかけて、会社は商業取り引きを展開していた。東南アジアの島嶼部ばかりでなく、インド亜大陸の沿岸部でも活動が目立つ。17世紀にはまだ中国大陸には進出していない。

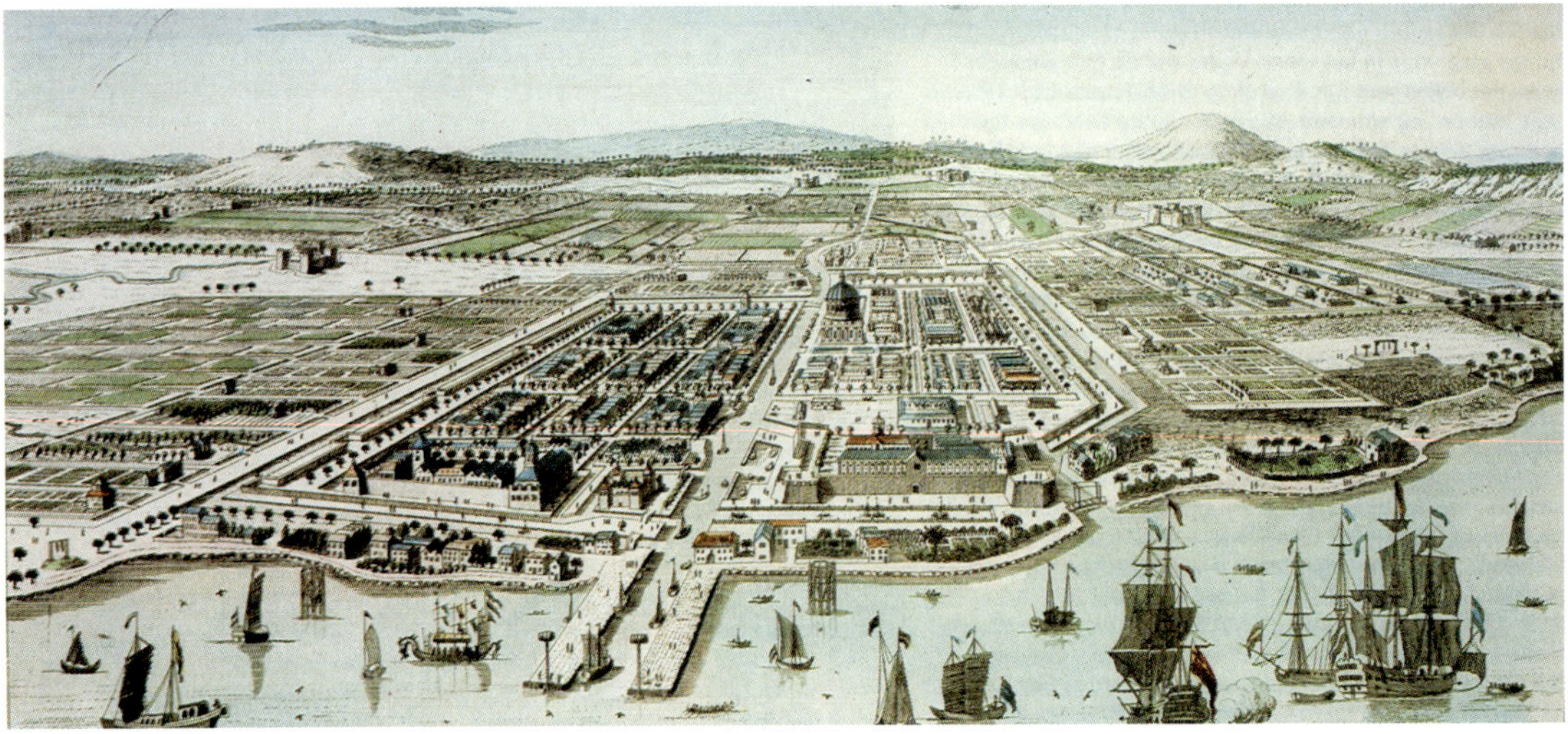

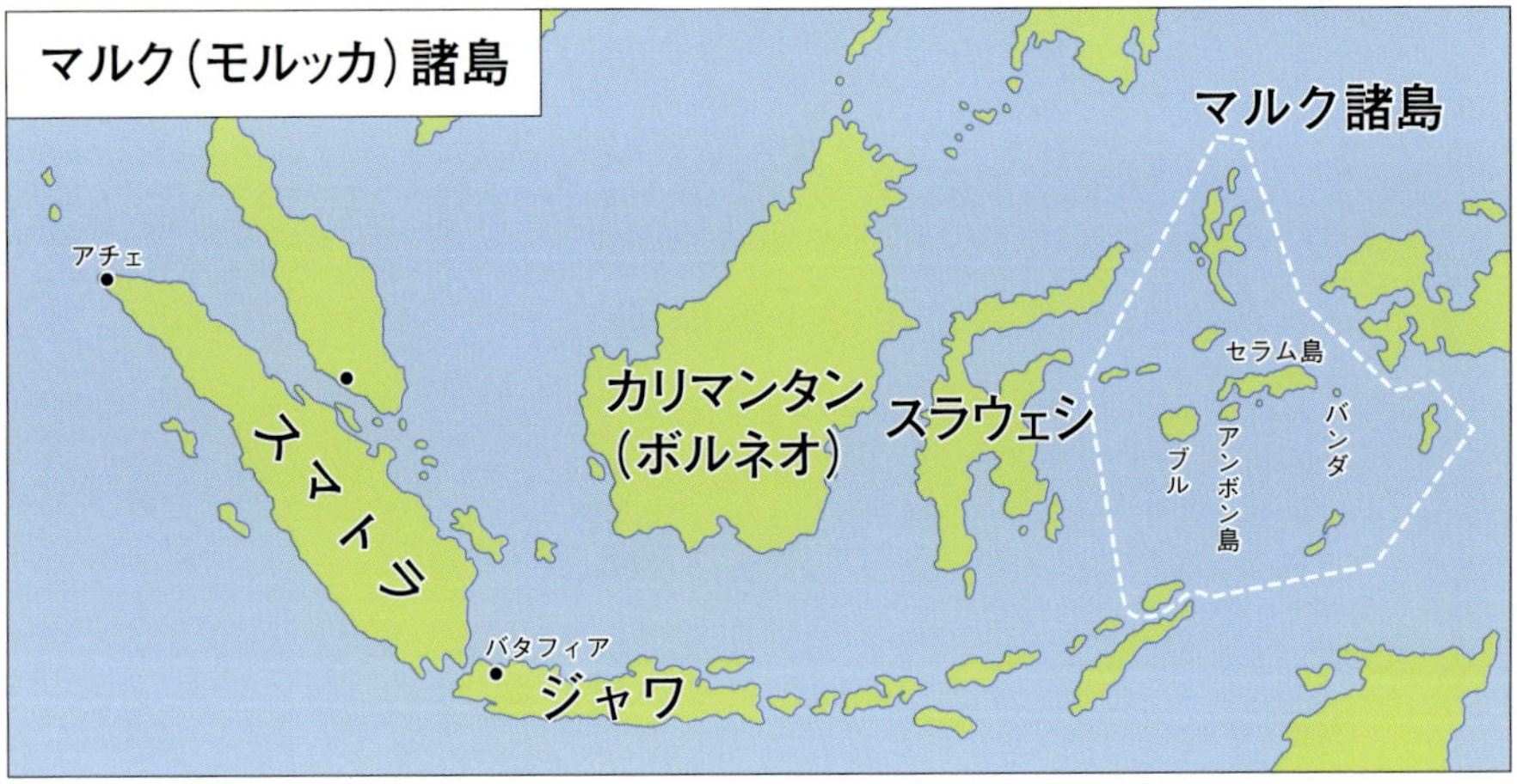

▶**マルク（モルッカ）諸島**　香料諸島ともいう。東インド会社はアンボン島、バンダ諸島などを重要な香料生産地として重視し、香辛料取り引きの独占をはかってきた。

▲**バタフィア**　バタフィアはバターフ人の住むところという意味で、当時の人々が古代のバターフ人を自分たちの先祖と意識していたことがわかる。

民地事業は国家が受け継いだ。

西インド会社

オランダ西インド会社のほうは、スペインとの休戦が期限切れとなった一六二一年に貿易会社を装って設立された私掠業会社で、スペイン船やポルトガル船を攻撃したり略奪することを主な目的にしていた。ただし連邦議会も五〇万フルデン出資しており、半官半民の会社といっていい。西インド会社は、アフリカ西海岸とアメリカ、カリブ海などを独占地域として認められた。一六三〇年にブラジルに拠点を獲得してからは、ポルトガル人と戦いながら砂糖生産を始め、アフリカから黒人を奴隷として送りこんだ。この黒人奴隷取り引きの中心地になったのがアフリカ西海岸のエル・ミナ要塞（現ガーナ）で、カリブ海のキュラサオ島がその分配の中心地であった。しかしスペインとの戦争が終わると私掠業もむずかしくなり、一六七四年には解散された。西インド会社のオランダ経済への貢献は小さかったと思われるが、アフリカの黒人まで商品として取り引きの対象に加えるところなどは、さすが史上最初のヘゲモニー国家というべきか。同年この会社の資産を受け継ぐ形で、新西インド会社が設立された

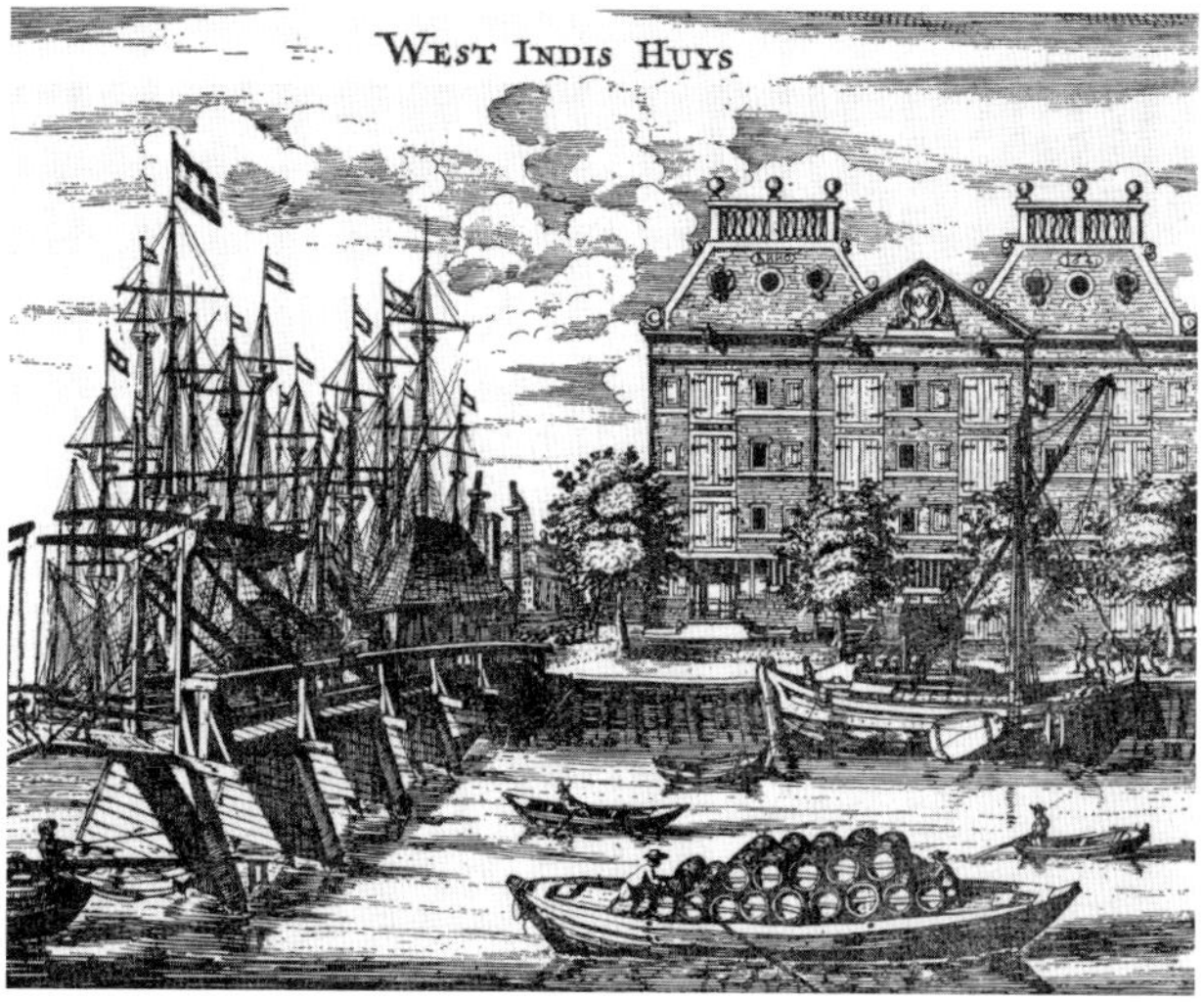

◀**西インド会社**　1641年に建設されたアムステルダム支社。

▲**17世紀のブラジル植民地**　オランダ西インド会社は1630年にポルトガルよりペルナンブーコなど4州を奪い、砂糖生産の植民地としたが、1654年には追放されてしまった。

▼**エル・ミナ要塞**　もとはポルトガルのサン・ジョルジェ・ダ・ミナ要塞で、オランダ西インド会社が1637年に奴隷貿易の拠点にするために占領した。

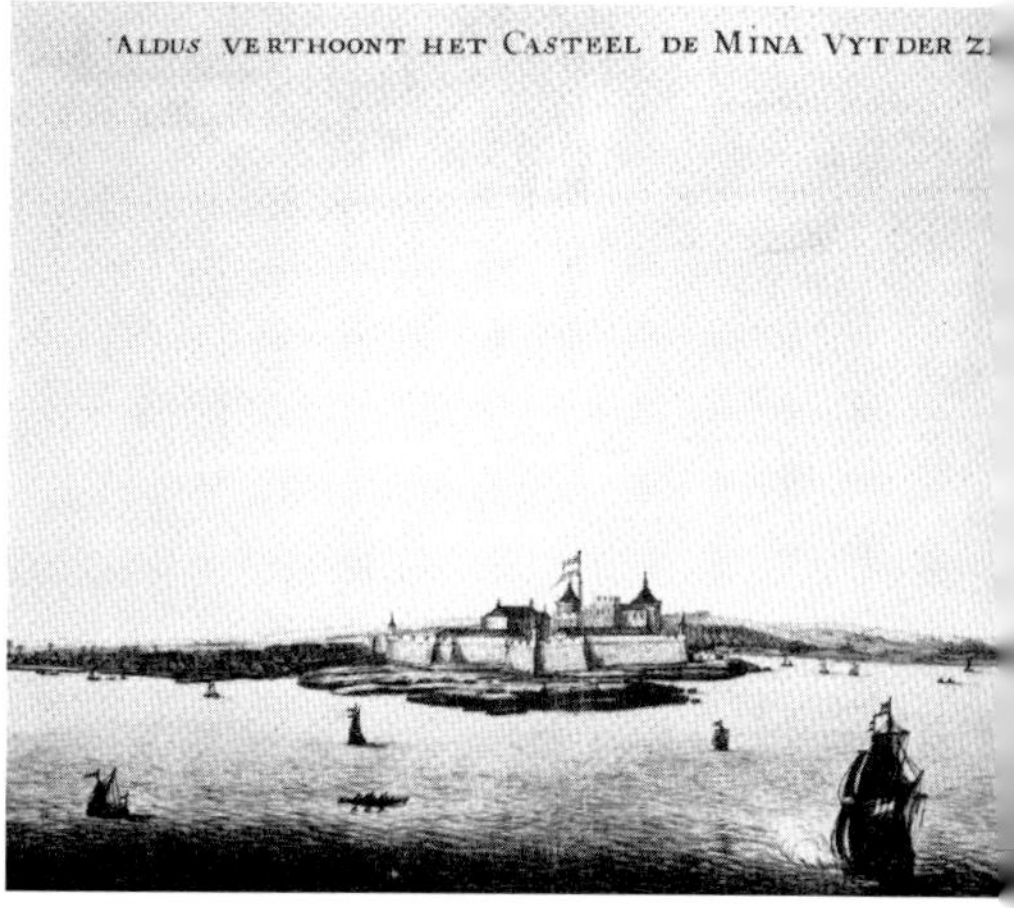

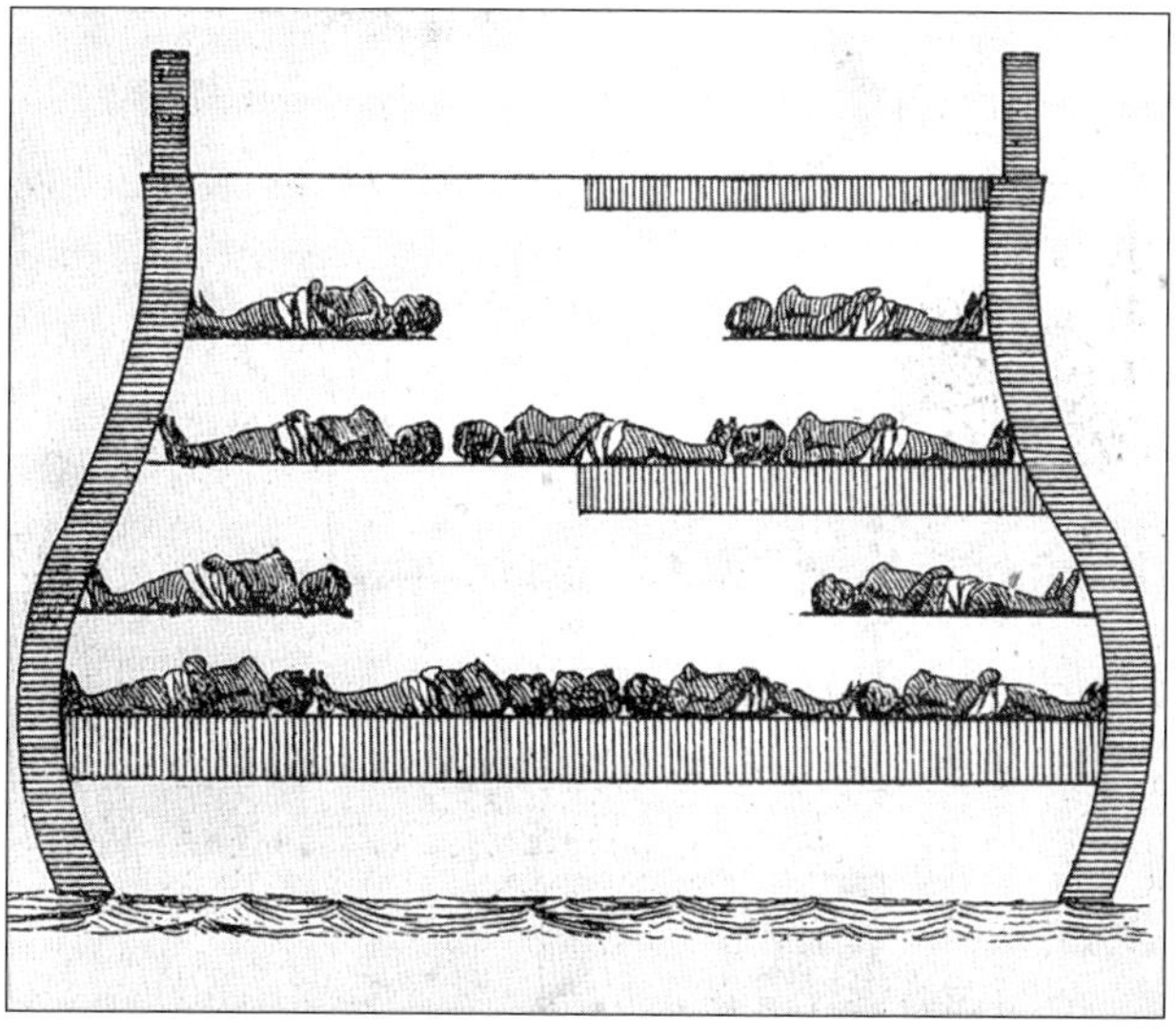

▲▼**黒人奴隷運搬船の基本設計図**　1人に割り当てられた空間はジャンボ機のエコノミー・クラスの座席よりも広かったとうそぶく研究者もいる。

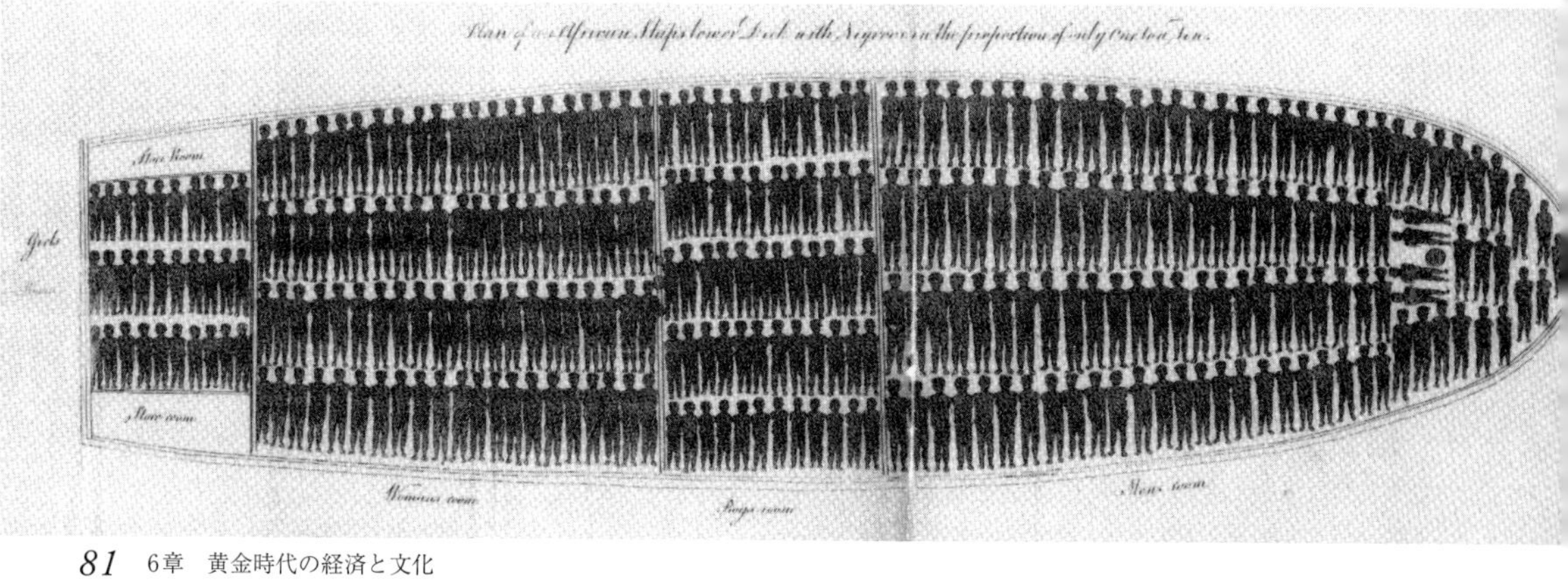

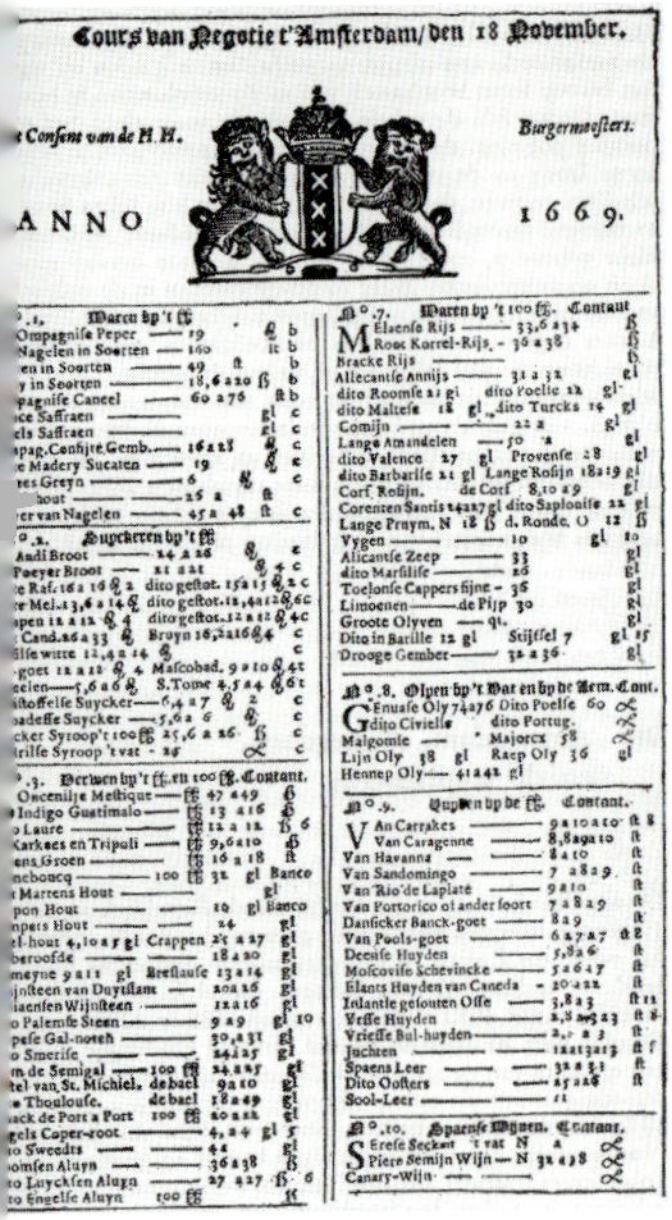

Cours van Negotie t'Amsterdam/ den 18 November.

Consent van de H.H. Burgermeesters.

ANNO 1669.

N°.1. Waren by 't ℔.
Ompagnise Peper — 19
Nagelen in Soorten — 160
en in Soorten — 49
y in Soorten — 18,6 a 20
pagnise Caneel — 60 a 76
ce Saffraen — gl
els Saffraen — gl
pag. Confijte Gemb. — 16 a 28
Madery Sucaten — 19
es Greyn — 6
hout — 25 a
er van Nagelen — 45 a 48

N°.2. Suyckeren by 't ℔.
Andi Broot — 14 a 26
Poeyer Broot — 21 a 21
e Raf. 16 a 16 dito gestot. 15 a 15
e Mel. 13,6 a 14 dito gestot. 12,4 a 12
pen 12 a 12 dito gestot. 12 a 12
Cand. 26 a 33 Bruyn 16,2 a 16
lse witte 12,4 a 14
goet 12 a 12 Mascobad. 9 a 10
eelen — 5,6 a 6 S. Tome 4,5 a 4
stoffelse Suycker — 6,4 a 7
adesse Suycker — 5,6 a 6
cker Syroop 't 100 ℔ 25,6 a 26
rilse Syroop 't vat — 25

N°.3. Verwen by 't ℔ en 100 ℔. Contant.
Oncenilje Mestique — 47 a 49
Indigo Guatimalo — 13 a 16
Laure — 12 a 12
Karkaes en Tripoli — 9,6 a 10
ens Groen — 16 a 18
nebouq — 100 ℔ 32 gl Banco
Martens Hout — gl
pon Hout — 10 gl Banco
npers Hout — 24 gl
el-hout 4,10 a 5 gl Crappen 25 a 27 gl
beroofde — 18 a 20 gl
meyne 9 a 11 gl Breslause 13 a 14 gl
jnsteen van Duytslant — 20 a 26 gl
aensen Wijnsteen — 12 a 16 gl
Palemse Steen — 9 a 9 gl 10
pese Gal-noten — 30 a 31 gl
Smerise — 24 a 25 gl
n de Semigal — 100 ℔ 24 a 25 gl
tel van St. Michiel. de bael 9 a 10 gl
Thoulouse. de bael 18 a 49 gl
ack de Port a Port 100 ℔ 20 a 22 gl
gels Caper-root — 4,2 a 4 gl 5
o Sweedts — 42 gl
omsen Aluyn — 36 a 38
o Luycksen Aluyn — 27 a 27 6
o Engelse Aluyn 100 ℔

N°.7. Waren by 't 100 ℔. Contant
Melaense Rijs — 33,6 a 34
Root Korrel-Rijs — 36 a 38
Bracke Rijs —
Allecantse Annijs — 31 a 32 gl
dito Roomse 21 gl dito Poelse 12 gl
dito Maltese 18 gl dito Turcks 14 gl
Comijn — 22 a gl
Lange Amandelen — 50 a gl
dito Valence 27 gl Provense 28 gl
dito Barbarise 21 gl Lange Rosijn 18 a 19 gl
Corf. Rosijn. de Corf 8,10 a 9 gl
Corenten Santis 24 a 27 gl dito Saplonise 22 gl
Lange Pruym. N 18 d. Ronde. O 12
Vygen — 10 gl 10
Alicantse Zeep — 33 gl
dito Marsilise — 26 gl
Toelonse Cappers fijne — 36 gl
Limoenen — de Pijp 30 gl
Groote Olyven — gl
Dito in Barille 12 gl Stijssel 7 gl 15
Drooge Gember — 32 a 36 gl

N°.8. Olyen by 't Vat en by de Aem. Cont.
Genuase Oly 74 a 76 Dito Poelse 60
dito Civielle dito Portug.
Malgomie — Majorcx 58
Lijn Oly 38 gl Raep Oly 36 gl
Hennep Oly — 41 a 42 gl

N°.9. Huyden by de ℔. Contant.
Van Carrakes — 9 a 10 a 10
Van Caragenne — 8,8 a 9 a 10
Van Havanna — 8 a 10
Van Sandomingo — 7 a 8 a 9
Van Rio de Laplate — 9 a 10
Van Portorico of ander soort 7 a 8 a 9
Dansicker Banck-goet — 8 a 9
Van Pools-goet — 6 a 7 a 7
Deense Huyden — 5,8 a 6
Moscovise Schevincke — 5 a 6 a 7
Elants Huyden van Caneda — 20 a 22
Inlantse gesouten Osse — 3,8 a 3
Versse Huyden — 2,8 a 3
Vriesse Bul-huyden — 2 a 3
Juchten — 12 a 13 a 13
Spaens Leer — 32 a 33
Dito Oosters — 25 a 28
Sool-Leer — 11

N°.10. Spaense Wynen. Contant.
Serese Seckant 't vat N a
Piere Semijn Wijn — N 32 a 38
Canary-Wijn —

▶**アムステルダムの商業取引所**　一六一一年に完成した回廊状の建物で、取り引き商品ごとに柱の場所が決まっていた。

▶**アムステルダムの商業取引所の市況新聞**　これは一六六九年一一月一八日付の新聞。アムステルダムの紋章も印刷されている。

が、この新会社は黒人奴隷の取り引きに専業化した会社といってもよく、アフリカの黒人の悲劇はさらに続いた。

　こうした多方面にわたる貿易活動の中心はアムステルダムで、商業取引所、両替業、金融業、保険業、倉庫業など貿易に付随するさまざまな業務も発展した。また輸入品を加工する工業もみられた。またアムステルダムでは、その貿易活動の一助として「市況新聞」（週刊）が発行されていた。それには多種多様な商品のその時々の相場、為替レート、海運市場、傭船料、保険料相場などが記載されていて、国内の各都市はもとより、世界の主だった貿易都市、貿易港に送られて重宝されたといわれている。このようにアムステルダムは一六世紀のアントウェルペンに代わって、世界市場とか国際的中継市場とよばれるようになる。

黄金時代のオランダの文化

咲き誇る絵画芸術

　世界の大きな美術館ではほとんどどこでも〝一七世紀のオランダ絵画〟と銘打った展示室がある。一七世紀のヨーロッパの絵画芸術はオランダの時代といっていいほど、オランダ人画家の名画によって彩られている。レンブラントを最高峰に、その周辺に

▲**レンブラントの自画像**　レンブラントは生涯に多くの自画像を残したことでも知られている。これは53歳頃の自画像（美術史美術館、ウィーン）。

▼**ボヘミア人の女**　ハルスの代表作のひとつ（ルーヴル美術館、パリ）。

フェルメール、ハルス、ライスダール、ステーン、ホッベマ、カイプ、ボル、オスターデなど数々の名峰が高さを競い合っている感じである。絵のジャンルもさまざまで、従来の宗教画は影がうすく、自画像、集団肖像画、風景画、海洋画、動物画、静物画、歴史画などに加えて、庶民の日常生活に目を向けて、そのごく普通の一瞬を切り取って描いた絵も多いのが大きな特徴になっている。絵画芸術が王侯貴族の宮殿や館、あるいはカトリック教会を彩る芸術から一般市民の日常生活に根ざした芸術に下りてきて、いっせいに開花し、中世とは明らかに一線を画した近代の到来を告げていた。一七世紀のオランダ経済に合わせたように、絵画もひとつの商品となって取り引きの対象になり、絵画市場が成立したといってもよい。

　何気なく眺めていると見落としかねないが、絵のなかにさらに絵が描かれているのをみることがある。そのような絵の通り、市民が日々の生活を営むごくありふれた部屋にも、さりげなく小さな絵がかけられていた。たとえば仕立屋の作業場にもそんな絵を目にすることができる。もとより生活のレベルに応じて好まれる絵のジャンルは異なるであろうから、画家たちもそれに対応し、絵をかける部屋の大きさに合わせて、多様なサイズを用意したのであろう。たとえそれが無名の画家の小さな作品で、貧弱な額縁におさめられていても、それが日常生活にごく自然にとけこんでいたようだ。そんな庶民の生活をみてとれるのが当時のオランダの絵で、それはとりもなおさず当時のオランダ社会がどのような雰囲気で、そこにはどのような生活の営みがあったかを

▶家政婦　家政婦のごく平凡な日常の仕事を描いたフェルメールの名作（アムステルダム国立美術館）。

伝えており、社会史的にも貴重なものである。

　このように絵画が庶民の生活レベルにまで下りてきた背景として、ひとつにはオランダの改革派教会の姿勢も無視できない。従来のカトリック教会が存在を否定されるなか、改革派教会は公認の教会という優越した地位を認められたが、改革派教会は装飾を極力排した、きわめて地味な教会であった。そこはカトリック教会のような宗教画に彩られた聖なる空間ではなかった。教会に集う信者もステンドグラスを透過する静謐で神秘的な色彩の世界を失い、宗教画の世界にひたることもなくなった。

　その意味でオランダの画家は有力な顧客を失った。画家たちは新たな顧客をみつけなければならず、そうなれば従来の宗教画を超えて、さまざまな顧客の好みや注文に応えるほかなかったのであろう。顧客の裾野が広がった以上、画家もそれに応じて新たな人気のあるジャンルを模索せざるをえなくなったが、それは埋もれた多様な画才にも思いがけないチャンスを与え、その発掘にもつながった。一七世紀のオランダ絵画の隆盛はこうした脈絡のなかでもとらえることができる。

　当時の画家はどの都市でも聖ルーカス組合というギルドを結成していた。ギルドでは技量審査があり、それに合格しなければ親方にはなれない。したがって誰でも自由に絵を描いて売ることができたわけではない。それにしても一六八八年にアムステルダムの聖ルーカス組合に登録されていた画家の数は約四四〇〇人で、当時の人口が約二〇万とみられるから、かなり多いといっていいのではないか。

　厳密にいえば絵画芸術ではないが、一七世紀のオランダは地図の出版でも他国を圧倒していた。特にオランダで出版された地図は当時としては正確さを誇り、そこに登場する地名は他国のものに比べて断然多かったという。これもオランダ人の海外への雄飛の賜物で、オランダ人がいかに多くの地域に足を踏み入れていたかを物語っている。

当時の地図は手書きで、地図を取り囲むように描かれている小さな装飾画は絵画の技術を身につけていなければ描けず、その意味で地図の製作は絵画芸術に通じていた。地図は遠洋航海する船舶には必需品であるから海洋図が多いが、室内の装飾品としても人気があったらしく、フェルメールの絵にも室内に掛け軸のように地図を飾っているものが何点かある。オランダの地図出版の黄金時代を築いたのはアムステルダムのブラーウ家で、メルカトル投影法を用いて一六四八年に出版した『新世界地図』は有名である。ほかにオルテリウスやプランシウスも地図製作者として名をなし、特にプランシウスは東インド会社専属の地図製作者として知られていた。

◀**魚屋の女**　庶民の日常生活を描いたことで知られるオスターデの作品（アムステルダム国立美術館）。

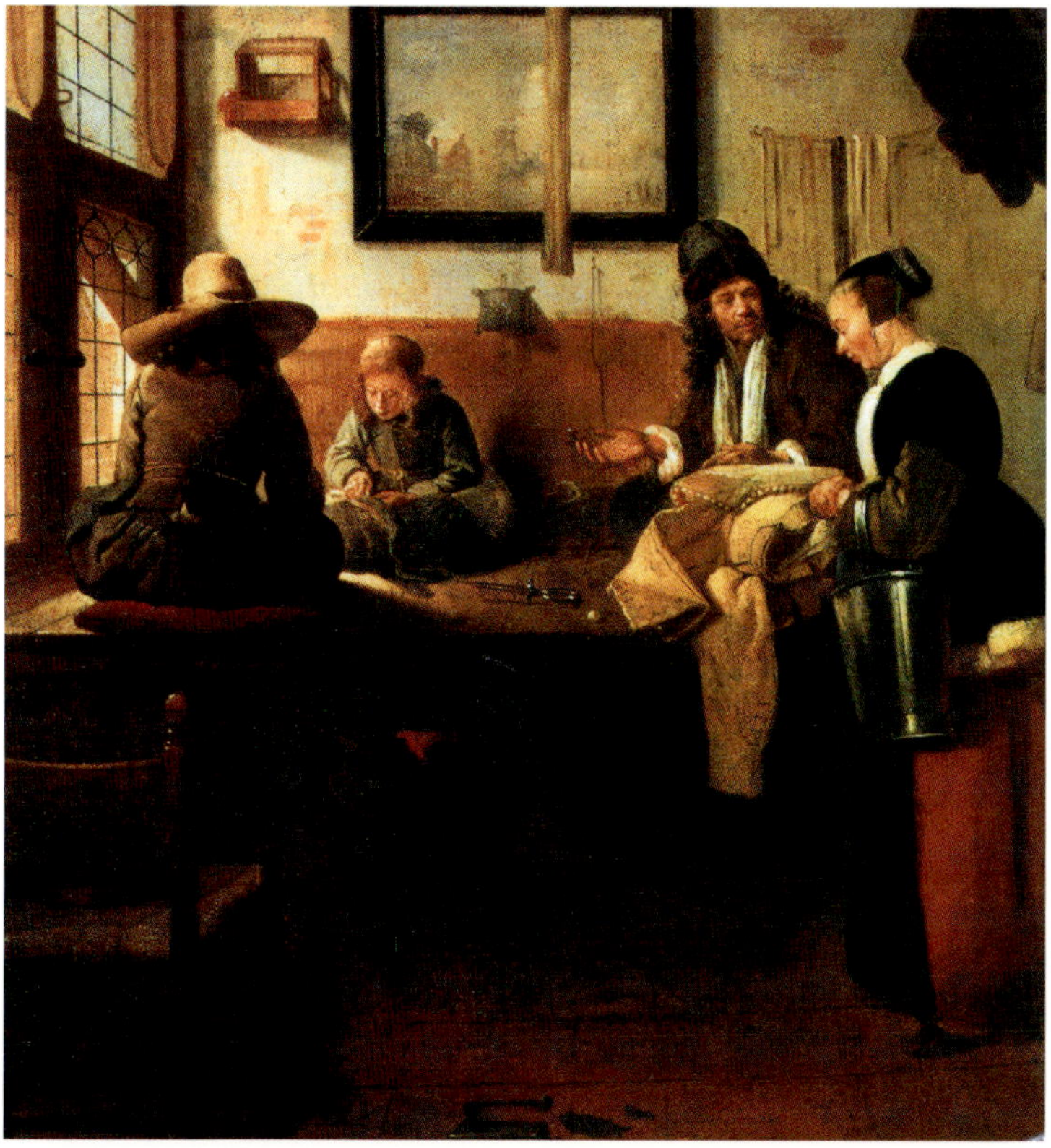

◀**絵のかけてある仕事場**　仕立屋の親方の仕事場。ブレーケレンカム、一六六一年（アムステルダム国立美術館）。

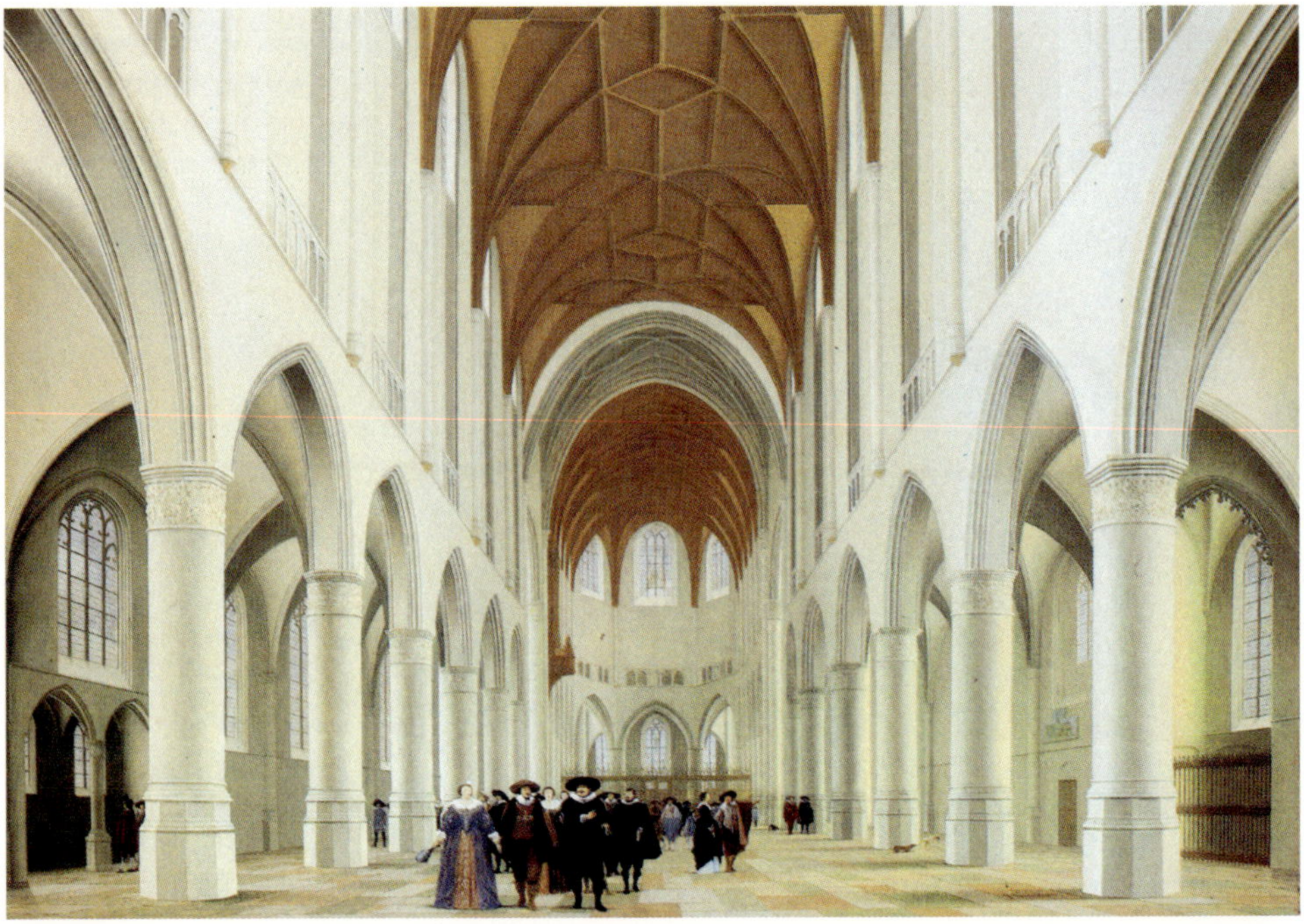

▶**ハールレムの聖バーフォ教会**　正面入口から内陣を描いている。ほとんど装飾品が見あたらない。ただし時代が進むにつれて少しずつ装飾品がみられるようになる。サーンレダム、一六二八年（絵画美術館、フィラデルフィア）。

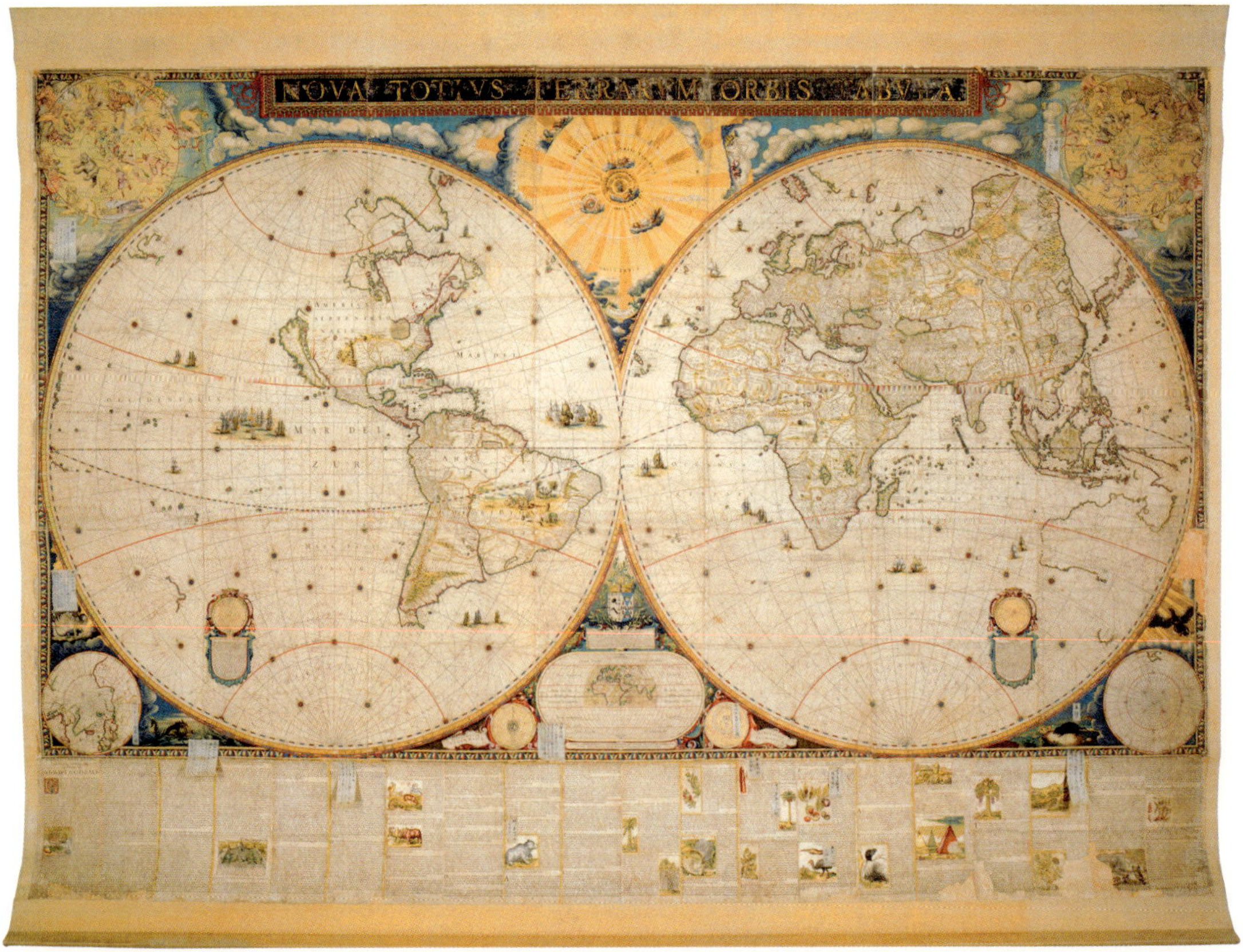

▶**ブラーウの『新世界地図』**　東京国立博物館に所蔵されているのが現存する唯一のものとされている（東京国立博物館所蔵 Image: TMN Image Archives）。

ジャーナリズムの誕生

黄金時代のオランダ社会の雰囲気を伝えているものに、もうひとつジャーナリズムの誕生がある。一七世紀以降のオランダでは、ほかのヨーロッパ諸国に先駆けて情報の伝達や売買がひとつの経営として成り立っていた。それはオランダがヘゲモニー国家にのし上がり、世界の各地と接触し交流を強めたことのひとつの証拠であるし、またオランダの政治体制が印刷、出版、報道に商品として一定の価値を認め、その取り引きの自由を限定つきながら認めたことも意味している。

その一例はアムステルダム、レイデン、ハールレム、ハーグ、ユトレヒトといった当時のオランダの大都市で新聞（週刊）が発行され、さまざまな情報が市民に届けられていたことである。これはもちろん市民の識字率が高かったことを前提としており、オランダ社会の教育水準の高さをも示すものである。さらにそればかりでなく、オランダの新聞は諸外国からも貴重なニュース・ソースとして注目されていたという。パリの人はオランダの新聞を通じてフランスの各地の情報を入手していたともいわれ、たとえば一六八三年に財務総監のコルベールが八月二〇日から二四日まで病臥していたという極秘情報をいち早くキャッチして伝えたのは、レイデンの新聞（「レイデン・ガゼット」紙、週に二回、四〇〇〇部発行されていた）であったという。これを見て各国の首脳陣や外交官は色めきたったのではないか。新聞はオランダ語版ばかりでなく、同時にフランス語版も発行して、国際的ジャーナリズムとしての要求に応えていた。当時から外交の世界ではフランス語が基本であったから、それを意識して対応した結果である。西ヨーロッパの主な国々ばかりでなく、ロシアもオランダの新聞を国際情報源として注目していたようだ。オランダの新聞はその意味では虚々実々の外交的取り引きの舞台になった可能性もあるが、当然のことながら海賊版も出回っていたという。

また、すでにふれたアムステルダム商業取引所の「市況新聞」も、こうしたオランダのジャーナリズムの一端を担うもので、いわば業界紙のさきがけでもあった。

出版業

オランダの、こうした情報に対する姿勢は出版業にも認められ、当時の思想家や科学者、著述者のなかには、著書や作品をまずオランダで出版して、その反応を確かめている人がいた。とりわけ物議をかもすことが予想される場合には、オランダで発表したほうが安全であったからだとみられる。ガリレオ『新科学講話』（一六三八年）、ホッブス『市民論』（一六四二年）、ロック『人間知性論』（一六八九年）、『寛容についての手紙』（一六八九年）などはその代表的なものである。

当時のオランダ社会の自由な雰囲気が感じられるが、しかしその自由はもちろん無制約ではなく、オランダ人であっても出版の自由がすべて保障されていたわけではない。体制批判の書、とりわけ無神論に関わる書は危険視され監視されていたという。オランダの数少ない著述者・政治思想家のひとりであったピーテル・ド・ラ・クール（一六一八―八五）はその著書『ホラントの利害』（一六六二年）を危険視され、一時外国に避難せざるをえなくなり、その後の著作も匿名での出版を余儀なくされた。

またヨーロッパの哲学史にはかり知れない影響を与え、エラスムスに優るとも劣らない碩学とされるスピノザ（一六三二―七七）についても同じことがいえる。彼は聖書に批判的な研究をしたとして、一六五六年にアムステルダムのユダヤ人共同体から破門され、アムステルダムからも追放の憂き目にあった。晩年はハーグ近郊でひっそりと暮らし、『神学・政治論』（一六七〇年）

▶**スピノザ**　ポルトガル系ユダヤ教徒（セファルディム）ながら、のちに破門され、ハーグ近郊でひっそりと過ごした。当時のオランダの政治思想に少なからず影響を与えたといわれる。

▶**平戸商館**　二〇一一年に商館の倉庫が復元された。

を匿名で出版したが、無神論者の嫌疑をかけられ、主著『エチカ』は生前には出版されず、一九世紀になってやっと日の目をみることになった。またルソーの『社会契約論』は一七六二年にアムステルダムで出版されたが、すぐに禁書になった。このように共和国時代のオランダ社会は、たしかにほかの諸国に比べ自由な空気をもっていたが、あくまでもそれは相対的なものにとどまっていた。

オランダと日本の貿易

西洋人のなかで日本との付き合いがもっとも長いのがオランダ人で、一六〇〇年の

関ヶ原の戦いの年に始まって現在にいたっている。ただしオランダ人が日本人を初めてみたのはもう少し古い一五八三年のことで、ローマに向かう天正少年使節（クアトロ・ラガッツィ）がインドのゴアに立ち寄ったとき、当時のゴア大司教に仕えていたオランダ人のリンスホーテン（一五六三―一六一一）がこの四人の日本人少年に面会している。彼はオランダに帰国後『東方案内記』（一五九六年）を出版してオランダ語で日本のことを紹介しており、オランダ人にとって日本はまったく未知の世界ということではなかった。

　一六〇〇年に豊後《ぶんご》の臼杵《うすき》に漂着したオランダ船は東インド会社の船ではないが、それからわずか九年後の一六〇九年に東インド会社の船が平戸にやってきて、幕府より正式に貿易を許され、商館を設置した。平戸商館は一時空白期があるが、一六四一年に長崎の出島に移るまで続いている。その間、イギリス商人は競争に敗れて一六二三年に平戸を去り、翌二四年、スペイン船も来航禁止となった。そして島原の乱鎮圧後の一六三九年、ついにポルトガル船も来航禁止となり、ヨーロッパ人としてはオランダ人のみが通商を認められ、〝国立の監獄〟といわれた長崎の出島であえて窮屈な生活に甘んじながら、日本貿易を独占することになった。いわゆる鎖国はオランダ人が日本貿易独占のために幕府に勧めたのではないかともいわれているが、ポルトガル船が日本から追放されたことを知ったオランダ人は同年一二月にバタフィアで盛大な祝宴を催したというから、まったくありえぬ話でもない。

　オランダ船は日本で需要の大きい中国産の生糸（白糸）を台湾経由で長崎に持ちこみ、その対価として大量の銀や銅を日本から持ち出し、それを使って東南アジアやインドで、香辛料や綿布、硝石などを買い、本国に持ち帰った。日本が鎖国体制に入った一六四〇年代以降は東インド会社の経営は安定し、毎年高額の配当をしており、年によっては六〇パーセントという高配当もあった。一六五〇年代から七〇年代の長崎貿易は、東インド会社にとってアジア各地の商館のなかでもトップクラスの高収益をもたらした。鎖国体制下にもかかわらず日本の銀を巧みに持ち出し、自国の繁栄に結び付けていることなどは、当時の日本人にはまったく思いもよらなかったのではないか。

　しかし日本の銀の産出量が頭打ちになり、それに合わせて幕府が出島からの銀の持ち出しを制限し始めると、それに呼応するかのように東インド会社の貿易も減少に転じる。両者のあいだに因果関係を認めてよいのかどうか、さらに検討の余地はあるが、両者が似たような動きをみせたことは興味深い。

◀リンスホーテンの『東方案内記』邦訳がある。

日本にもたらされたオランダ文化

　江戸の幕府はオランダ人に貿易を認める代わりに、世界をみる目をオランダ人に託したようにもみえる。毎年オランダ船が長崎に入港すると、すぐに世界の情報を提供させ、出島の通詞を総動員して『オランダ風説書』を

作成させ、幕府に届けさせた。これにより江戸幕府は鎖国体制を守りながら、最新の世界情勢をオランダ人の目を通して知ることができた。オランダはジャーナリズムの先進国であっただけに、それだけ効率よく最大の情報を入手することができたといってもいい。ただしオランダ人の目を通してであるから、彼らにとり都合の悪い情報はカットされていた。当時の幕閣がはたしてオランダを情報の国、ジャーナリズムの先進国と認識していたからオランダを相手にしたのか、その点はわからないが、手を結ぶ相手としては選択はまちがっていなかったのではないか。

幕府は『オランダ風説書』以外にも、オランダ側にさまざまな便宜の供与を求めていたようで、すでにふれたブラーウの『新世界地図』（一六四八年）の初版も幕府に献上された。当時のオランダ製の地図が世界の最高水準にあったことを幕府が認識していたかどうかはわからないが、オランダとの交流でともかく当時の最新の世界地図が日本にも伝えられたのである。この地図にはコペルニクスの太陽系解説図もついていたが、こうした最新の宇宙像をはたして幕閣は理解できたのか、単なる妄説として無視しただけなのか、この点も興味深い。

江戸時代を通じて日本との交流が長かっ

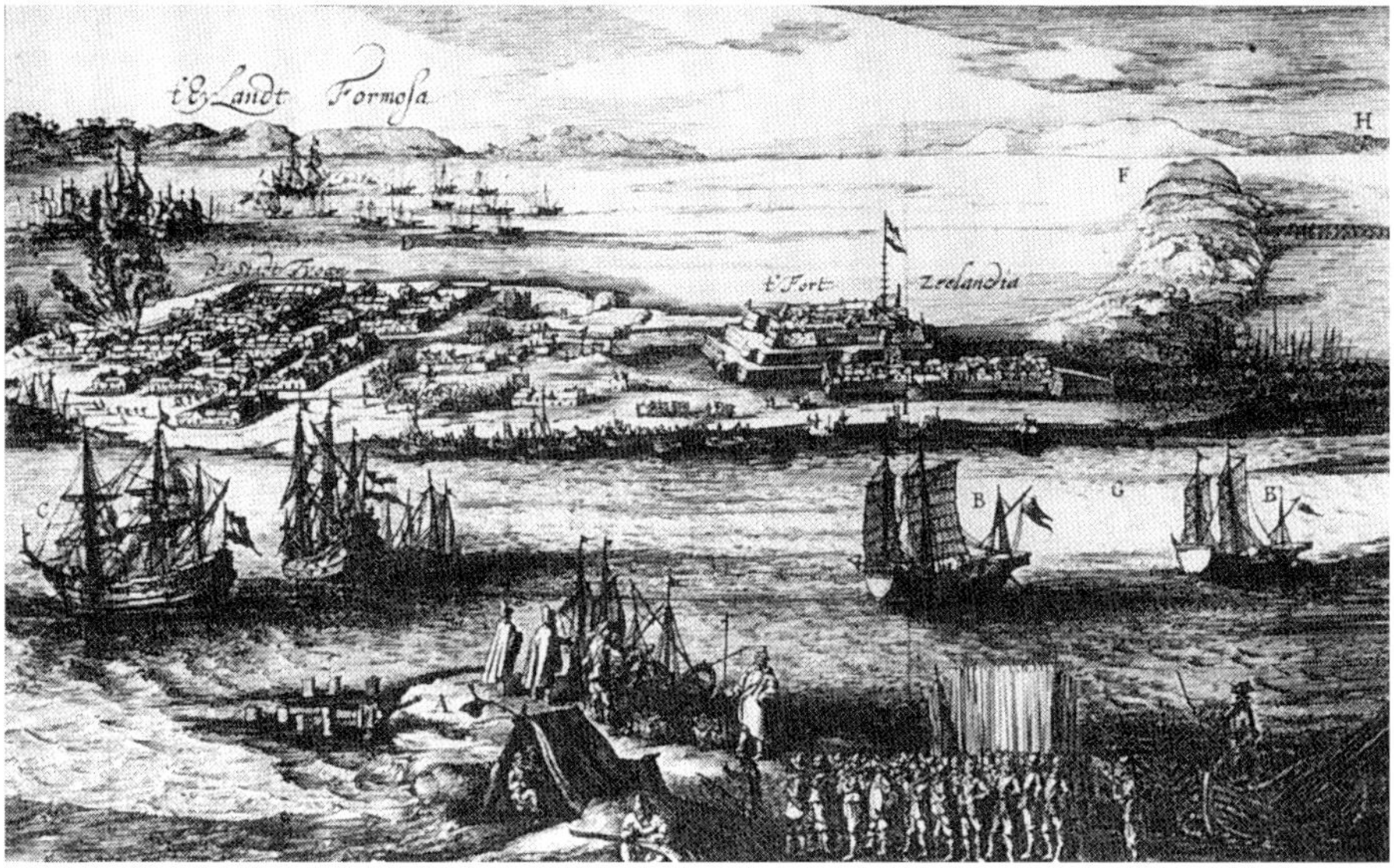

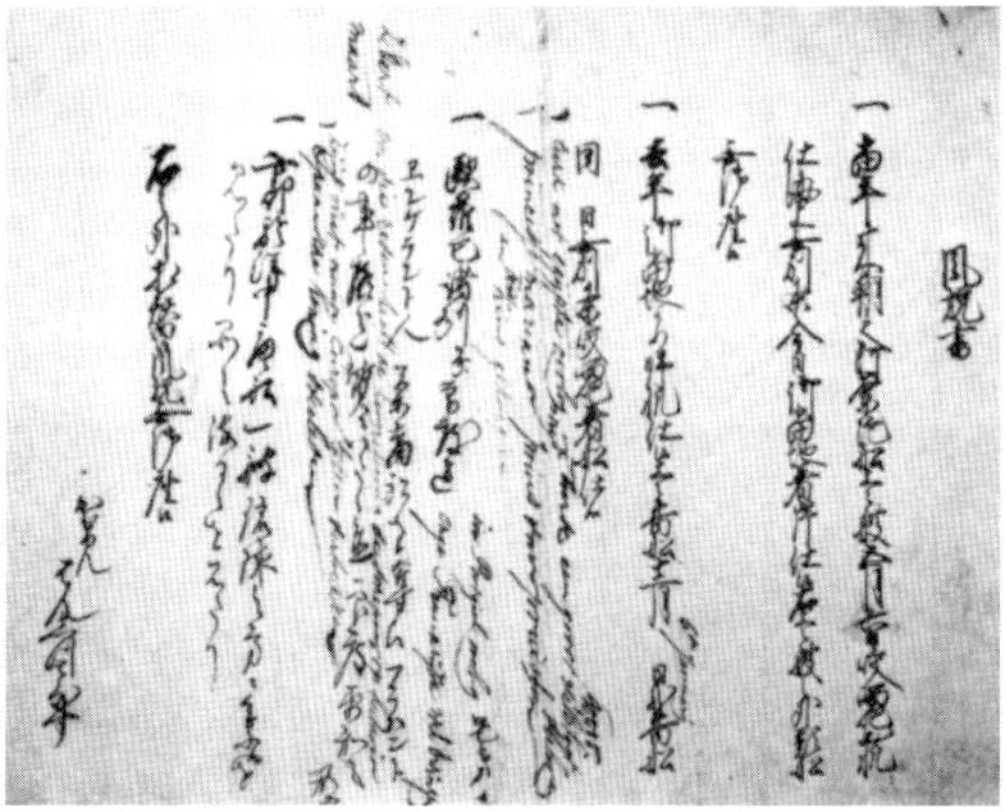

▶**長崎・出島**　当初はポルトガル商人の居住用に作られた。面積は三九六九坪、約一万三〇九七平方メートル。

▲**ゼーランディア城**　東インド会社が台湾南部に、中国貿易と日本貿易の拠点として建設し、一時全台湾を支配した（一六二四—六二）。一六六二年に国姓爺（鄭成功）により追放された。

◀**『オランダ風説書』**　これは下書きで、推敲の跡がみえる（シーボルト記念館所蔵）。

ただけに、貿易関係以外にもオランダは日本にさまざまな影響を与えている。実用的な分野では西洋医学がよく知られており、出島に滞在中のオランダ人医師から教えを受けた日本人が蘭方医として各地で活躍した。やがてオランダ語の医学書も研究されるようになり、杉田《すぎた》玄白《げんぱく》、前野《まえの》良沢《りょうたく》らがオランダ語翻訳した『解体新書』は日本の近代医学のから出発点としてよく知られている。

　また幕末のシーボルトの貢献も忘れることはできない。そのため多くの医学用語がオランダ語から日本語に採りいれられた。メス、ピンセット、ランセットはそのまま日本語化されているし、網膜、鼓膜、十二指腸、小腸、大腸、盲腸などはオランダ語を訳したものとされている。化学用語の、酸素、水素、窒素、炭素、硫酸、塩酸などもオランダ語から訳したと考えられている。

　医学以外にもオランダ語文献を通じて輸入された学問は、蘭学として細々と研究されたが、幕末が近づくと幕府は蕃書調所などを設立して、組織的に西洋の学問の導入をはかる。その出発点はまずオランダ語文献の研究で、いわゆる蘭学者がその担い手であった。明治以降の近代科学の導入にあたって、蘭学が一定の橋渡し役をしたことは否定できない。

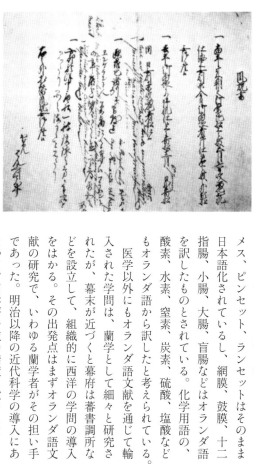

リーフデ号とエラスムス

関ヶ原の戦いの年一六〇〇年に、九州の臼杵《うすき》にオランダ船リーフデ号が漂着したことはよく知られている。この船は一五九八年にロッテルダムに設立されたマゼラン会社が、マゼラン海峡経由でアジアに派遣したもので、特に日本をめざしていたといわれている。

このとき会社はヘローフ（信仰）号、ブレイデ・ボーツハップ（喜ばしき使命）号、トラウ（信頼）号、ホープ（希望）号、リーフデ（愛）号の五隻を用意した。全体の指揮をとったのはマヒューという人物であったが、航海中に死亡し、デ・コルデスがあとを継いだ。このうちヘローフ号は途中で帰国し、ブレイデ・ボーツハップ号は途中で行方不明になった。トラウ号はインドネシアのティドーレ島に到着したが、ポルトガル人に捕獲されてしまった。ホープ号はチリ沖でスペイン人に捕まり、その後不明となる。そしてリーフデ号のみがかろうじて日本に漂着した。出港時には一一〇人ほどが乗り組んでいたらしいが、臼杵に着いたときにはわずか二四人で、そののちに日本で六人死亡したという。

これらの船はロッテルダム出港時にはそれぞれ別の船名をもっていたが、途中でこのように変えたといわれている。リーフデ号はもとはエラスムス号という名前で、その船尾にはエラスムスの木像が飾りとしてつけてあった。エラスムスはロッテルダム生まれの著名な国際人であったから、船名にはぴったりであったのであろう。船長はオランダ人で、航海士はイギリス人のウィリアム・アダムズであった。よく知られているように、アダムズはのちに、家康の信をえて三浦按針と名乗る。同じく乗船していたオランダ人ヤン・ヨーステンも東京駅近くに〝八重洲〟の地名を残している。リーフデ号はその後、堺を経て、浦賀にまで回航されたが、破損が著しくここで廃船になったという。アダムズは大坂で家康に謁見し、以後の貿易を認められた。

リーフデ号の船尾についていたエラスムスの木像は、廃船のときにとりはずして保管されたらしく、明治になって栃木県佐野市の龍江院という寺に貨狄《かてき》尊者像として祀られていることがわかった。地元の人は南蛮恵比須という名で親しんでいたという。カトリック教徒にしてルネサンス最大の人文主義者が異国の片田舎で恵比須さまにおさまるとは、本人もさぞ苦笑したであろう。戦後オランダで開催されたエラスムス展では、この木像はアジアからの唯一の出品物として注目を集めた。現在は重要文化財に指定されている。

◀**エラスムス木像**　龍江院所蔵（Image: TNM Archives）

七章

衰退の一八世紀からネーデルラント王国の成立へ

第二次無総督時代

オランダの一八世紀は、一七〇二年三月のウィレム三世の急死で始まる。イギリス女王メアリ二世は一六九四年に死去していたので、それ以後ウィレムは単独でイギリス国王であった。しかし二人のあいだには子供がなく、イギリスではメアリの妹アンが女王に即位し、両国の同君連合はこれで終わる。ウィレム三世の死によりオランダでは〝祖国の父〟と謳われたウィレム一世の直系の血筋は途絶え、その弟ヤンの家系から出たナッサウ・ディーツ家のヨーハン・ウィレム・フリゾー（一六八七—一七一一、ウィレム三世とは従兄弟関係になる）がオランイェ公を継ぐことになった。しかしこのときはまだ一四歳であったので、連邦議会はホラント州議会の意向を受けて、これを機に再び総督を任命しないことに決定した。これで一六五〇年以来二度目の無総督時代（一七〇二—四七）が始まった。

▲ヨーハン・ウィレム・フリゾー

ウィレム三世をイギリス国王につけてはみたものの、オランダにとって有利な情勢は開けず、大国に翻弄されることになって、かえって財政が悪化するばかりであった。そしてその元凶はオランイェ家にあるとみられていた。ヨーハンは一六九六年、世襲となっていた北部三州だけの総督になり、一七〇八年には正式にオランイェ公を継いだ。しかし彼がオランイェ公位を相続することにはプロイセンが反対していた。プロイセンは、一六四七年に没したオランイェ公フレデリック・ヘンドリックの娘がプロイセン王室に嫁いでいた関係上、オランイェ公の相続を主張していた。一七一一年七月、ヨーハンはプロイセンとの交渉のためハーグに向かう途中、渡し舟が転覆して二三歳であえなく落命した。妻はそのひと月後、男子（のちのウィレム四世）を生んだ。

これより先、ウィレム三世の死の直後、オランダはスペイン継承戦争（一七〇二—一三）に巻きこまれる。当時、スペイン・ハプスブルク家の血筋が途絶えて、スペイン領ネーデルラントの相続が問題になって

▲オランジュ公国　南フランスのオランジュ公国の首都オランジュは古いローマ都市で、半円形の大劇場や凱旋門が残っている。特に大劇場は有名で、ルイ14世はこれをパリに移したがっていて、たびたび併合をこころみた（©YUKIO TANAKA/SEBUN PHOTO/amanaimages）。

いた。ウィレム三世はイギリス、オーストリアなどとハーグ同盟を結んで、オーストリアが相続するよう取り決めていたが、フランスは一七〇〇年に没したスペイン国王カルロス二世の遺言状を根拠にスペイン領ネーデルラントの相続権を主張して、いち早く軍を動かし、これを占領してしまったのである。

ウィレムの死後、ホラント州法律顧問ヘインシウスが既定の路線を継承したことで、オランダはイギリスとともにフランスに対して参戦することになった。またこれには、オランイェ家ゆかりの南仏のオランジュ公国がフランスに武力併合されたことに対する抗議の意味合いも含まれていた。

戦闘はフランス軍が占領した低地地方南部の各地で続き、イギリス・オランダ連合軍が次第にフランス軍を追い詰めた。一七一三年四月にやっとユトレヒト条約が英仏主導で成立し、戦争は終結する。スペイン領ネーデルラントはオーストリアが領有することになり、オランダがもっとも恐れていた、フランスと国境を接する事態は避けられた。またオーストリア領の八都市（障壁都市という）にオランダは軍を駐留させて、フランスの動きを牽制することになった。しかしオランジュ公国はついにもどらず、フランスに併合されてしまった。

この長引いた戦争によってオランダの各

方面での貿易は大幅に落ちこんだうえ、莫大な戦費を費やした結果、オランダは財政的に破綻状態に陥って、軍隊をほとんど維持できなくなり、以後中立政策に転換を余儀なくされた。いまやオランダの落日は誰の目にも明らかになった。こうして沈滞の一八世紀が始まる。

一七四〇年から始まる、神聖ローマ皇帝カール六世の後継者問題に端を発したオーストリア継承戦争では、侵攻してきたフランス軍はオーストリアが支配する低地地方南部をたちまち席巻し、頼みの八つの障壁都市はまったく無力であることが証明された。フランス軍はさらにオランダ南部の沿岸部にも侵攻してきた（一七四七年四月）。この戦争は一七四八年一〇月のアーヘン条約で終わるが、オランダは得るところがなく、衰退をさらに印象づけることになった。

オランイェ家の新たな復活

この戦争でオランダ南部がフランス軍の侵攻にさらされると、オランダ人のあいだには再び一六七二年の〝災厄の年〟の悪夢が蘇る。民衆はパニックに陥り、特に大都市では不穏な情勢となった。これは直接的には軍事的危機によるものであったが、同時に都市貴族（レヘント）が牛耳る政治体制に対して庶民の不満が爆発したという側面ももっていた。都市貴族はさまざまな官職を私物化し、徴税請負で私腹をこやしているとして、この軍事的危機をきっかけに、多くの都市では一七四七年春から翌年にかけて暴動が発生した。

こうしたなかで民衆はオランイェ家に希望を託し、再び総督にかつぎ出そうと動き出した。これに押されて、一七四七年五月には七州すべての州議会がオランイェ公ウィレム四世（一七一一―五一）を総督と陸軍最高司令官に任命した。こうして四五年におよぶ第二次無総督時代は終わった。オランダはまた二つの中心をもつ楕円形にもどった。しかも今度はこれまでとちがい、全州の総督を一人で占めることになり、オランイェ家の名声は一段と高まった。しかし新総督は病弱で、せっかくのチャンスをうまく生かしきれないまま、四年後の一七五一年一〇月、四〇歳で病没する。徴税請負は廃止されたが、都市貴族による支配体制はほとんど変わることなく、その後も続いた。

▲**一七四七―四八年の全国的暴動**　このときの暴動は各都市の市政の閉鎖性や徴税請負制の弊害、一部有力市民による郵便事業の独占などに抗議したもので、全国的に広がった。これはアムステルダムの暴動（一七四八年六月）。

残された息子のウィレムはこのときわずか三歳で、母親が摂政に立つが、事実上の無総督時代がまた続くことになった。一七六六年に一八歳で成人してウィレム五世(一七四八―一八〇六)になるが、優柔不断でまったく無策であったという。そのため陸軍顧問のブラウンシュワイク侯(ドイツ人)が幅をきかせ、政治を私物化した。

あちこちで不満がうずまき、そのなかから新しい愛国者(パトリオッテン)運動が姿を現す。この運動は、対立をくりかえしてきた従来の総督派(オランイェ派)と都市貴族派(レヘント派)のいずれにも与せず、第三極として新たな政治体制をめざしたもので、フランスの啓蒙主義の影響を強く受けていた。運動の担い手も一色ではなく、中産市民、知識人、地方や内陸州の貴族などで、カトリック教徒をも排除せず幅広い層の結集をめざしていた。この運動はやがてホラント州、ユトレヒト州などの州議会にもおよび、政治的対立が強まっていく。

この間、イギリスはオランダがアメリカの独立(一七七六年)をひそかに援助しているとして圧力をかけていたが、一七八〇年一二月にいたってついに宣戦布告し、第四次イギリス戦争が始まった。イギリスの圧倒的な海軍力の前にオランダ軍はなすすべもなく、アジアから帰ってきた東インド会社の船舶はドーヴァー海峡で次々と拿捕《だほ》され、また東インド会社がインドで確保していた貿易の拠点も多数失った。オランダ人が独占していた香料諸島にもイギリス商人が入りこみ、またカリブ海のオランダ植

▲総督ウィレム4世

▼総督ウィレム5世

▲プロイセン軍のアムステルダム入城

民地も次々とイギリス軍に占領された。

一七八四年五月にパリ和平条約を結んで、戦争は終わるが、陸海軍最高司令官であった総督ウィレム五世の責任が問われ、彼の信用は大きく失墜した。不評を蒙ったウィレム五世夫妻は翌一七八五年九月、ハーグをのがれ、国内を転々とする。一七八七年九月にこれを見かねたプロイセン軍が、秩序の回復を口実に介入してウィレム夫妻をハーグにもどし、ひとまずは事態の収拾をはかった（ウィレム五世の妻ウィルヘルミナはプロイセンのフリードリヒ大王の姪にあたる）。プロイセン軍に恐れをなした愛国者運動派の人々のなかにはフランスに亡命する人も多く出た。一一月にプロイセン軍が撤退し、翌一七八八年、オランダはプロイセンおよびイギリスと防衛同盟を結び、両国がさしあたりオランダの現体制を保障することで、オランダは何とかそのまま存続することができた。

バターフ共和国の成立

こうしたなかでフランス革命が勃発し、フランス革命議会は一七九三年二月、防衛同盟を結んで対峙するイギリスとオランダに宣戦布告し、フランス軍がすぐにオーストリア領の低地地方南部を占領した。翌一七九四年八月からオランダに向けて本格的に進軍し、九五年一月には凍結したホラント冠水防衛線を渡ってユトレヒトを占領し、さらにアムステルダムにまで達した。これに呼応してフランスに亡命していた愛国者運動派の人々も帰国し、各地で臨時代表部を樹立し、権力の奪取を進めた。総督ウィレム五世はフランス軍がアムステルダムに入る直前の一七九五年一月にイギリスに亡命し、オランダは無政府状態になる。

勢いづいた愛国者運動派はパウルスを指導者とする全国革命委員会を作って、フランスと交渉を続け、五月一六日にフランス・オランダ同盟条約（ハーグ条約）を結び、総督と法律顧問の双方を廃止して、国名をバターフ共和国に改めた。それまでフランスに逃げていた愛国者運動派のなかには、オランダ人と名乗らず、バターフ人を名乗っていた人も多く、これがそのまま国名に

▲アムステルダムに向かうフランス革命軍　▼国民会議（第１回）の開催

もなった。すでにのべたようにバターフ人は古代のゲルマン人の一部族であり、その名前をここで持ち出すことにより、旧体制との断絶を印象づけた。

しかしこれがフランスの息がかかった半ば傀儡国家であったことは明白で、以後フランス革命を範にとった改革が次々と打ち出される。国家と教会を完全に分離し、従来改革派がもっていた数々の既得権は廃止され、ユダヤ人にも完全な市民権が認められた。ただしカトリック教徒の完全復活はまだ先のことであった。またこれまで国内植民地のような差別的な扱いをされてきた連邦議会直轄領にも政治的権利が認められた。ギルドは原則としてすべて廃止されることになった。こうした一連の動きはのちに〝バターフ革命〟とか〝愛国者革命〟とよばれることになる。

従来の連邦議会が廃止されると、一七九六年三月には国民会議がハーグで開かれ、憲法制定会議を設置して半年以内に憲法を制定することになった。一一月には憲法草案ができ、採択されたが、国民投票では否決されたため、新たな国民会議を招集して草案を作り直し、一七九八年五月になってやっとバターフ共和国憲法が公布された。

新しい共和国は従来のような主権をもつ七州の連合体ではなく、単一で不可分の国家とされ、主権は国民にあるとされた。二院制の立法府が国政の最高機関としておかれることになり、全国は八つの県に分けられて、従来の州中心の発想から脱却しようとした。このようにバターフ共和国の体裁は一応整ったが、フランスと結んだ同盟条約はフランス軍の経費負担など多大の財政支出をオランダに強いるもので、一方的にオランダを喰い物にしていた。紙屑同然のフランスのアッシニア紙幣が国中にあふれて、猛烈なインフレをもたらし、オランダ経済は混乱をきわめた。

このフランスの息のかかったバターフ共和国に対してイギリスは、一七九五年九月に宣戦布告し、第五次イギリス戦争が始まる。イギリスに亡命したウィレム五世が同年二月に、オランダの支配が回復されるまで、オランダの植民地をイギリスの保護下におくことを〝キュー書簡〟で、イギリス側に認めたので、イギリスはアジアのオランダ植民地を次々と手に入れていった。また南米、カリブ海の植民地もイギリスの手

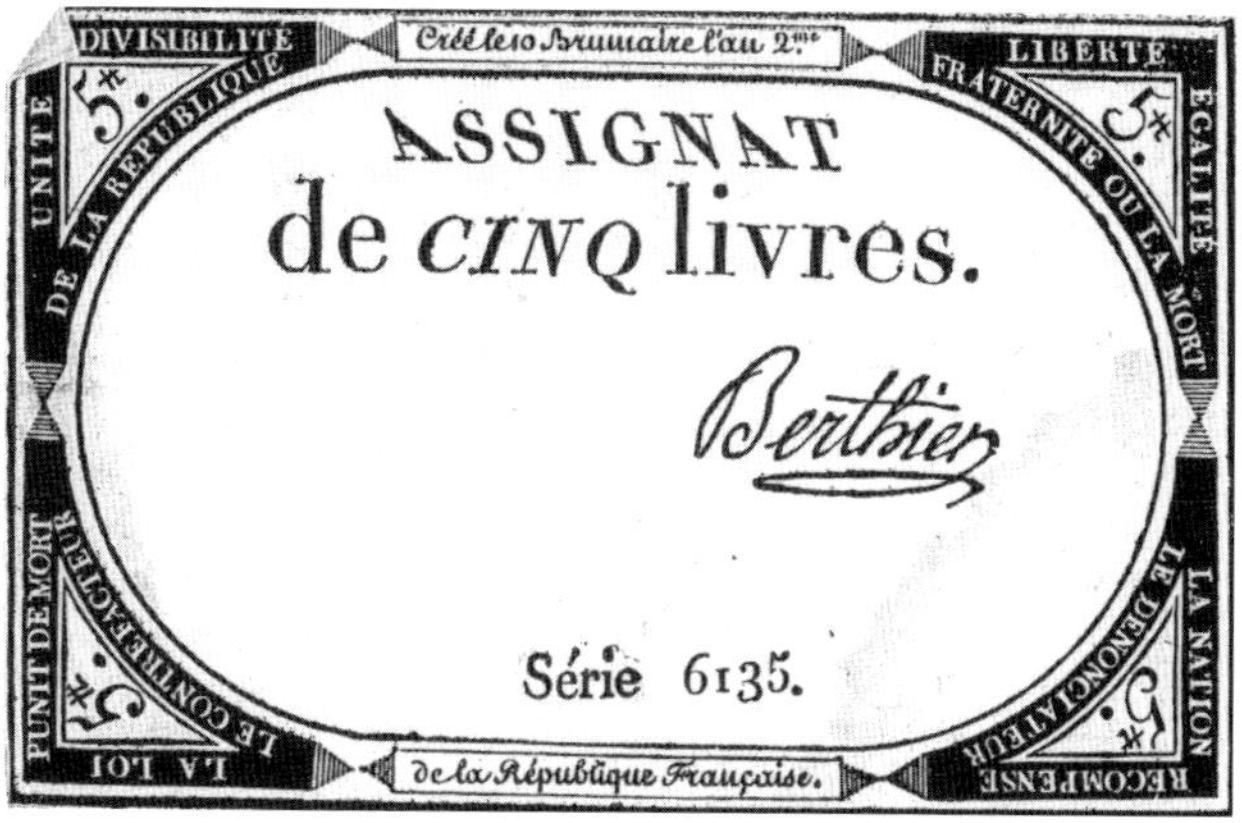

▲▼アッシニア紙幣

に落ちた。

一八〇二年三月、アミアンの講和で英仏がひとまず和平にいたり、対イギリス戦争は終わる。ウィレム五世の〝キュー書簡〟は無効とされ、オランダは大部分の植民地を取りもどしたが、セイロン（現スリランカ）はイギリスに譲った。しかしこのアミアンの講和も一年余りで崩れ、一八〇三年五月には英仏が戦争を再開し、オランダも第六次イギリス戦争に入る。これでオランダは再びほぼすべての植民地を失うはめになる。

ホラント王国からフランスへの併合

一八〇四年五月、ナポレオンがフランス皇帝に即位すると、〇六年六月、バターフ共和国を廃して今度はホラント王国を作った。ナポレオンの弟ルイ・ボナパルト（一七七八―一八四六）が二七歳で国王に就いた。ここにオランダ史上初めて王国が誕生したことになるが、肝腎の国王はオランダ人ではなく、これもバターフ共和国と同様に事実上フランスの傀儡《かいらい》国家であった。国王はハーグに入り、数人の大臣を任命し、新憲法を公布した。国王は世襲の元首とされた。法の前の平等という大原則のもとに全国共通の税制が導入され、フルデンが単一通貨とされ、造幣所もユトレヒト一つに統一された。ナポレオン法典にもとづく刑法典と民法典も導入された。またカトリックも復権が認められた。このような意味では、まちがいなくオランダでもフランス流の近代化が進行したということができる。

しかしナポレオンが進めた大陸封鎖はオランダでは十分な成果をあげていないとして、ナポレオンは一八一〇年七月、ランブイエ勅令を発して、ホラント王国をフランスに併合してしまった。これによりオランダという国は地球上から消滅し、フランス帝国の第三の首都に指定されたアムステルダムに、フランス人総督ルブランが任命されてやってきた。彼のもとで戸籍制度、メートル法や十進法の度量衡、徴兵制が導入され、教会外での婚姻も認められた。また、封建的な領主裁判権は廃止された。

ナポレオンがロシア遠征に失敗し、ライプツィヒの戦いで連合国軍に敗れ、落日の兆候が誰の目にも明らかになると、ホーヘンドルプなど三人のオランイェ派の貴族が中心となって、一八一三年一一月にオランダとルクセンブルクからなるネーデルラント王国の独立を宣言して、暫定政府を組織

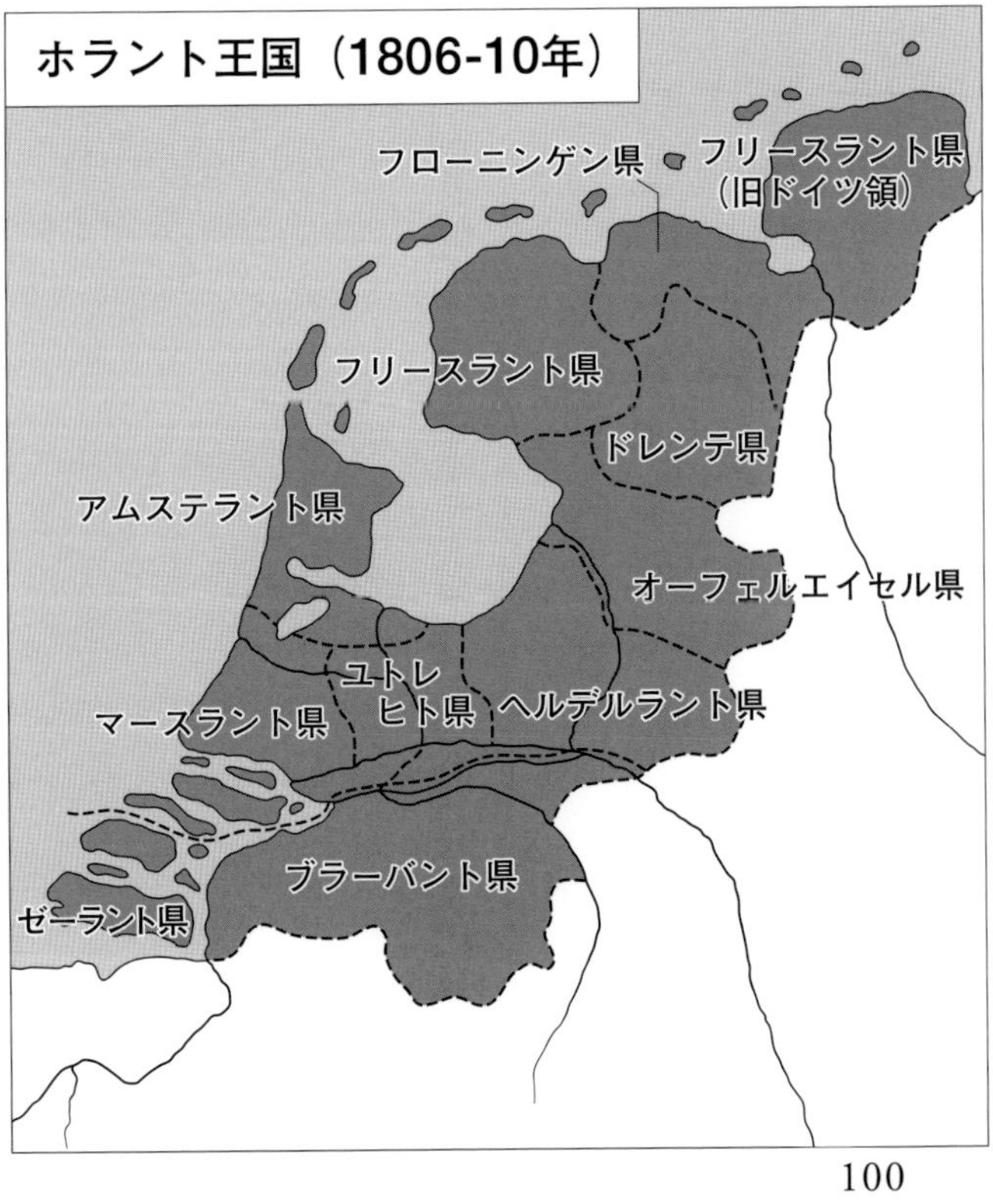

▶ホラント王国（一八〇六―一〇）　国名としてネーデルラントではなく、ホラントを使った。一〇県からなり、一八一〇年にはドイツ領のフリースラントの一部も編入され一一県となった。

▲**国王ウィレム1世**　ベルギーを含めたネーデルラント王国の初代国王。

▲**国王ルイ・ボナパルト**　ホラント王国の統治方針をめぐって皇帝ナポレオンとしばしば対立したという。

し、フランスの支配から離れた。ただちにオランイェ公ウィレム六世（一七七二―一八四三、元総督ウィレム五世の長子、当時四一歳）をイギリスからよびもどし、一二月にアムステルダムで正式に国家元首ウィレム一世として宣言させた。ただこの時点ではまだ国王と名乗らなかった。そして翌一八一四年三月には新憲法を制定し、オランダは立憲君主制の国家となる。新憲法では主権は国王にあり（第一条）、八人の大臣が国王にのみ責任を負い、議会（二院制）には負わない仕組みになっており、国王が自由に政治に介入できるようになっていた。司法大臣が首席大臣でもっとも大きな権限をもっていた。しかしそれまでの多くのフランス流の改革が否定されることはなかった。

そして同一八一四年五月のパリ講和条約でナポレオン戦争が終結し、オランイェ家の復活が正式に認められると、オランダはイギリスが占領したほぼすべての植民地を取りもどすことになった。さらに六月、イギリスは、オランダがオーストリア領低地地方（現ベルギー）を併合することを認め、八月のロンドン条約で正式に決定した。同時に両国の植民地の帰属問題も決着させた。南アフリカ（カープ）植民地とセイロンはオランダに引き渡さず、イギリスが取った。

▲国王ウィレム1世のブルッセル入り

これを受けてオランダの元首ウィレムは一八一五年三月、自らネーデルラント国王ウィレム一世に即位したことを宣言し、同時にルクセンブルク大侯をも名乗った。オランイェ家最初の国王がここに誕生し、これが現在のオランダ王室の先祖になる。そして折から開かれていたウィーン会議もこれを認めた。

さらにナポレオンの百日天下、ワーテルローの戦い（一八一五年六月）を経て、同年一一月のパリ講和条約（パリ第二講和）でオーストリアが最終的に低地地方を放棄することになり、ここに現在のオランダ、ベルギーを一つにしたネーデルラント王国が正式に発足した（全一七州からなり、ルクセンブルクは大侯国として別扱いになる）。こうした一連の動きのなかでは終始イギリスが主導権を握っていたことは確かで、ネーデルラント王国の設立はフランスを牽制しようとするイギリスの意向に沿うものであった。また現在のベルギーに相当する地域からは新しい国家建設に向かう積極的な動きはみられず、それがオランダ主導の新国家建設を強く印象づけた。イギリスの肝入りで誕生した新国家であったが、まもなくほころびが現れる。なぜなら、両地域が歩んできた歴史のちがいを無視していたからであった。

一九世紀以降の近代国家への歩み

商人＝国王ウィレム一世

新国王ウィレム一世はオランダの初代国王であり、すぐにベルギーも合わせたネーデルラント王国の国王となった。低地地方全体を一つにまとめるという願望は一六世紀のカール五世に始まり、〝祖国の父〟とよばれた総督ウィレム一世の悲願でもあったから、その意味で新国王は幸運なスタートを切った。しかし現実は厳しいものであった。主導権をにぎったオランダは旧体制以来積もりに積もった膨大な債務（一八四二年で歳出の四七パーセントを占めた）に悩まされており、財政の建て直しが喫緊の課題となっていた。そのため国王は経済の振興をめざして基礎的な経済基盤（インフラ）の整備に精力的に取り組んだ。

▼**ネーデルラント王国（一八一五―三〇年）**　ナポレオン戦争の余波として生まれた国といってよく、ほぼ現在のベネルクス三国に相当する。イギリスはフランスとの緩衝地帯として位置づけていた。国王はルクセンブルク大侯をかねていたが、ルクセンブルクは大侯国として別扱いにしていた。ベルギーの独立に際しては、ルクセンブルク大侯領の西半分はベルギーに割譲された。

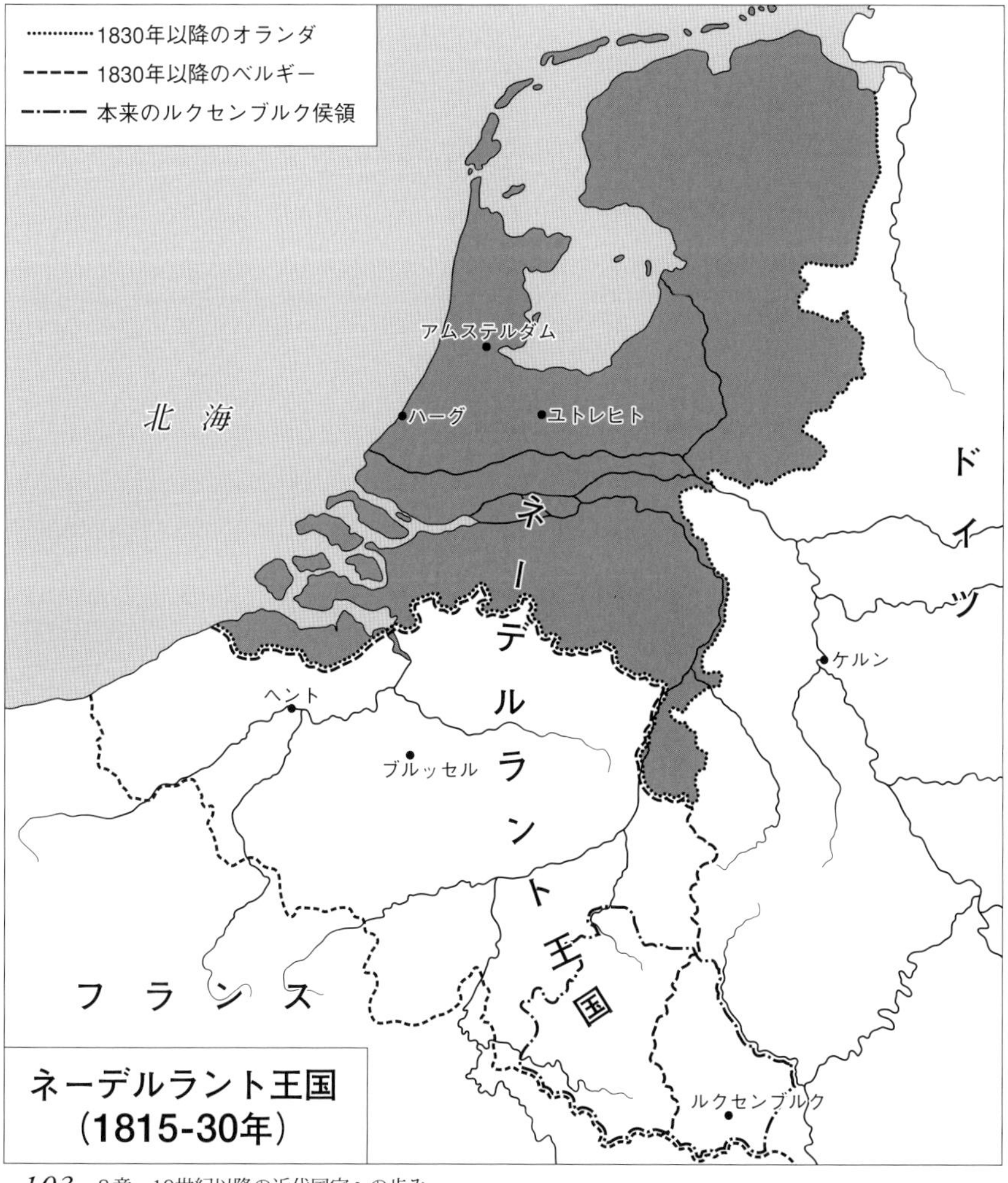

▶**鉄道開通時のハールレム駅**　現在の駅から少し離れたところにあった。

まず第一に運河網の整備に取り組み、彼の在任中に総延長約八二〇キロメートルの運河が建設された。そのため国王は〝運河国王〟とよばれるようになった。また一八三五年にはヨーロッパ大陸では最初の鉄道がブリュッセルとメヘレンのあいだで開通し、その四年後の三九年にはアムステルダムとハールレムのあいだにも開通している。さらに一八一四年には国王も多額の出資をしてネーデルラント銀行を設立し、旧来のいくつかの銀行を整理して銀行券の発券を一元的にゆだねた。そのほかにも慈善事業会社を作り、失業者に土地を開墾させるなどして、救貧対策を進めた。さらに国民工業基金、ソシエテ・ジェネラル（投資銀行）などを設立した。また、ジャワの植民地開拓を進めるために、一八二四年にオランダ商事会社をアムステルダムに設立して、国王も四〇〇〇万フルデンを出資した。こうした国王の活発な行動力を評してウィレムを〝商人＝国王〟とよぶ人もいるが、これは必ずしも不名誉な綽名ではない。オランダ、ベルギーの双方に目配りをしながら経済機会の創出を試みたという点では、開明的な国王であった。

この時代のひとつの懸案は植民地問題であった。ナポレオン時代にイギリスはオランダの植民地を次々に奪ったが、パリ講和条約（パリ第一講和・一八一四年五月）でオランダはほとんどの植民地を取りもどした。しかし両国の力関係が大幅に変わっていたので、それに合わせて改めて植民地を分割して調整することになった。一八二四年三月にロンドン条約が成立し、アジアにおける両国の植民地の勢力地図が確定された。インド亜大陸の沿岸部にオランダがもっていたすべての植民地はイギリスに譲渡され、セイロン（現スリランカ）もイギリスが取った。マレー半島もすべてイギリスのものになり、オランダはマラッカから撤退した。その代わりジャワ、スマトラなどインドネシアの島嶼部はほとんどがオランダのものになり、イギリスはスマトラ島から撤退した。ただボルネオ島のみは境界線が未定のまま残った。

このように植民地の勢力範囲が確定したことにより、オランダは以後本格的に植民地収奪に乗り出す。一八二四年に設立されたオランダ商事会社はその第一弾で、三〇年にジャワに導入された栽培制度がその第二弾となった。折しもこの年、ベルギーがオランダから分離独立したので、危機感を強めたオランダはいっそうこのジャワにおける収奪に希望をつないだ。この制度は基本的にはジャワの農民に耕地の二〇パーセント、ないしは労働時間の二〇パーセントを、オランダ政府が指定した作物（コーヒー、サトウキビ、茶、たばこ、藍など）の栽培に割くように強制したもので、一般には強制栽培制度とよばれる。現実にはこの二〇パーセントという数字は守られず、農民に重い負担としてのしかかったからである。かなりの餓死者が出た年もある。収穫された作物はオランダ商事会社が独占的にオランダに運び、競売にかけて莫大な利益を上げた。会社は一八七〇年まで年平均九パーセントの配当をした。こうした植民地からの搾取により、一八五〇年以降、国の歳入の三分の一から二分の一をも植民地が賄うほどになり、六六年にオランダ政府は長年の財政危機が解消した旨を発表した。

◀ジャワの砂糖工場　サトウキビは収穫後すぐ加工しなければ腐るので、農民は栽培のみならず、工場への運搬や工場内での労働にも駆り出され、重い負担となった。

ベルギーの分離独立

しかし低地地方南部（ベルギー）の統合という点では、国王は成功しなかった。プロテスタントの国王が圧倒的にカトリック教徒が多い地域を統治することになったので、さまざまな軋轢や反発が避けられなかったからである。特に宗教・教育政策と言語政策で低地地方南部の不満は大きかった。それにこの地方では、ちょうどこの頃大陸で最初の産業革命が進行中で、経済が低迷していたオランダとは同一歩調をとりにくかった。そこに一八三〇年の自由主義のうねりがおしよせ、パリの七月革命の余波を受けて、ベルギーの分離独立の動きが一気に広がった。

一八三〇年八月、ブリュッセルで反オランダの暴動が発生し、九月二三日には早くもベルギー臨時政府が樹立され、一一月一八日にベルギーの独立が宣言される。翌一八三一年二月にはベルギー憲法が公布され、独立は決定的になり、六月にはザクセン・コーブルク家のレオポルトを国王に迎えた。これをめぐりオランダ・ベルギー間で戦いが始まり、八月の十日間会戦では激しい戦いがくり広げられた。そのため英仏などの列強がたびたびロンドン会議を開き、結局ベルギーの分離独立を認めるが、オランダは抵抗する。しかし列強の圧力もあり、一八三九年三月にいたり、オランダは最終的にベルギーの分離独立を認めた。

ルクセンブルク大侯国とリンブルフ州を

◀ベルギーでの十日間会戦　独立を阻止しようとしていたオランダ軍は、レーヴェン（ルーヴァン）やハッセルトなどでベルギー市民軍と激しい戦いをくり広げた。しかしフランス軍が介入してきたため撤退した。

それぞれ二分し、新たな国境線が引かれた。これによりオランダは領土の約三分の一と人口の半分以上を失うことになった（当時オランダの人口は約二〇〇万、ベルギーは約三七六万）。こうしてオランダとベルギーの統一はわずか一五年で破局を迎えた。

これに合わせてオランダでは一八四〇年に憲法が改正され、国王ウィレム一世は同年一〇月に突然退位を発表する。その数カ月後彼は、よりによってカトリックのベルギー人女性と再婚してベルリンに隠棲した。オランダで最初の国王であっただけに、オランダ人の失望と不満は大きかったという。

自由主義の時代

父のあとを受けて即位したウィレム二世（一七九二―一八四九）は、一八一五年六月、ワーテルローの戦いでウェリントンとともにナポレオンと戦った経歴を持ち、しばしば〝ワーテルローの英雄〟としてもてはやされた人物であった。そのためベルギーでは人気があった。しかしベルギーの独立に好意的な態度をとったり、またカトリックとの関係改善に努めたため、逆にオランダでは人気が出なかった。

彼は一八四八年三月、一夜にして保守専制的な国王から自由主義者に豹変したことでも知られる。同一八四八年二月のパリ二月革命でフランスで王制が廃止されると、国王はそれまで頑なに拒否していた憲法改正を認め、自由主義者でレイデン大学教授のトルベッケ（一七九八―一八七二）に憲法の改正を諮問した。その結果一一月に新憲法が公布され、内閣が国王にではなく議会に責任を負う議院内閣制が実現し、国王の権限は大幅に制限されて近代的な立憲君主制になった。二院制ではあるが、国民の直接選挙で選ばれる第二院のほうが優越する仕組みになっていた。これで当時もっとも近代的といわれた一八三一年のベルギー憲法とほぼ同じ体制がオランダでも実現した。一八四九年の選挙で自由主義者トルベッケを首班とする第一次トルベッケ内閣が成立し、一九世紀後半は自由主義陣営が政権を担当する。しかし一夜で豹変した国王ウィレム二世はこの成果をみることなく一八四九年三月に死去し、王太子のウィレム三世（一八一七―九〇）が新国王に即位する。

▶国王ウィレム二世とその家族　ロシアのロマノフ王家からアナ・パウローナを妃に迎えた。一八四四年にシーボルトの進言により、江戸幕府に開国を勧める親書を送ったことで知られる。

一九世紀後半は自由主義の全盛時代であった。議会では自由主義勢力が圧倒的優位を誇っており、ごく短期間を除いて彼らが政権を担当し、自由主義的改革を精力的に

◀国王ウィレム3世　▲トルベッケ

進めた。彼らが力を入れたのは、政教分離、教育や救貧の世俗化、初等義務教育制度、社会・労働立法などで、総じて改革派（カルヴァン派）がそれまで担ってきた役割や影響力を大幅に削減し、社会の脱宗教化をはかることであった。他方カトリックに対しては一八五三年に司教制度の復活を認め、キリスト教に対する国家の監視をゆるめた。

ただ、こうした改革は植民地にはまったく無縁で、あくまでも本国だけでの話であった。

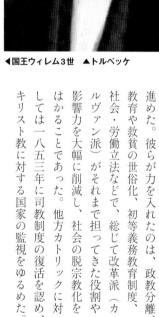

植民地経営

この時期、オランダを悩ませたひとつの問題は〝ムルタトゥーリ問題〟であった。すでにのべたように、ジャワの植民地で実施された強制栽培制度は、軌道に乗るにつれて膨大な収益をオランダにもたらした。沈みかけていたオランダにとってこの植民地収奪は救命具の役割を担った。しかしそうであるがゆえに、また島嶼部に広がる広大な植民地ゆえに、手薄なところを狙ってそのおこぼれに与ろうと機会をうかがう国が出てきても不思議ではない。実際そういう動きはいくつかあった。それに加えて、オランダ国内からオランダの植民地支配の苛酷さを痛烈に批判する動きも出てきた。これが〝ムルタトゥーリ問題〟で、一八六〇年に出版されたムルタトゥーリ（一八二〇―八七）の小説『マックス・ハーフェラール』は植民地支配の実態を国民の前にさらけ出した内部告発の書であった。

この小説が国民に植民地支配の実態を明らかにしただけであるならば、大問題にはならなかったであろうが、それが諸外国に知れ渡り、オランダの植民地支配へ介入する口実を与えることにでもなればやっかいで、オランダ政府はそれをもっとも懸念していた。とりわけこの強制栽培制度が奴隷制とあまり変わらないと判断されれば、奴隷制廃止が主流になっていた当時の国際世論の動向からして、それは絶好の介入の口実を大国に与える恐れがあった。実際、家内奴隷は二〇世紀初頭まで残っていた。案

▶ムルタトゥーリ

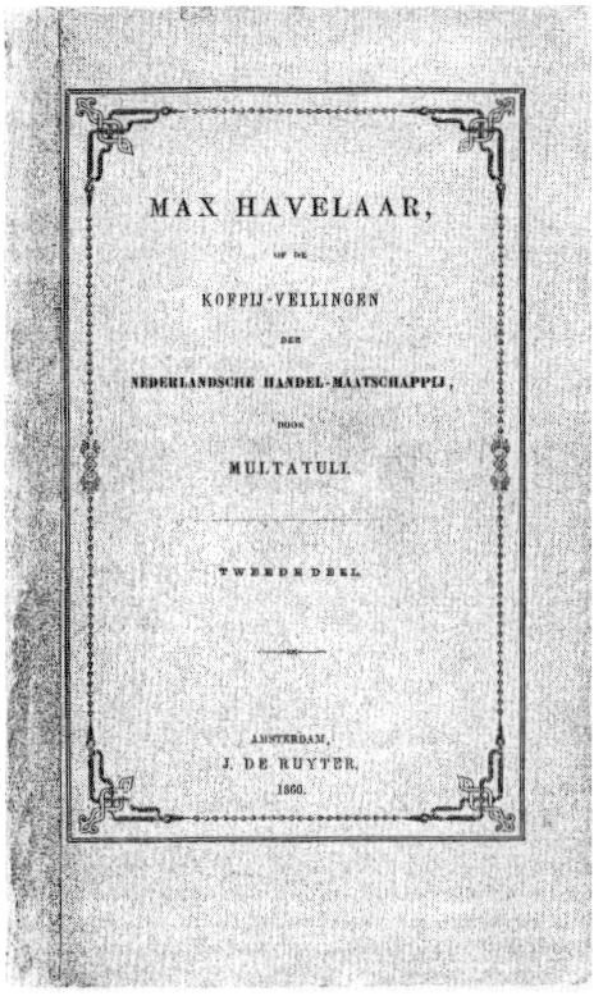

MAX HAVELAAR,
OF DE
KOFFIJ-VEILINGEN
DER
NEDERLANDSCHE HANDEL-MAATSCHAPPIJ,
DOOR
MULTATULI.
TWEEDE DEEL.
AMSTERDAM,
J. DE RUYTER,
1860.

◀『マックス・ハーフェラール』（初版）

▶**アチェ戦争**　アチェ人の抵抗に手を焼いたオランダ植民地政府はイスラム学者を動員して、イスラム教徒の心性や行動の規範などを研究して戦いを有利に進めようとした。またキリスト教の牧師も動員された。

に相違せず、この作品はまもなく英語などに翻訳されてヨーロッパの多くの国にも知られることになり、ストウ夫人の『アンクル・トムの小屋』のオランダ版だと受け止める動きも出てきた。そのためオランダ議会は一八六〇年から約一〇年間はこの植民地問題への対処に明け暮れた。金づるであった植民地だけに、その扱いは簡単ではなかった。結局一八七〇年になって強制栽培制度は段階的に廃止されることに決まった。しかしサトウキビの栽培は一八九一年から、コーヒーにいたっては実に一九一六年から

◀トゥク・ウマル オランダ軍を手玉にとって激しい抵抗をくり広げたアチェ人の闘士（前列左）。当時彼の名はオランダ本国の子供たちにもよく知られていたという。

◀アチェ戦争の終結 オランダは一九〇三年にアチェ戦争の終結を一方的に宣言し、アチェ人がウィルヘルミナ女王に服従を誓ったものとみなしたが、アチェ人の抵抗はその後も続いた。

であったから、廃止とは名ばかりで、実際には苛酷な収奪はその後も長く続くことになる。

　ベルギーの分離独立後、オランダの外交政策は大国を刺激することを避け、中立・非同盟を厳格に守りながら、自らの植民地支配だけは死守し、さらに拡大することを基本としてきた。一八七二年三月、イギリスとのあいだで植民地分割を確認する条約（スマトラ条約）が結ばれ、オランダは西アフリカのエル・ミナ要塞（現ガーナ）をイギリスに売却してアフリカから完全に撤退する代わりに、スマトラ島最北端のアチェの処遇についてはフリーハンドを獲得した。それまでは両国ともアチェの独立を守っていくことで合意していたが、ここにいたってイギリスはそれを放棄した。オランダは一九世紀半ば前後からスマトラ島に対する植民地支配を島の南部から北部に向けて次第に拡大し、残るはアチェだけになっていた。アチェが独立を維持し、ヨーロッパのいずれかの列強と手を結ぶことにでもなれば、オランダのアジアにおける植民地支配の一角が崩れる可能性が大きかっただけに、オランダはアチェを植民地化して、これを何とかくい止めようとした。

　その結果がアチェ戦争で、一八七三年に始まり、えんえんと続いた。オランダは一九〇三年に一応勝利宣言を出すが、実際戦争は〇九年頃まで続き、その後もゲリラ戦が止むことはなかった。アチェ側の死者は一〇万人を超え、負傷者は一〇〇万人に達したといわれている。オランダ軍の数々の非人道的行為が明らかになったオランダ最大の植民地戦争であった。

　強制栽培制度がまだ一部続き、アチェ戦争が続行中の一九〇一年にオランダ政府が打ち出した新たな植民地政策が〝倫理政策〟である。これは、オランダは植民地に対して〝道義的使命〟を背負った政策を進め、合わせてこれまでの収奪を〝名誉の負債〟として返済しなければならないという美辞麗句が並んだ政策であった。つまりこれは植民地を搾りすぎたことを自ら認めながら、アチェ戦争から世界の目をそらすことを狙ったものであった。この政策により、住民の学校教育や医療の分野ではなにがしかの前進があったといわれ、オランダは〝倫理的〟帝国主義の国であったと誇らしげにいう歴史家もいるが、一九二六—二七年の共産党武装蜂起事件を契機に、容赦ない弾圧政策に転換し、〝倫理政策〟はいとも簡単に放棄された。〝倫理〟は植民地では時空を超えた普遍的な価値ではなく、支配者の都合でどうにでもなることがはっきりした。

▶カイペル　レイデン大学で神学を学んだ後、〝反革命〟運動の指導者となり、自由主義と対決した。一八七四年に中央政界に進出し、のちに反革命党の党首となる。

政党政治の始まり

　一九世紀後半に、自由主義政権が政治と宗教の関わりをできるだけ排除する世俗化政策を推し進めたことに対してもっとも危機意識を強めたのは、改革派（カルヴァン派）の一部のグループであった。彼らは宗教が政治に関わることに意義を認める一方で、フランス革命がもたらした民主主義、個人主義、国民主権などを反キリスト教的であるとして批判した。また社会生活の基本は個人にではなく、キリスト教的な社会共同体にこそあり、それが神の与えた秩序であるとして、〝反革命〟運動に走った。ここでいう〝革命〟は社会主義革命ではなく、フランス革命のことである。とりわけ初等教育が義務化されて、公立学校で宗派固有の宗教教育がないがしろにされることへの危機感があった。こうした宗教的厳格さを重んずる動きは、一八四〇年代にレヴエイユ（信仰覚醒）運動としてスイスやドイツにもみられ、オランダの動きもこれに連動したものとみられる。

◀**スハープマン**　カトリック司祭ながら第二院（下院）の議員になり、自由主義に敵対し、カトリック政党の設立に向けて尽力した。

　この〝反革命〟運動の指導者がカイペル（一八三七―一九二〇）で、一八七九年に反革命党を設立して政界への進出をはかった。政治綱領を発表し、全国大会を開いて支持者を結集するという意味では近代的政党の最初のものとなった。この結果従来の改革派教会が二つに分裂し、近代主義・自由主義に同調していた主流派から、カイペルらのグループが抜け出て、新しい教会組織を作ることになった（一八八六年の〝異議申し立て〟の教会分裂）。カイペルの反革命党は一八八八年には早くもカトリック教徒と連立でオランダ史上最初の宗派連立内閣を組織するまでになった（マッカイ内閣）。一方カイペルらの抜けた主流派は一九〇八年にいたりキリスト教歴史同盟という政党を設立し、改革派は二つの政党をもつことになった。このいずれも共和国以来の伝統を引き継ぐ保守派の結集とみることができる。

　これに刺激されてカトリック教徒も神父のスハープマン（一八四四―一九〇三）を中心に政党設立の準備を進め、一八九七年に綱領を発表し、一九〇三年にローマカトリック全国有権者同盟を設立した。一九二六年からローマカトリック国家党と名称を変えて、やがて最大の政党になる。カトリックにはこのほかにまだ泡沫的な小政党がいくつかあるが、それを除外すれば、これらカトリックと改革派の三つの政党は政治的にはキリスト教民主主義勢力として位置づけられている。本質的には保守勢力といっていい。

　これに対して自由主義者のほうは、一九世紀後半から政権を担当してきた割には必ずしもまとまりがなく、いくつかのグループが合従連衡をくりかえし、組織化が遅れた。やっと一九二一年に自由連合が成立し、

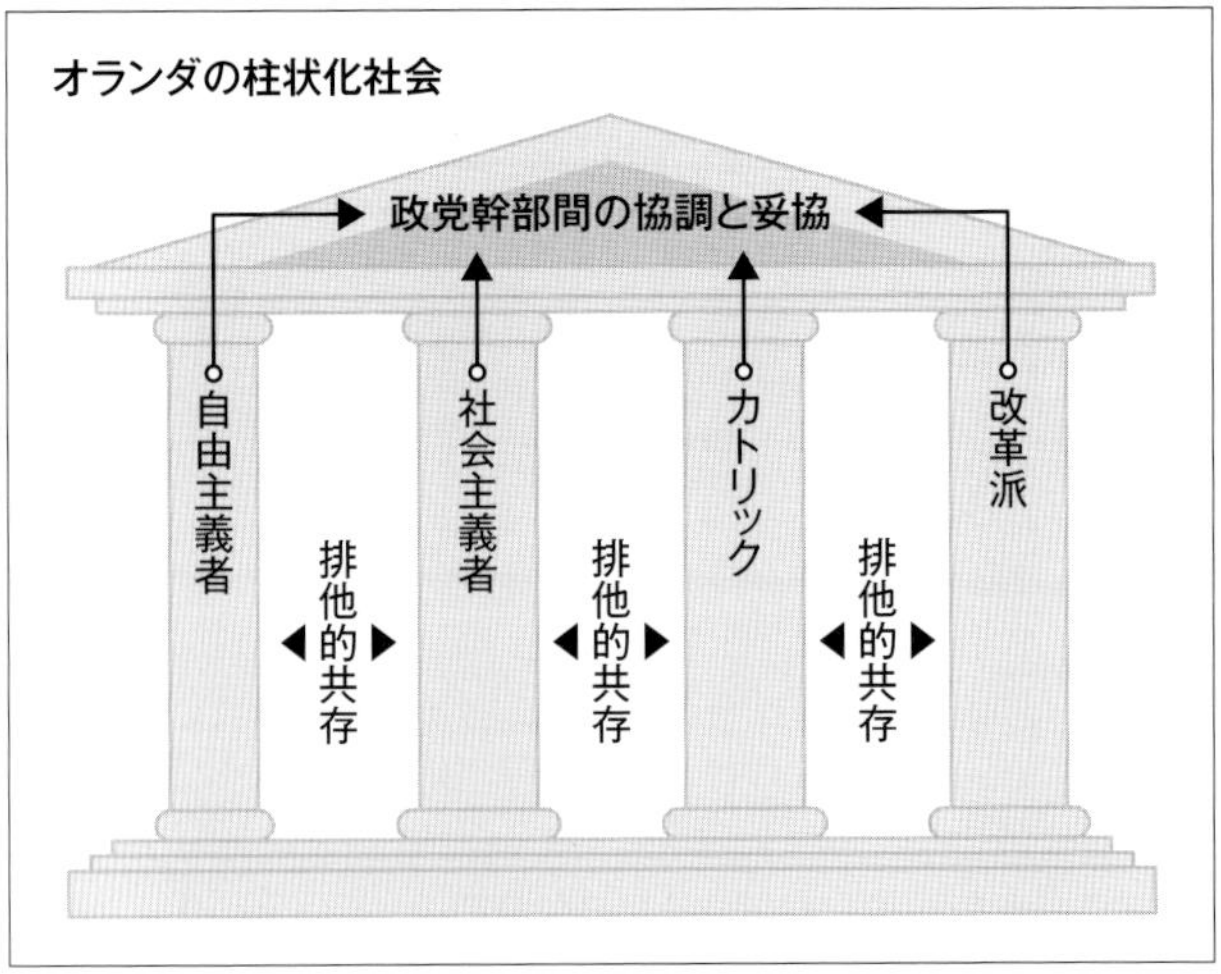

▲オランダという国を1戸の建物にたとえると、４本の柱で支えられている。太い柱は３本で、自由主義者の柱はやや細い。各柱ともそれぞれの政党、経営者団体、労働組合、学校、新聞、テレビ・ラジオ、スポーツクラブ、娯楽組織などをもち、議員数や団体の組織率、新聞の購読者数、放送局の契約者数などで、柱の大小が判断される。他の柱との共存は認めるが、基本的には交流はしない。したがって各柱間の関係は排他的もしくは閉鎖的共存といっていい。ただし各政党の幹部は議会では他の柱の政党幹部と協議し妥協しながら、つまり政界のボス交渉により連立政権を作る。これまで1つの柱だけが単独で政権を担ったことはない。連立の組み合わせはその時々の選挙結果や政治情勢により変わる。改革派（カルヴァン派）の柱がもっとも保守的であった。

二四年に自由国家党になる。中道右派グループの結集であった。

他方、同じ頃、労働運動や社会主義運動からも全国的労働組合結成の動きが活発化した。自由主義左派グループが一八七一年に設立したオランダ労働者総同盟が最初の組織で、さらに七八年に社会主義系の労働運動も組織され、八二年にこれを母体に社会民主同盟という最初の社会主義政党が生まれた。こうした動きに刺激されて、改革派も一八七六年にパトリモニウムという労働組織を作り、カトリック陣営も九一年、カトリック系最初の労働組合を作った。その後社会主義系の労働組合は穏健派と急進派に分かれ、前者はドイツの社会民主党をモデルにして社会民主労働者党を組織して、改良主義の道を進む。後者は社会民主党として教条的マルクス主義に傾斜し、一九一八年にはホラント共産党になる。

柱状化社会の出現

このように一九世紀後半から二〇世紀初頭にかけて、オランダの政界は大きく四つのグループ、ないしは政党によって担われるようになった。つまり改革派、カトリック、自由主義、社会主義の四大政党による政党政治である。しかもこの政治的グループ化は政治の世界だけにとどまらず、教育・研究、福祉・厚生、社会活動、労働運動、文化活動、スポーツ界、新聞・ラジオなどのマスコミにも広がった。

このグループ化を主導したのは改革派のカイペルで、その根底には彼の〝領域主権説〟という考え方があった。彼は、社会のいくつかの領域にもそれぞれの世界観にもとづいて自律性をもったグループなり集団が個別に組織され、それぞれの目的を追求することは許されるとして、積極的にグループ化を認めた。しかも互いに排除したり干渉したりすることはせず、共存してゆく道をめざした。

これに呼応してカトリック勢力も積極的に組織化を進め、改革派以上に強い凝集力を示した。他方自由主義勢力や社会主義勢力はそれほど組織化には熱心ではなかったといわれているが、それでもキリスト教勢力に押されるようにして、組織化を進めていった。その結果、政治の世界のみならず、社会の多くの分野で組織化・グループ化が進んだ。改革派が特に熱心に取り組んだのが学校教育の分野で、宗派別の学校を作り、公立学校並みの国庫補助を受けられるようにした。当初は牧師の養成だけを目的にしていたが、改革派の大学も作られた（一八八〇年設立のアムステルダム自由大学）。

こうした社会では、たとえば改革派の家

庭に生まれた子供は改革派系の団体が運営する幼稚園や学校に行き、大学はアムステルダム自由大学で学ぶ。結婚式はもちろんカルヴァン派の教会で挙げ、結婚相手もほとんどが同じ宗派の人になる。働くときは改革派の労働組合に所属する。経営者になればやはり改革派系の経営者団体に属することになる。病気になれば改革派系の病院へ行く。選挙では改革派の反革命党に投票し、スポーツなどの社会的余暇活動も改革派系の団体やクラブで行ない、また新聞は改革派の新聞を読み、テレビ・ラジオも改革派系放送局の番組を視聴するといった具合である。他方、自由主義者や社会主義系の場合、あまり学校へのこだわりはなく、公立学校で満足していた。しかしそれ以外の分野では、やはりグループ化は同じように進んだ。

　このようにオランダの社会はあたかも四本の柱で支えられているかのようにみえたので、柱状化社会とよばれる。多極共存型社会ということもある。各柱間では互いにその存在を認め、干渉せず、共存してゆくという暗黙の合意が成立していた。その意味では確かに寛容な社会といえるが、たとえばカトリックの柱では社会主義系の労働組合連合への接近を禁じたり、社会主義系放送局の放送を聞かないようにというお達しまで出ていたといわれ、ほかの柱との接触を断つという点ではかなり自閉的、閉鎖的社会となっていた。この四本の柱のいずれにも入れなかった少数派の人々、さらに移民や外国人にとっては疎外感・孤立感は大きかったと思われる。植民地社会もカイペルのいう〝領域〟のひとつであったはずであるが、ここでは〝主権〟（自律性）が認められた気配はまったくない。そもそも選挙権はおろか、市民権さえ認められていなかった。

世界大戦前のオランダ

　国王ウィレム三世は一八九〇年一一月に死去した。三人の王子はすでに早世していたので、一〇歳の長女ウィルヘルミナ（一八八〇―一九六二）が女王に即位し、王太后のエマが摂政に立った。ルクセンブルク大侯国では女系の相続は認められていなかったため、オランイェ家は大侯位を失い、オランダとルクセンブルクとの人的つながりは途絶える。一八九八年ウィルヘルミナが一八歳になり、正式に女王になる。オランダでは以後三代女王の時代が続く。

　政治の分野では、改革派の反革命党がカトリック勢力や自由主義勢力と連立を組んで政権を担当し、議会政治は安定していた。第一次大戦中の一九一七年には、最後の自由主義政権（コルト・ファン・デル・リンデン内閣）が各政治勢力と〝和約〟して、憲法の改正を実現し、多くの懸案を一挙に片づけた。左派が強く求めていた、二五歳以上の男子に選挙権を認める普通選挙制を実現し、選挙には全国比例代表制が導入された。また宗派勢力が求めていた、すべての公立・私立学校への平等な国庫助成も実現した。女性の参政権は一九二二年の憲法改正で認められた。ベルギーでは戦後の一九四八年であったので、これにくらべると早かった。

　経済の分野では、オランダは一八九〇年代から産業革命に突入し、急速に機械化・工業化が進展した。トゥエンテ地方には綿工業、ノールト・ブラーバント州には毛織物工業や電器工業（フィリップス社の創業は一八九一年）、ロッテルダム周辺には金属工業や造船業、北海に面したエイマイデンには製鉄業がみられ、軽工業と重工業が並行して発展した。必要なエネルギーはもはや泥炭ではなく、リンブルフ州南部に開発された炭鉱が石炭を供給した。鉄道建設も急ピッチで進み、一八八五年頃にはほぼ現在と同じ鉄道網ができ上がり、ドイツのルール工業地帯やベルギーの先進工業地帯ともつながった。

　工業化が進み、労働人口が増えるとさまざまな労働問題が発生するが、これに対処

▲国際平和宮　常設国際仲裁裁判所や国際司法裁判所がおかれた。建物はアメリカのカーネギー財団が寄贈した（写真提供：アフロ）。

するために一九一三年に「労働委員会」が全国に八〇カ所設立されて、それぞれの地方ごとに対立する利害の調整にあたった。さらに一九一九年にはその全国組織として「高等労働委員会」が設立されて、全国的レベルで利害の調整がはかられるようになった。これには労使とも同人数が参加し、さらにこれに学識経験者や官僚も加わって、全部で四〇―五〇人の委員で構成された。ここで決まったことが政府に勧告として出される仕組みになっていた。

外交的には相変わらず中立政策を維持していたが、一八九九年に始まる南アフリカの第二次ボーア戦争ではイギリス軍と戦うボーア人に同情を示し、その指導者のオランダ亡命を認めたが、対外的には中立を装っていた。これはボーア人が元はオランダ人であったことからくる特別の感情によるものであった。また一八九九年と一九〇七年にはロシアの後押しもあってハーグで国際平和会議を開いて、国際平和に向けて演出した。これが第一次大戦後にハーグに国際司法裁判所がおかれる布石になった。ただしこの一八九九年も一九〇七年もオランダはアジアではアチェと激しい戦争中で、一方では国際平和会議を開き、他方ではアジア人に対して激しい戦争を辞さないというのがオランダの現実の姿であった。

ペンは強し――小説『マックス・ハーフェラール』

植民地支配の跡には草も生えぬといわれるが、どの国の植民地も、それが植民地であるかぎり、搾取と抑圧、圧政からはのがれられない。宗主国ではいかに民主主義が花開いていても、いったん植民地に足を踏み入れてみれば、そこは暗黒の世界である。オランダが東南アジアにもっていた広大な植民地ももちろんその例外ではない。オランダのように本国の財政状態がほとんど破綻状態で、その解決策を植民地からの収奪に求めた国では、いかなる事態が植民地を待ち受けていたかは、容易に想像がつく。オランダが一九世紀にジャワに導入した〝強制栽培制度〟はわずか二〇年ほどでオランダの財政を立て直したといわれるほど徹底したもので、世界史的にみても悪名高い植民地収奪であった。

そのなかでひとつの救いは、この制度の苛酷さを内部告発してオランダはもとより世界中に知らしめた勇気あるオランダ人がいたことである。その名はエドゥアルト・ダウエス・デッケル（ダウエス・デッケルが姓）。職業作家ではなく、一介の植民地官僚にすぎなかった。その彼がムルタトゥーリ（「われ大いに受難せり」の意味のラテン語）のペン・ネームで発表した問題作が『マックス・ハーフェラール』（一八六〇年）で、今でも近代オランダ文学の最高傑作といわれている。

著者は一八歳で東インドに渡り、植民地官僚として順調に出世する。しかし一八五五年、西部ジャワの副理事官に着任早々、原住民首長の不正や権力の乱用を見抜き、上司の理事官や植民地総督に訴え出るが、まったく相手にされず、辞職を余儀なくされる。オランダに帰り、植民地大臣にも訴えるが、無視されてしまう。そこでせっぱつまって、小説の形でオランダの植民地支配がいかに苛酷で、権力の乱用や不正が罷り通っているかを、白日の下にさらけ出した。反響は大きく、政府はその対策に苦慮しつつ、ついには強制栽培制度の段階的廃止に踏み切る。政府がこの小説から受けた衝撃の大きさを物語っている。

貧困のどん底にあった著者は、借金取りからのがれるためにベルギーやドイツで流浪の生活を余儀なくされ、この小説もブルッセルの中央駅近くの安宿で書いた。出版にはなんとかこぎつけたものの、意に反してさまざまな改竄をほどこされ、利害関係者が特定されないような形になっていた。オリジナル版が世に出たのはなんと一九四九年のことであった。ムルタトゥーリは一八八七年ドイツのマインツ近郊で六六歳で没するが、近代オランダ文学の最高傑作を生んだ著者は生涯オランダに安住の地をみいだすことはできなかった。

◀ムルタトゥーリの終の住処　マインツ近郊のニーダーインゲルハイムに、現在は小さなホテルとして残っている。

九章

二〇世紀のオランダ

第一次世界大戦後の動き

一九一四年に始まる第一次世界大戦では、オランダは中立を守り続けたため戦場にはならず、実質的な被害はなかった。他方隣国ベルギーは激しい戦場になり、九〇万人近い難民がオランダに流れこんできたが、大きな混乱は免れた。戦後、一九二〇年に設立された国際連盟には加入したが、中立政策はそのまま維持される。この頃の民族自決という時代の流れに配慮したのか、一九二二年に改正された憲法からは〝植民地〟という語が削除され、海外領土という言い方に変わった。もちろん植民地としての実態には何も変わりはなかった。また東インドの民族主義者の動きには警戒を強め、〝インドネシア〟という語を使うことさえ禁止した。一九二九年に始まる世界恐慌ではオランダは金本位制からの離脱が遅れ、不況が長引いた。

この時期、オランダは国土の大規模な改良に取り組むことになった。第一次世界大戦中の一九一六年一月にザイデル海周辺で大洪水があり、約六万ヘクタールが冠水し、堤防も三〇〇カ所以上が破壊された。一九一八年に戦争が終わると、大規模な復興計画に乗り出す。しかしそれは単なる復旧ではなく、ザイデル海そのものを大堤防で締

◀ベルギーからの戦争難民を歓迎するポスター　オランダは中立国を宣言していたので、第一次世界大戦で激しい戦場となったベルギーから戦争難民が殺到し、その数は約九〇万人といわれている。

め切って、食糧増産のための新たな土地を獲得し、あわせて貯水池をも確保しようとする遠大な計画であった。

一九一八年に関係法が成立し、二〇年から第一期の関連工事が始まり、二七年から全長三〇キロメートルにおよぶ締切大堤防の建設が始まった。そして一九三二年五月、予定よりも三年早く完成し、ザイデル海という内海はエイセル湖に変わった。海岸線は約三〇〇キロメートル短縮され、洪水の危険がその分小さくなった。堤防の上には四車線の高速道路も作られ、ホラント州とフリースラント州の距離が大幅に縮まった。その後四期に分けて干拓事業が行なわれて、最終的には一六万五〇〇〇ヘクタールの新しい土地が獲得された。最後の干拓地は第二次世界大戦後の一九六八年に完成し、これに合わせて一二番目の州としてフレヴォーラント州が生まれた（一九八六年）。当初の計画ではもう一つ干拓地を造成することになっていたが、自然保護や環境問題への配慮から凍結された。残りの水面は約四億トンの貯水池になっている。こうした息

◀**締切大堤防**　オランダを象徴するような壮観な大工事であった。ただしオランダの心臓部へドイツ軍が北から接近しやすくなるという懸念もあった。

◀**締切大堤防完成後の干拓地造成**　大堤防の着工前に試験的に四〇ヘクタールの小干拓地が作られ、大堤防工事と併行して約二万ヘクタールの水面が干拓された。締切大堤防の完成後大規模な干拓地が三つ造成された。当初予定されていた四つ目は環境問題などを考慮して凍結された。東フレヴォーラントと南フレヴォーラントを合わせて、一二番目のフレヴォーラント州が生まれた。

の長い事業で、水と戦うオランダ人の歴史にまた新しい一ページが加わった。

第二次世界大戦

再びヨーロッパに戦争が間近いと思われた一九三九年八月二八日、オランダのウィルヘルミナ女王が今後とも厳正に中立を守っていくことを表明した、わずかその四日後、ドイツ軍はポーランドに侵攻し、ヨーロッパで第二次世界大戦が始まる。

翌一九四〇年五月一〇日ドイツ軍は宣戦布告なしにオランダに侵攻し、一四日にはロッテルダムの中心部を爆撃した。オランダ政府は同日夕刻降伏を発表した。女王と王室一家、それに首相以下の閣僚はその前日にイギリスの駆逐艦でオランダを脱出し、ロンドンに亡命していた。女王の表明もむなしく厳正中立はこの時点で放棄され、オランダは連合国側につくことになった。

以後五年間、オランダはドイツ軍の占領下におかれ、オーストリア人のザイス＝インクヴァルトが第三帝国委員としてハーグにやってきて、軍政を開始した。親ナチスの国家社会主義運動党以外は政治活動を禁止され、ドイツに批判的な著名人は拘束された。ほとんどすべての生活物資が配給制になり、残された国民は不自由な生活を余

▼爆撃されたロッテルダムの中心部

儀なくされた。工場の機械設備などはドイツに移され、一〇万人以上がドイツで強制労働に駆り出された。ユダヤ人狩りも起こり、当時一四―一六万人いたとされるユダヤ人は、一〇万人近くがドイツの強制収容所に送られた。そのなかには『アンネの日記』のアンネ・フランク一家四人も含まれていた。しかし地下の抵抗運動も根強く、サボタージュ、ストライキが頻繁に行われた。ロンドンの亡命政府はBBC放送の電波を借りて、毎週一回ドイツ軍への抵抗を国民によびかけ、これに合わせて非合法の地下新聞も数種類発行された。

　連合国軍は一九四四年六月のノルマンディー上陸作戦後、徐々にドイツ軍を追い詰め、一〇月にはオランダの西南部から南部の三州を解放した。しかしその後のアルネムの戦いで失敗し、オランダ全土が解放されることなく冬を迎える。オランダの中心部にいるドイツ軍を追い詰めるために、連合国軍は電気や石炭の供給を止め、それに

▲ドイツへの徹底抗戦をよびかけるウィルヘルミナ女王　ロンドンに亡命したオランダ政府のデ・ヘール首相はドイツとの和解にかたむいたが、女王はこれを断固はねつけ、ラジオ・オランイェを通じて国民に徹底抗戦をよびかけた。

▼右・『アンネの日記』の1ページ　『アンネの日記』は2009年にユネスコの世界記憶遺産に登録された。
左・**『アンネの日記』完全版**　『アンネの日記』は偽物だという説が戦後のドイツでしばしば出たことから、オランダ戦争記録研究所が科学的調査に乗り出し、日記はまちがいなく本物であるとして1986年に完全版を出版した。

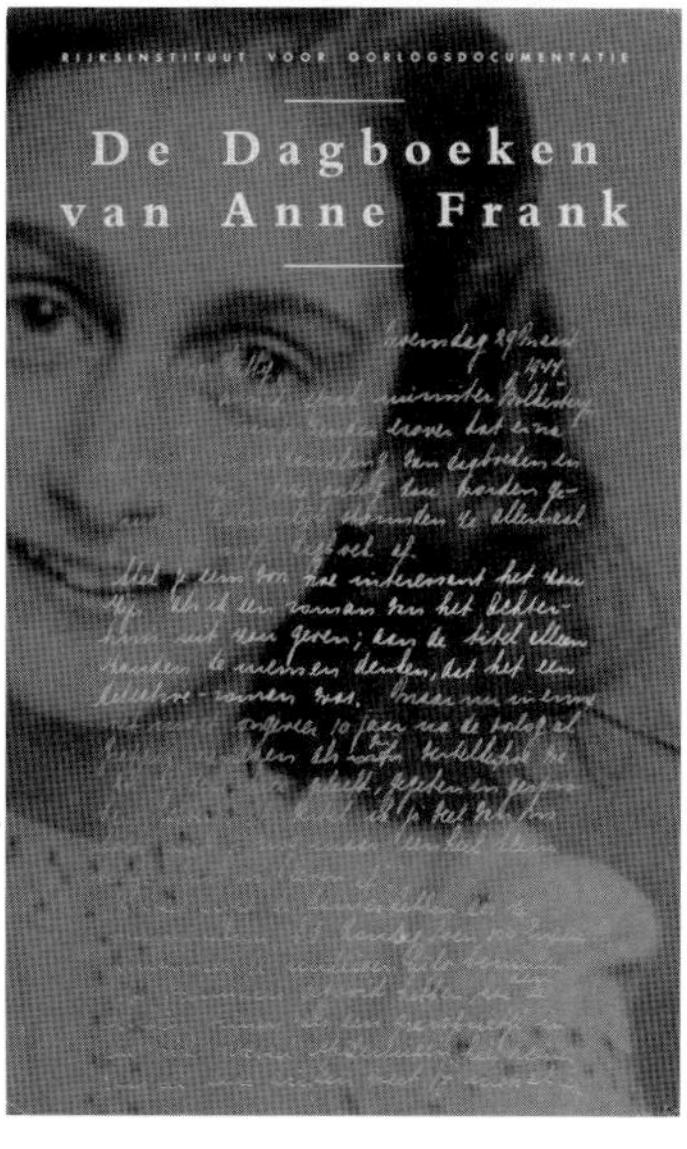

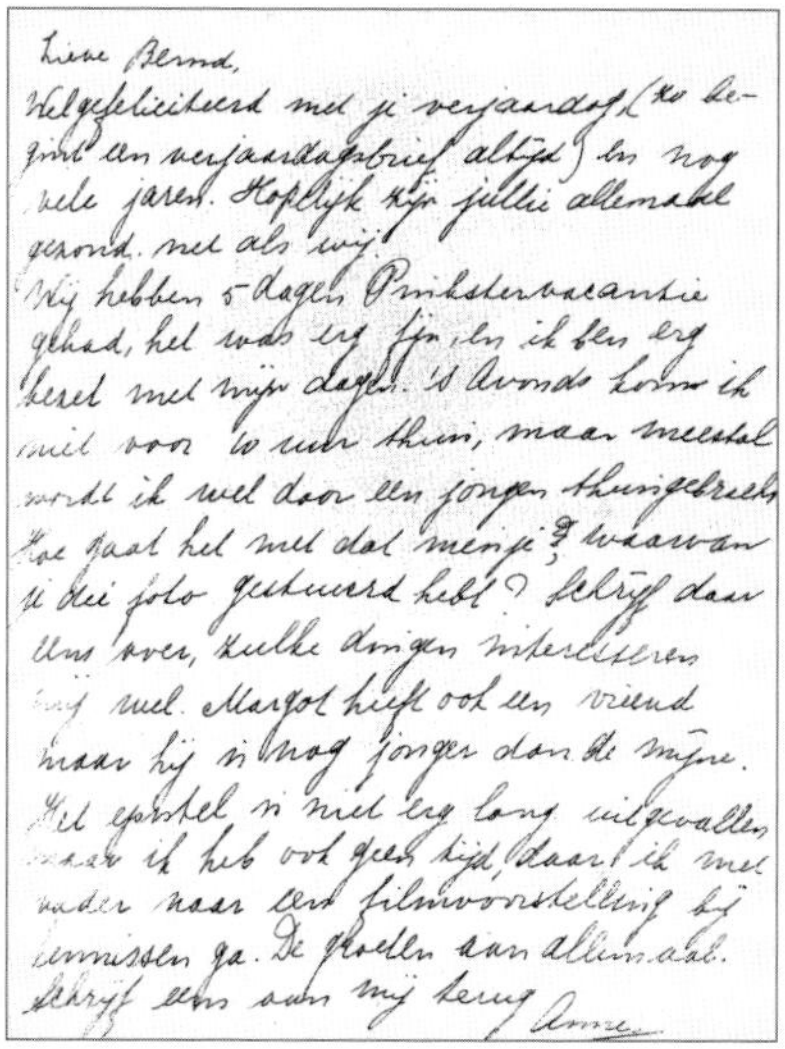

Lieve Bernd,
Welgefeliciteerd met je verjaardag! (ik begin een verjaardagbrief altijd) en nog vele jaren. Hopelijk zijn jullie allemaal gezond, net als wij.
Wij hebben 5 dagen Pinkstervacantie gehad, het was erg fijn, en ik ben erg bezet met mijn dagen. 's Avonds kom ik niet voor 10 uur thuis, maar meestal wordt ik wel door een jongen thuisgebracht.
Hoe gaat het met dat meisje, waarvan je die foto gestuurd hebt? Schrijf daar eens over, welke dingen interesseren jij wel. Margot heeft ook een vriend maar hij is nog jonger dan de mijne.
Het epistel is niet erg lang uitgevallen maar ik heb ook geen tijd, daar ik met vader naar een filmvoorstelling bij kennissen ga. De groeten aan allemaal.
Schrijf eens aan mij terug
Anne

対してドイツ軍も食糧の供給を止めた。そのため食糧難と燃料不足で二万人以上の餓死者が出る始末であった（〝飢餓の冬〟）。抵抗を続けるドイツ軍が各地の堤防や橋を破壊したため、三七万五〇〇〇ヘクタールの土地が水没し、特にゼーラント州では被害が大きかった。

　翌一九四五年三月から、連合国軍がオランダの北西部より攻勢を強めると、五月五日にドイツ軍はついに降伏し、オランダは解放された。こうして五年余におよんだ第二次世界大戦は終わり、戦後復興のために六月には挙国一致内閣が成立し、翌一九四六年五月の総選挙に向けて準備をしながら、ドイツに協力した戦争犯罪者の摘発、取り調べを行なった。その結果一四一人が死刑判決を受けた（実際の執行は四〇人）。また破壊された堤防、橋、道路、干拓地の復旧がアメリカ軍の支援のもとで進められ、とりわけアメリカ軍が提供したケーソン（ノルマンディー上陸作戦に使われた）は短時間で堤防を修復するのに威力を発揮した。このケーソンの使用はオランダの治水の歴史上画期的な技術革新であった。

日本への宣戦布告と植民地支配の終焉

　オランダ本国はドイツ軍に占領され、ロンドンに亡命政府を維持している状態であったのに、オランダはアジアではむしろ積極的に戦争に打って出た。一九四一年一二月八日未明、日本海軍がハワイ真珠湾を奇襲攻撃して、太平洋戦争が始まったその日の午前八時（日本時間）、つまり真珠湾攻撃からわずか四時間ほど後に、植民地の最

▲**ドイツ占領下の地下発行新聞**　戦争末期に「逃げまどう怪物」としてナチス・ドイツ軍が追い詰められてきている戦況を国民に知らせた左派系の「自由オランダ」紙。現在発行されている日刊紙の多くはドイツ軍による占領期にはガリ版刷りなどで地下新聞を発行して、国民に情報を流し続けた。

▼**ケーソン**　巨大なコンクリート製の箱で、浮揚させたまま海上を運び、目的地で水没させる。戦後オランダの港や堤防の修復に使われ、作業効率を画期的に上げた。

高責任者であるオランダ領東インド総督は現地のラジオを通じて日本に宣戦布告をした。もちろんこれは総督が独断で行ったことではなく、ロンドンの亡命政府の承認も得ていた。これに先立ち総督は、当時植民地に滞在していた約二〇〇〇人の日本人を拘束して倉庫に収容し、日本の外交官をもホテルに軟禁した。オランダ政府が正式に外交ルートで日本政府に宣戦布告を通告したのは一二月一〇日午後である。一二日からはオランダ植民地軍は潜水艦を使って日

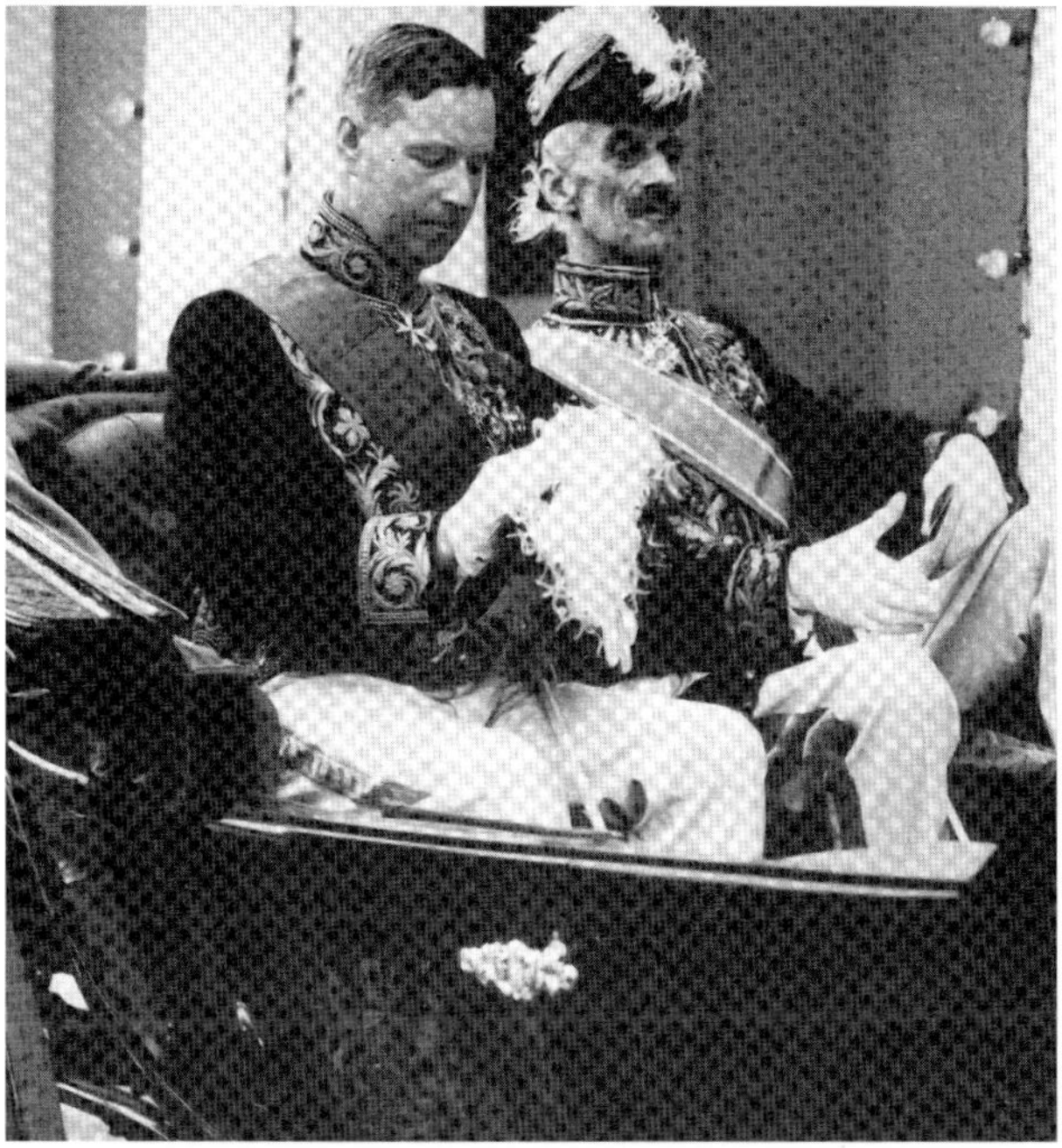

◀**東インド総督ファン・スタルケンボルフ（左）** 日本に宣戦布告した。日本軍のジャワ占領後は拘束され、満州で終戦を迎えた。

▼**オランダ人の強制収容所** スマトラのパカンバル鉄道の建設現場に作られたオランダ人の強制収容所。

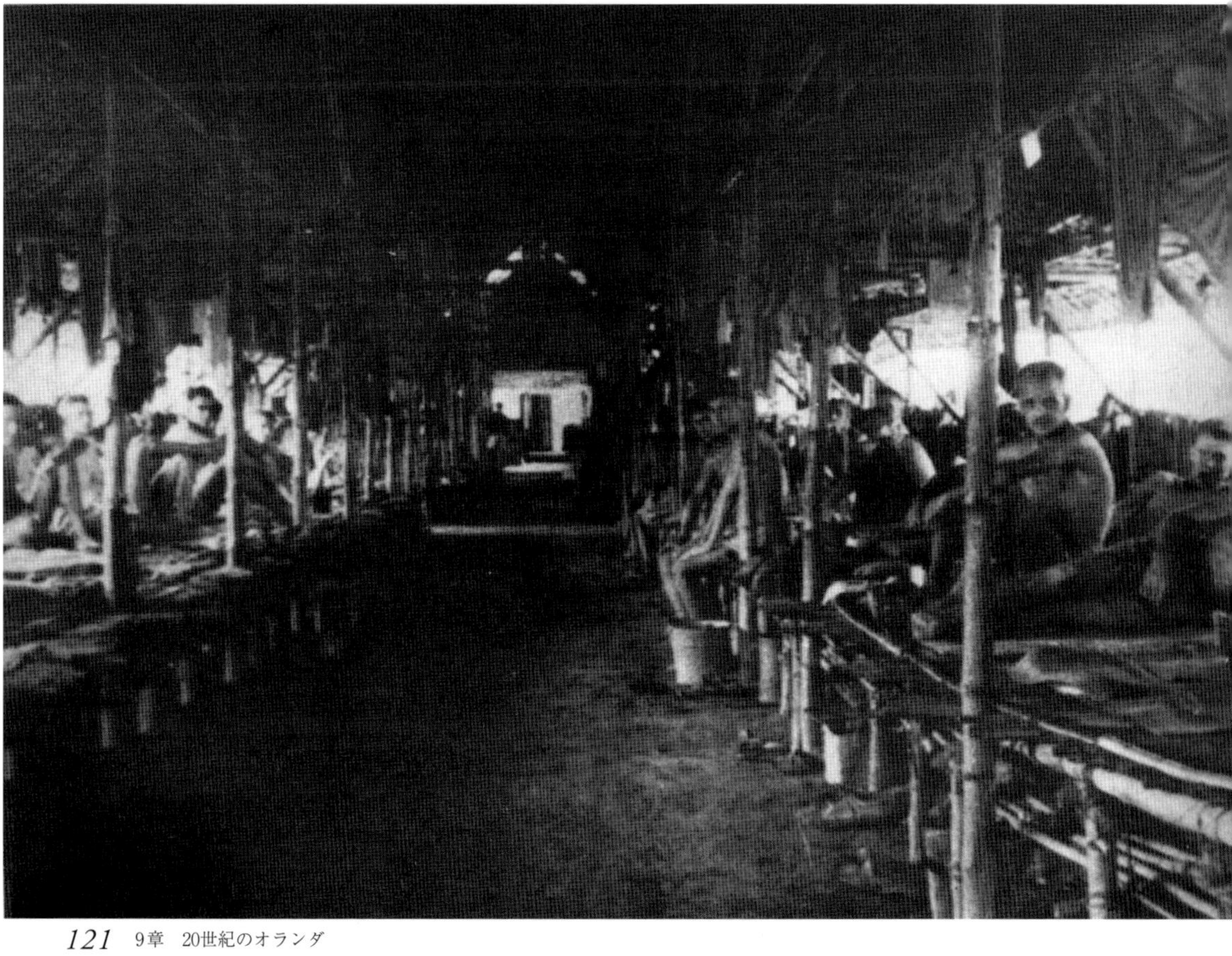

本船への攻撃を始めた。

これに対して日本がオランダに宣戦布告したのは翌一九四二年一月一二日で、オランダよりも約一カ月後のことである。その前日から日本軍はオランダ植民地への攻撃を開始していた。こうして両国は戦争状態に入ったが、太平洋戦争で日本に対する宣戦布告の一番乗りは奇襲攻撃を受けたアメリカやイギリスではなく、それとは関係のなかったオランダで、対応は驚くほど早かった。はっきりしていることは、日本がオランダに対して先に戦争を仕掛けたのではなく、オランダのほうからであったということである。その後日本軍は二月末から三月にかけてジャワ海での戦いをへて、植民地の中枢ジャワ島を占領し、三月九日、オランダ植民地軍は降伏した。これで四〇〇年余り続いたオランダの植民地支配は事実上終わり、一九四五年八月の日本の敗戦まで日本軍による軍政が始まる。オランダ人の兵士や民間人はそのほとんどが、日本の敗戦まで強制収容所に入れられ、数万人ともいう犠牲者が出た。積極的に戦争に打って出た代償は小さくはなかった。

インドネシア独立戦争

日本の敗戦後、オランダはただちに東インド植民地への復帰をめざすが、一九四五年八月一七日、スカルノ、ハッタらインドネシアの民族主義者がインドネシアの独立を宣言し、オランダが簡単に復帰できるような状態ではなくなっていた。オランダがインドネシアの独立を拒否した表向きの理由は、インドネシア共和国は〝日本製〟、つまり日本の軍政が作った傀儡国だというものであった。とりわけ大統領に就任したスカルノは日本の軍政に協力した人物として、オランダ側は拒否した。しかし日本軍の敗戦処理を担当したイギリスがインド問題に手一杯で積極的にオランダを支援しなかったし、アメリカ政府も植民地の回復には冷ややかな態度をとっていた。やがてオランダは徐々に軍を増強してインドネシア側を追い詰めるが、決定的勝利を得ることはできなかった。

一九四六年一一月、イギリスが仲介してリンガ（ル）ジャティ協定が、また四八年

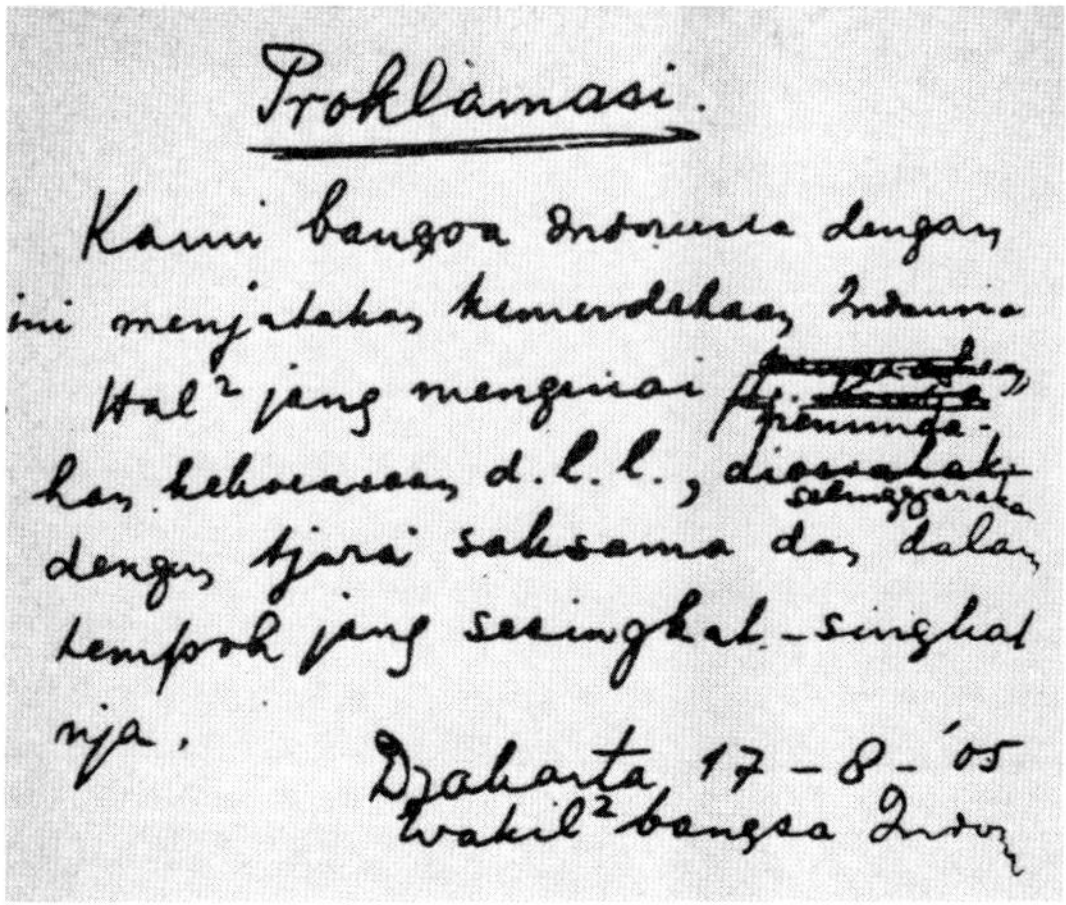
Proklamasi.
Kami bangsa Indonesia dengan ini menjatakan kemerdekaan Indonesia.
Hal² jang mengenai pemindahan kekoeasaan d.l.l., diselenggarakan dengan tjara saksama dan dalam tempoh jang sesingkat-singkatnja.
Djakarta, 17-8-'05
Wakil² bangsa Indonesia

▶**手書きのインドネシア独立宣言文**　日付に西暦一九四五年ではなく、（紀元）二六〇五年八月一七日と日本の年号が使われたことをオランダは問題視し、インドネシア共和国は日本製だと盛んにいいふらした。

SOEARA ASIA
PROKLAMASI
INDONESIA MERDEKA
Kami bangsa Indonesia dengan ini menjatakan Kemerdekaan Indonesia. Hal² jang mengenai pemindahan kekoeasaan dan lain-lain diselenggarakan dengan tjara saksama dan dalam tempo jang sesingkat-singkatnja.
Djakarta, hari 17 bl. VIII 2605
Atas nama bangsa Indonesia
Soekarno - Hatta.
Makloemat
Tadi pagi tanggal 18 Agoestoes 2605
(1) Telah ditetapkan Oendang² Dasar (Grondwet) Negara Repoeblik Indonesia;
(2) Telah memilih sebagai Presiden Repoeblik Indonesia: P. T. Ir. Soekarno dan sebagai Wakil Presiden P. T. Drs. Moh. Hatta.
Djakarta, 18-8-2605,
Komite Nasional Indonesia.
Makloemat kepada seloeroeh rakjat Indonesia
Djakarta, 18 Ag. 2605.
SOEKARNO-HATTA.
Oendang-Oendang Dasar (Grondwe
Negara Repoeblik Indonesia
Kata Pemboekaan
Daerah Negara Repoeblik Indonesia.
„INDONESIA RAYA".

▼**インドネシアの独立宣言を伝える新聞**　スラバヤの日刊紙「スアラ・アジア」。

一月にはアメリカが調停に乗り出して、レンヴィル協定が成立し、オランダは形式的にはインドネシアの独立を認める方向に動くが、その条文の解釈をめぐって対立し、最終的合意にはいたらなかった。

オランダはインドネシアを単一の共和国とはせず、連邦共和国の形でのみ認めて、連邦構成国のいくつかに親オランダの傀儡政権を作って、そこにオランダの経済的権益を温存しようとした。さらにオランダはオランダ国王を元首に戴くオランダ・インドネシア連合を設立することによって、独立するインドネシアに対して一定の枠をはめて、オランダの影響力を引き続き保持しようとした。しかし交渉が長引き難航すると、オランダは二度にわたって警察行動と称する軍事行動に出て、インドネシア共和国をジャワの一角に追い詰め、さらにスカルノら政府要人を拘束してスマトラやマルク諸島に隔離した。この軍事行動も含めて、インドネシア側の犠牲者は約一〇万人にも上ったといわれている。

▲インドネシアの独立を認めた主権委譲式　ハーグ円卓会議の結果、オランダはやっとインドネシアの独立を正式に承認した。向かって右端はドレース首相、その左に一段高く座っているのがユリアナ女王。さらにその左がハッタ・インドネシア全権代表。

◀若き日のスカルノ初代大統領　長年インドネシアの独立のために戦ってきた民族主義者。独立後初代大統領になる。オランダは彼の親日的立場を終始問題にし、敵対してきた。

こうしたオランダの軍事行動は国連を中心に国際世論の強い非難を浴び、アメリカは戦後復興のマーシャル・プランの停止をオランダにちらつかせて、オランダに譲歩を迫った。オランダはやむなく和平交渉に同意し、一九四九年八月からハーグ円卓会議（―一一月）が開かれた。一二月二七日、ハーグ協定が成立し、オランダはインドネシアの独立を正式に認めた。ほぼ四年半におよんだインドネシア独立戦争はこうして終わった。内容的には、オランダの主張する線に沿って、インドネシア連邦共和国を承認し、オランダ・インドネシア連合を発足させることになり、懸案の西イリアン（ニューギニアの西半分）の帰属については交渉を継続することになった。

しかしこのハーグ協定は、オランダが旧植民地に復帰する余地を最初から残した協定であったため、オランダとインドネシアとの関係は日を追って悪化した。協定成立の翌一九五〇年八月、インドネシアは憲法を改正し、連邦共和国から単一の共和国への移行を宣言し、オランダが影響力をおよぼすのを封じた。またオランダ・インドネシア連合はまったく機能しないまま形骸化した。こうした関係の悪化にともない、インドネシアはオランダ企業の接収、オランダ人の国外追放へと突き進み、ついには一九六〇年八月に両国は国交断絶にいたる。また西イリアンの帰属をめぐって、両国は一九六一年一二月には事実上戦争状態に入った。しかしここでもアメリカと国連の強い圧力のもとでオランダは譲歩を余儀なくされ、一九六三年五月には西イリアンはインドネシアの統治下におかれ、六九年の住民投票によりインドネシアに帰属することになった。

戦後復興とデルタ計画

戦後七年経った一九五二年にはオランダは戦争の被害からほぼ立ち直り、経済活動も順調に軌道に乗って、この年初めて国際収支も黒字になった。約九億ドルといわれるアメリカのマーシャル・プランにより工業生産力が回復し、企業は製品を輸出できるようになった。賃金の急速な上昇が抑えられたが、それでいて大きな労働争議は回避された。これには、戦後設立された社会経済協議会が労使双方の主張を調整し、政府がそれを尊重するルールがうまく働いたことが大きかったといわれている。

オランダがインドネシアの独立に反対した際のスローガンは〝東インドを失えば、災厄をまねく〟という、自分たちの都合だけを考えたはなはだ身勝手なもので、植民地を失うことでオランダ経済は立ち行かなくなるという危機感の表明であった。これは裏を返せばオランダがいかに植民地から搾取してきたかをはしなくも自白したようなものであった。しかし実際には災厄に襲われることはなく、比較的短時間にオランダ経済は回復した。ただし二〇万人とも三〇万人ともいわれる旧植民地からの引揚者が流れこんできて、住宅不足だけは深刻であった。また柱状化社会を変えようという動きが戦後すぐにあったが、実現はしなかった。

▶**インドネシアの独立反対のスローガン**　〝東インドを失えば、災厄をまねく〟。オランダはこのスローガンを掲げて官民あげてインドネシアの独立に敵対してきた。このスローガンは戦前からすでに唱えられていた。しかしインドネシアの独立はオランダに災厄をまねくどころか、オランダ経済は戦後短期間に回復し発展した。

戦後復興期にオランダは西側陣営の一員として、積極的に国際協調と国際機関への加盟の道を歩んだ。戦争中にすでに亡命先のロンドンでベルギー、ルクセンブルクとベネルクス関税同盟を結び（一九四四年九月）、一九四八年一月からこれを発効させた。ベネルクスという語はこのときから登場する。同じ一九四八年には英仏とベネルクス三国がブルッセル条約を結んで、経済関係を強めることになり、五四年にはこれにドイツ、イタリアが加盟して西ヨーロッパ連合となった。一九四九年には北大西洋条約機構（ＮＡＴＯ）にも加盟し、五一年にはドイツとフランスのヨーロッパ石炭鉄鋼共同体にもベネルクス三国として加盟した。さらにはオランダの外相ベイエンがヨーロッパ経済共同体（ＥＥＣ）の創設に向けて積極的に動き、ローマ条約（一九五七年三月）にこぎつけて、一九五八年一月にはヨーロッパ経済共同体とヨーロッパ原子力共同体が実現し、これに加盟した。

　戦後復興がやっと一段落ついた一九五三年一月末、オランダ南西部沿岸は暴風と高潮に襲われ、各地で堤防が決壊し、大被害を受けた。ゼーラント州の島では壊滅的な被害を受けたところも出た。犠牲者は一八〇〇人を超え、一八万頭近い家畜が流された。損壊した家屋は四万戸以上に達し、海水で冠水した耕地は二〇万ヘクタールにもおよび、塩害が深刻な問題となる。

　この洪水の応急的な復興が終わった一九五八年、政府は本格的な復興事業と国土改良に乗り出すためにデルタ事業計画をスタートさせた。これは三本の大河の河口に広がる多数の島々を結ぶ防潮堤を作って、海岸線を約七〇〇キロメートル短縮し、堤防は一万年に一回あるかないかの大型の暴風にも耐えられるような高さにするという壮大な事業であった。完成までには二〇年を見越していた。これにより沿岸部や河口部を洪水や高潮の危険から守り、耕地の塩害を防ぎ、なおかつ多くの島を陸続きにすることが可能になる。ただし大河の流れをそのまま確保し、またロッテルダム港とアントウェルペン港に通ずる水路も従来通り確保することになったので、むずかしい工事を迫られた。またムール貝の養殖水域も確保するためには、海岸線を完全に締め切ることはできず、可動式堰が多く採用された。海岸線の締め切りには巨大なケーソンが最大限利用され、作業の効率を高めた。途中で自然保護の動きや環境問題も出てきて、事業計画はたびたび変更され、結局二八年の歳月を費やして、一九八六年一〇月に完成にこぎつけた。息の長い事業を得意とするオランダ人ならではの大事業であり、二〇世紀前半になしとげたザイデル海の締め切りとともにオランダ人の底力を示すものであった。

◀ユリアナ女王（在一九四八—八〇）　ウィルヘルミナ女王は一九四八年、在位五〇年を機に娘のユリアナに譲位した。

柱状化社会の溶解

　一九五〇年代後半から六〇年代にかけてオランダ経済は順調に発展した。輸出が好調で、国際収支も黒字が続いた。ロッテルダム港は一九六五年にニューヨーク港を抜いて、世界一の貿易港にのし上がり、オランダの経済発展の象徴となった。一九六〇年には北部のスロフテレンで大規模なガス田が発見され、天然ガスの輸出も始まる。この安価な天然ガスを利用することで、冬季でも大規模な蔬菜《そさい》や花卉の温室栽培が可能となった。失業率はきわめて低く、分野によっては深刻な労働力不足になり、モロッコ人やトルコ人などイスラム圏から外国人労働者を受け入れることも始まった。従来のようなやり方で物価と賃金を抑制することも次第にむずかしくなっていった。一九六〇年から六一年にかけて週休二日制もスタートした。都市化が進み、核家族化も進んだ。

しかし一九六〇年代に入って、何といっても最大の変化は従来の柱状化社会が崩れ始めてきたことである。それは凝集力がもっとも強いといわれてきたカトリックの柱から始まった。これをもっともよく示すものが、最大の政党であるカトリック人民党の退潮で、一九六三年から七二年までの一〇年間に選挙の得票率を三二パーセントから一七・七パーセントにほぼ半減し、過去に例を見ない惨敗を喫した。これは改革派などの宗派政党にもある程度いえることで、三つのキリスト教宗派政党の合計でも四九・三パーセントから三一・三パーセントへと減少し、宗派政党の支持者離れが進んでいることが明白になった。それと同時に人々の教会離れも進んだという。

こうした動きは労働党にも得票率の減少として現れ、五六年の三二・七パーセントから六七年には二三・五パーセントにまで

▶一九五三年の南部大洪水　日本でも洪水災害救援の募金活動が行なわれた。

▼デルタ事業　オランダならではの壮大な国土改良計画で、試行錯誤をくりかえしたのち、ついに完成にこぎつけた。

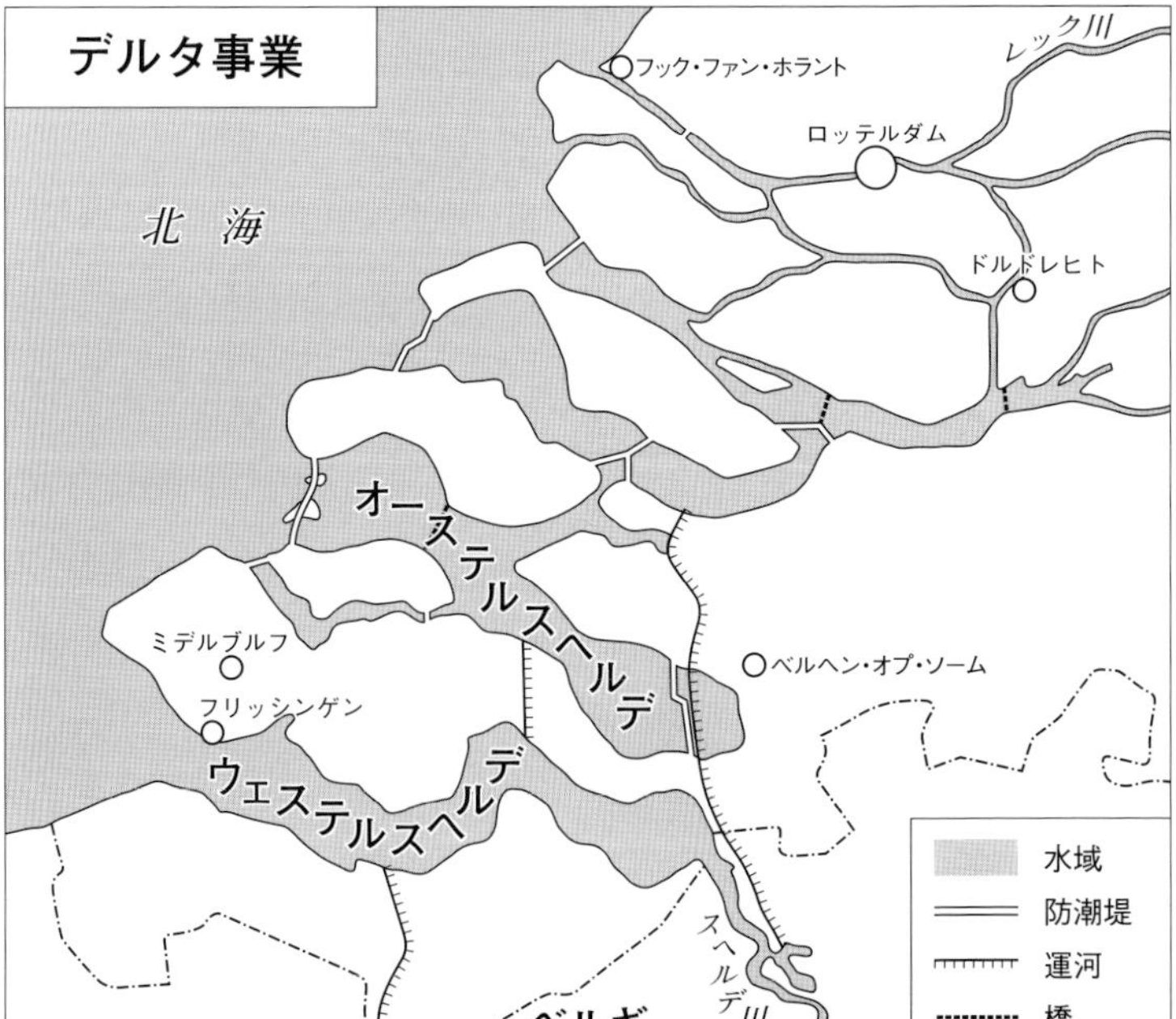

▲**完成した可動式堰**　普段は海水の出入りを自由にして、ムール貝などの養殖場を確保している。災害が予想されるときだけ、堰を閉めて海水の流入を防ぐ。

▼**現在のロッテルダム港**　世界一を誇るヨーロッパの海の玄関口。西ヨーロッパの物流の一大拠点で、内陸部へは運河が多く利用されている。（写真提供：ANP/PANA　2009年8月撮影）

減少した。新左翼（ニーウ・リンクス）を名乗るグループが党内に擡頭し、労働党の求心力を弱める方向に働いたとみられている。柱の組織化がもっとゆるやかであった自由主義勢力の自由民主人民党は大きな変動を免れ、ほぼ現状を維持していた。

何がその決定的な原因であったのか、見方は必ずしも一致していないが、戦後復興をなしとげて生活水準が向上し、大量消費時代に入って、人々の意識や価値観が大きく変わったためではないかとみられている。また国民老齢年金などの先駆的な社会保障制度が充実してきて、人々がもはや柱に依存しなくても生活には不安がなくなったからではないかとも考えられる。直接的なきっかけとしてよく挙げられるのは、アメリカのヴェトナム戦争で、この戦争を黙認する政府や政治家に対して強い不信感が向けられた。また北大西洋条約機構（NATO）内でポルトガルのサラザール独裁政権と共同行動をとることにも強い反発が示された。さらに経済発展にともない環境問題が各地で深刻化し、大都市内部で住宅不足が解消されなかったことへの不満も加わった。

▲ヴェトナム戦争反対の大規模なデモ（1967年5月）

従来の柱状化社会では各柱が公共放送を独占し、柱の外にいる人々の要求に応えられなかった。特に自由な商業放送が禁止されていたことが大きな不満をよんでいた。また中絶やピルの解禁を求める動きにカトリック陣営がローマ教皇の権威を盾に反対を続けたことも不信感を強めた。そこに次の女王になるベアトリクス王女が、戦争中のドイツ軍による占領のほとぼりがまださめやらぬところに、ドイツ人貴族と結婚することが発表され、若者を中心に抗議の動きが特に首都アムステルダムで広がる。また学生運動も盛り上がりをみせ、一九六八年にはパリ五月革命に呼応してアムステルダム大学の占拠事件もあり、各種の市民運動も広がりをみせた。

　要するに既存の権威や伝統に寄りかかり、旧態依然とした対応しかできない旧世代の政治家や指導者に対して、異議申し立ての動きがいっせいに噴出したのである。柱のなかに閉じこもったままでは、こうした問題に有効に対処できないことが明らかになり、それが次第に柱状化社会を揺さぶっていったと考えられる。アムステルダムには自ら〝プロヴォ（挑発）〟と名乗る若者グループが現れ、既存の秩序にさまざまな異議申し立てを続けた。

　さらにこうした動きに呼応した政党も現れる。それが一九六六年に設立された「民主主義者六六党」（略して〝民主六六〟党）で、選挙が終われば各政党間でボス交渉が行なわれ、交渉次第で連立の組み合わせがどうにでも変わり、選挙で示された民意が置き去りにされるとして、オランダ政治の密室性・不透明さを痛切に批判した。そのため首相の直接選挙制、完全比例選挙制に代わる選挙区選挙、アメリカ軍のヴェトナム攻撃の中止などを強く訴え、一九六八年の最初の選挙でいきなり七議席を獲得し、注目を集めた。

　こうした動きに危機感を募らせた宗派三政党は、一九七三年に〝キリスト者民主アピール〟という連合を結成する。政治の分野では改革派とカトリックの二本の柱が一本にまとまったことになる。そして一九七七年の選挙から立候補者の統一名簿を作って選挙に臨んだが、得票率は三一・九パーセント、議席数は四九で第二党にとどまり、低迷を印象づけた。しかし第一党の労働党が組閣に失敗したことで、二〇八日という記録的な連立工作期間ののち、〝キリスト者民主アピール〟が自由主義政党と連立を組んで、政権についた。もっとも柱にこだわっていた三つの宗派政党が一つになったことで、柱状化社会の基礎は急速に揺らぐ。
この動きは労働界にも広がり、最大の労働組合（ＮＶＶ、労働党系）と第二位のカトリック系労働組合（ＮＫＶ）が一九七五年に合併し、ここでも柱が一本消えた。経営者団体でも合併の動きがあった。また学校教育の分野でもこうした動きが広まり、特にカトリック系の学校では生徒数が減少し、カトリック以外の生徒も受け入れ始めた。他方、公立学校では生徒数が次第に増えていった。

▲元モルッカ兵の抗議行動　1977年にドレンテ州で起きた急行列車乗っ取り事件。インドネシア独立戦争でオランダ側についたモルッカ人兵士は最終的には家族ともどもオランダに移された（約1万2000人）。しかしその待遇をめぐって彼らのあいだには不満がうずまき、それが学校占拠事件や列車乗っ取り事件を引き起こした。

◀ベアトリクス女王（1980―2013）

新たな社会への模索

このように柱状化社会が変わりつつあるなか、一九七〇年代にオランダはイスラエル寄りの外交政策が裏目に出て、一九七三年と七八年にはアラブの石油戦略の標的にされ、石油危機（オイル・ショック）に見舞われた。オイル・ショック自体は自国産の天然ガスのおかげで切り抜けたが、インフレと高賃金、高い失業率、経済不況に悩まされる。これは西側諸国に共通の現象であったが、オランダでは特に高賃金と高い失業率は〝オランダ病〟といわれるほど深刻であった。そのため一九八〇年代に入ると政府は、この高賃金にメスを入れるために公務員の給与を凍結し、社会保障的性格をもつ最低賃金の引き上げも凍結する。こうして政府は賃金引き下げを可能にする環境を整えるだけに徹して、賃金の決定は労使の自由な協議にゆだねた。労働側も失業問題の解決と投資促進のために賃金の抑制を受け入れ、雇用の増加に結びつけようとした。その結果、失業率は大幅に減少した（一九八四年の一四パーセントから九七年には六パーセントに、二〇〇〇年には二パーセント台に下落）。新たな雇用が三〇万人分以上も創出され、〝オランダの奇跡〟ともいわれた。しかしその九〇パーセント近くはフルタイムの正規雇用ではなく、パートタイム制を組み合わせたワークシェアリング方式であった。これでたしかに失業率の改善がはかられ、労働時間も大幅に短縮されたため、ワークシェアリングはオランダの看板として世界的にも注目されているが、他方労働者にとっては手取り賃金は労働時間が短くなった分減少し、これをいかに補填していくかが新たな問題になっている。

二一世紀に入って浮上した大きな問題はイスラム系の移民労働者や不法滞在外国人の取り扱いで、その排斥を主張する極右政党が急成長したことである。オランダにはイスラム系の移民はその二世、三世も含めて約九六万人（全人口一六〇〇万人の約六パーセント）いるといわれ、これに加えて不法滞在外国人が三―一五万人いるとみられている。そのなかには過激派組織もあるという。

経済が低迷し、失業問題が大きくなると、

▶ウィレム・アレクサンデル国王とマクスィマ王妃　新国王はベアトリクス女王の長男で、二〇〇二年二月にアルゼンチンの女性マクスィマと結婚した。しかし彼女の父親の政治的経歴を問題視して、結婚に反対した人も少なからずいた。

いきおい移民労働者への風当たりが強まり、オランダでも移民の排斥、強制送還を主張する極右政党が急速に擡頭する。そのひとつがピム・フォルタイン一派で、リーダーのピム・フォルタインは〝オランダは満員だ〟として巧みな弁舌で人気を集めた。しかし彼は、二〇〇二年七月、総選挙の直前に政治テロで暗殺された。これはオランダでは、一六七二年にときの宰相ヨーハン・デ・ウィットがハーグの民衆によりリンチ殺害されて以来の政治テロであった。こうした不幸もあって同情票が集まったのか、ピム・フォルタイン一派は選挙では約一七パーセントの得票率で、いきなり二六議席を獲得し、連立政権入りを果たした。しかし翌二〇〇三年、連立政権が行き詰まって行なわれた総選挙では八議席に後退し、〇六年の総選挙では惨敗し、〇八年には解散にいたった。同じ頃、やはりイスラムの排斥を唱え、〝自由党〟を名乗った極右政党も躍進をとげている。党首のウィルデルスは移民・難民の排斥と同時にEUからの離脱も唱え、二〇一七年の総選挙では第二党にまで躍進した。しかし第一党の自由民主国民党が連立を組むことを拒否したため、政権の一翼を担うにはいたっていない。自由党は、党員は党首一人のみという、きわめて異色の典型的なポピュリスト政党といわれており、フランスやドイツのポピュリスト政党とも連携を強めようとしている。このように〝寛容〟と自由を誇ってきたオランダ国内にも、とりわけイスラム圏からの移民の増大を快く思わず、公然と排斥を唱える人々がもはや無視できないほどになっていることははっきりしている。しかもこういう人たちは反EUに傾いているところに、これまでEUの先導的役割を担ってきたオランダのむずかしさがある。こうした動きのなかで二〇〇五年二月には難民認定を却下された外国人二万六〇〇〇人を本国に送還する法も成立し、移民や難民をみる国民の目が厳しくなっていることがあらわになった。

　また世界が注目したことのひとつに、オランダで二〇〇一年から安楽死が合法化されたことがある。アメリカのオレゴン州ではすでに合法化されていたが、国としては世界最初である。この問題は一九六〇年代からすでに議論されていたが、世界に先駆けてひとつの方向性を出した点が注目される。ちなみに二〇一六年には安楽死を選んだ人は六〇〇〇人を越えた。すでに売春や、ハッシュ（大麻）、マリファナなどのソフトドラッグが合法化されていることと合わせて、オランダ社会は独自の道を模索しているようにみえる。

　ベアトリクス女王は二〇一三年四月に七五歳になったのを機に、三三年間におよぶ王位を長男のウィレム・アレクサンデルに譲り退位した。これまで三人の女王が続いてきたので、一二三年ぶりに男の国王が即位した。しかし新国王夫妻の子供は三人とも娘で、次の国王はまた女王になることがほぼ確実である。

水のマジノ線——冠水防衛線

フランスが第二次世界大戦前にドイツ国境に作ったマジノ線は、近代的な防衛線として有名であった。これはルクセンブルクからスイスにいたる約四〇〇キロメートルに一定間隔で大砲を備えた要塞を配したもので、アルザス、ロレーヌの山岳地帯に適した防衛線であった。

これが低地のオランダとなると、いささか趣が異なり、水を利用した防衛線になるのは自然の流れといえる。早い話が国土の一部を水浸しにして敵の侵入をはばんだり、敵を退散させるもので、水のマジノ線といってもいい。この方法は八十年戦争中にすでにある程度実証済みで、スペイン軍に包囲されたアルクマールやレイデンを解放するために付近の堤防を切ったり、水門を開けて包囲している敵にパニックをひき起こし、退散させたりした。この方法は自分たちにも被害がおよぶ恐れがあったため、最後の手段として使われた。この方法をもう少し組織的、計画的に整備したものがホラント冠水防衛線で、一六七二年にフランス軍の侵攻が予想されたとき、国土防衛策の一環として発動された。ただ国全体を守るためではなく、国の心臓部ともいうべきホラント州の一部を守るためのものであった。

この方法は北のザイデル海から南のマース川まで、長さ約八〇キロメートルをだいたい線になるように結んでそこを冠水させるもので、幅は平均で約五キロメートルであった。冠水させるのは干拓地で、そこにライン川やマース川の水を引き入れる。深さは人や馬が歩いて渡れないくらいにして、それでいて船やボートを使うには浅すぎる程度に調整する。

北と南では約二メートルの高低差があるので、全体を五つか六つの区間に分けて、そこに水門を作り、全体の水位が同じになるように工夫している。水中にはあちこちにあらかじめ深みを作っておき、不用意に渡ろうとすれば足をとられるようにしてある。オランダの川は清流ではなく、川底がみえないので、これは恐怖心を煽るには十分であった。夏と冬では川の水量が変わるので、それを考慮して五、六日間で全体の通水が完了するよう計算されていた。ただこの冠水防衛線の弱点は厳冬になると凍結してしまうことで、一六七二年の冬には実際一時凍結して、フランス軍はこれを越えることができた。ただすぐに氷がゆるみ、退路を断たれる恐れが出てきたので、作戦は途中で中止になった。しかし一七九四—九五年にはフランス軍は凍結に乗じてこれを突破し、アムステルダムまで進軍した。

◀**冠水防衛線**　冠水防衛線は第二次世界大戦まで維持されていた。不用意に近づくと危険であることを知らせる宣伝用ポスター。

あとがき

オランダは小国ながらその歴史は多彩である。長いあいだ水と戦いながら、国土を改良して生きてきた国民だけに、その粘り強さには目をみはるものがある。二〇世紀になされた二つの大きな治水事業にもそれはよく現れており、その完成された姿を目の当たりにすると感動的でさえある。しかも一万年先まで見越して設計を考えたというから、その手堅さには驚く。こうして長いあいだに身につけたノウハウは世界中で生かされており、日本も明治時代にすでに河川や港の改修にオランダ人の協力を仰いでいるし、戦後も八郎潟の干拓でその技術を導入している。このように治水・水利事業の分野ではオランダ人は他の追随を許さず、その卓越性は誰もが認めるところである。これは外からみえる、いわばハード面でのオランダ人の歴史的な強みといっていいであろう。

しかし、オランダの歴史はそれに尽きるものではない。隠れたソフト面でもオランダ人は並々ならぬ才覚を見せている。たとえば一九世紀前半から植民地のジャワでは「栽培制度」の名のもとに厳しい植民地収奪が行なわれたが、これはうっかり読めば「文化制度」とも読めなくもない表現になっている。やがてこの収奪が行き過ぎたとみたのか、二〇世紀初頭には「倫理政策」が導入され、搾りすぎた分は「名誉の負債」として植民地に返すべしとして、実際にその額まで計算した人もいた。苛酷な収奪の、どこが、どう「名誉」なのか、「倫理的な」植民地政策とはいったいどんなものなのかさっぱりわからないが、こうした動きをみていると、オランダ人はなかなかレトリックに長けた国民であることもわかる。天才肌といってもいい。ある著名な日本人作家が残したオランダ紀行のように、ほとんど賞賛だけに終始するのもひとつの書き方であるが、本書はなるべくバランスを心がけながら、オランダの歴史の大づかみな流れを描いてみたつもりである。はたしてそうなっているかどうか、判断は賢明な読者にお任せするしかない。

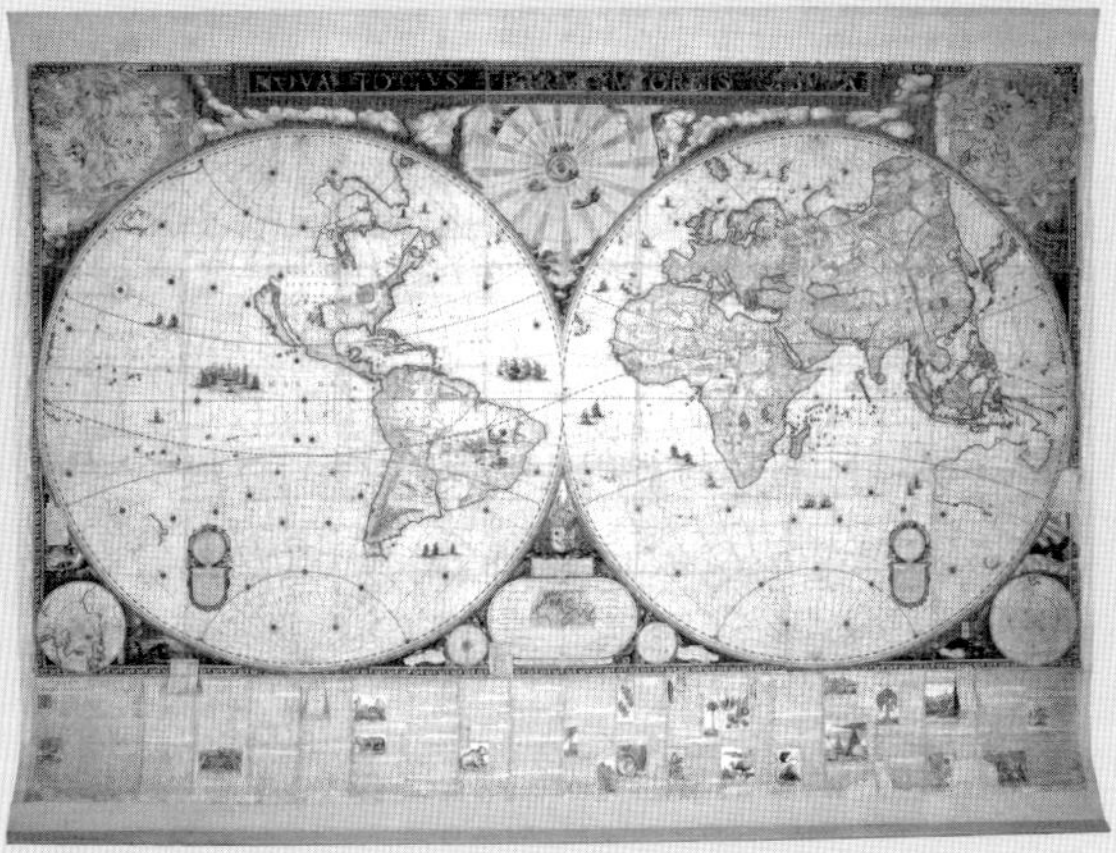

本書の執筆にあたって畏友の金七紀男氏に種々御教示いただいたほか、編集部の渡辺史絵氏からあたたかい励ましと多大な御協力をいただいた。御両人にはこの場をかりて心より厚く御礼を申し上げたい。

この改訂新版では、王位の継承にともない必要な変更を加えたほか、柱状化社会を示す図を新たに加えた。二〇一二年以降の動きにつき若干加筆したが、それ以外には大きな変更はなされていない。

二〇一九年春

佐藤弘幸

オランダ全図

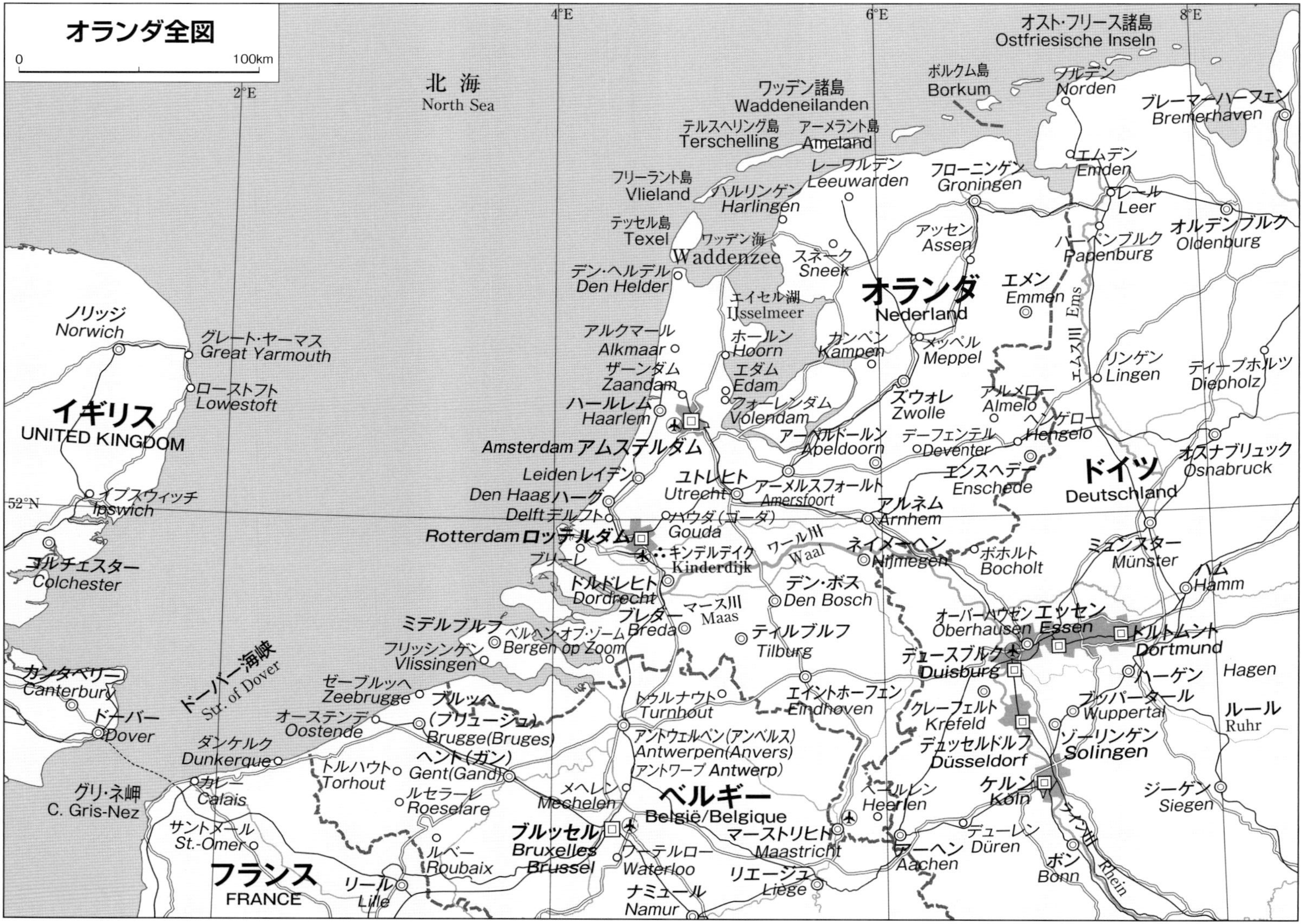
0
100km
4°E
6°E
8°E
2°E
52°N
北 海
North Sea
オスト・フリース諸島
Ostfriesische Inseln
ボルクム島
Borkum
ワッデン諸島
Waddeneilanden
テルスヘリング島
Terschelling
アーメラント島
Ameland
フリーラント島
Vlieland
テッセル島
Texel
ワッデン海
Waddenzee
ノルデン
Norden
ブレーマーハーフェン
Bremerhaven
エムデン
Emden
レール
Leer
オルデンブルク
Oldenburg
パーペンブルク
Papenburg
レーワルデン
Leeuwarden
フローニンゲン
Groningen
ハルリンゲン
Harlingen
アッセン
Assen
スネーク
Sneek
デン・ヘルデル
Den Helder
エイセル湖
IJsselmeer
オランダ
Nederland
エメン
Emmen
エムス川
Ems
ノリッジ
Norwich
グレート・ヤーマス
Great Yarmouth
ローストフト
Lowestoft
イギリス
UNITED KINGDOM
アルクマール
Alkmaar
ホールン
Hoorn
カンペン
Kampen
メッペル
Meppel
ザーンダム
Zaandam
エダム
Edam
フォーレンダム
Volendam
ズウォレ
Zwolle
アルメロー
Almelo
リンゲン
Lingen
ディープホルツ
Diepholz
ハールレム
Haarlem
Amsterdam アムステルダム
アーペルドールン
Apeldoorn
デーフェンテル
Deventer
ヘンゲロー
Hengelo
エンスヘデ
Enschede
オスナブリュック
Osnabruck
ドイツ
Deutschland
Leiden レイデン
ユトレヒト
Utrecht
アーメルスフォールト
Amersfoort
Den Haag ハーグ
イプスウィッチ
Ipswich
Delft デルフト
ハウダ(ゴーダ)
Gouda
アルネム
Arnhem
Rotterdam ロッテルダム
ブリーレ
キンデルデイク
Kinderdijk
ワール川
Waal
ネイメーヘン
Nijmegen
ボホルト
Bocholt
ミュンスター
Münster
ハム
Hamm
コルチェスター
Colchester
ドルドレヒト
Dordrecht
デン・ボス
Den Bosch
マース川
Maas
ブレダ
Breda
ティルブルフ
Tilburg
ミデルブルフ
ベルヘン・オプ・ゾーム
Bergen op Zoom
フリッシンゲン
Vlissingen
オーバーハウゼン
Oberhausen
エッセン
Essen
ドルトムント
Dortmund
デュースブルク
Duisburg
ハーゲン
Hagen
カンタベリー
Canterbury
ドーバー海峡
Str. of Dover
ドーバー
Dover
ゼーブルッヘ
Zeebrugge
ブルッヘ
(ブリュージュ)
Brugge(Bruges)
オーステンデ
Oostende
トゥルナウト
Turnhout
エイントホーフェン
Eindhoven
クレーフェルト
Krefeld
ブッパータール
Wuppertal
ルール
Ruhr
ダンケルク
Dunkerque
アントウェルペン(アンベルス)
Antwerpen(Anvers)
(アントワープ Antwerp)
デュッセルドルフ
Düsseldorf
ゾーリンゲン
Solingen
ヘント(ガン)
Gent(Gand)
トルハウト
Torhout
グリ・ネ岬
C. Gris-Nez
カレー
Calais
ルセラーレ
Roeselare
メヘレン
Mechelen
ベルギー
België/Belgique
ヘールレン
Heerlen
ケルン
Köln
ジーゲン
Siegen
サントメール
St.-Omer
ブルッセル
Bruxelles
Brussel
ルベー
Roubaix
ワーテルロー
Waterloo
マーストリヒト
Maastricht
アーヘン
Aachen
デューレン
Düren
ボン
Bonn
ライン川
Rhein
フランス
FRANCE
リール
Lille
ナミュール
Namur
リエージュ
Liège

	オランダ史	世界史の動き
1932	ザイデル海の締切大堤防が完成し、ザイデル海がエイセル湖になる	
1933		ヒトラーが政権につき、ナチス独裁が始まる
1939		ヨーロッパで第二次世界大戦始まる（—45）
1940	ドイツ軍が宣戦布告なしに侵攻し、全土を占領下におく／王室と内閣はロンドンに亡命する	
1941	日本に対して宣戦布告する	太平洋戦争始まる（—45）
1942	日本がオランダに対して宣戦布告する／日本軍がオランダ領東インド植民地を占領し、軍政を布く	
1944	オランダの南部3州が連合国軍により解放される／“飢餓の冬”（—45）で多数の犠牲者が出る／ベネルクス関税同盟が成立する	
1945	ドイツ軍が降伏し、全土が解放される／亡命内閣がロンドンからもどる／インドネシアが独立を宣言する	ドイツの降伏でヨーロッパの第二次世界大戦終わる／日本の無条件降伏で太平洋戦争終わる／国連憲章成立／東西冷戦始まる
1946	インドネシアの独立を阻止するためジャワにオランダ軍を増強する	
1947	ジャワ、スマトラで第1次警察（軍事）行動に出る	インドとパキスタンが分離し独立する
1948	ジャワ、スマトラで第2次警察（軍事）行動に出る／ウィルヘルミナ女王が退位し、ユリアナ女王が即位する	
1949	ハーグ円卓会議が開かれ、インドネシアの独立を連邦共和国の形で認め、オランダ・インドネシア連合を設立する	NATO創設／中華人民共和国成立
1950	インドネシアが単一の共和国になり、オランダ・インドネシア連合を解消する	
1953	ゼーラント州を中心に大洪水に見舞われる	
1955		アジア・アフリカ会議（バンドン会議）
1958	デルタ事業計画に着手する／ヨーロッパ経済共同体（EEC）とヨーロッパ原子力共同体（EURATOM）に加盟する	6カ国のヨーロッパ経済共同体（EEC）が発足する
1960	インドネシアと国交断絶する	国連総会で植民地解放宣言が採択される
1965		ヴェトナム戦争始まる（—75）
1969	西イリアンがインドネシアに帰属する	
1973	キリスト者民主アピールが成立する／第1次石油危機に見舞われる	中東戦争で石油危機が起こる
1974	スリナムが独立する	
1978	第2次石油危機に見舞われる	
1980	ユリアナ女王が退位し、ベアトリクス女王が即位する	
1986	12番目の州としてフレヴォーラント州が生まれる／デルタ事業が完成する	チェルノブイリ原子力発電所事故
1991		ソヴィエト連邦解体／東西冷戦終結
1992		ヨーロッパ連合（EU）発足
2001	安楽死が合法化される	アメリカが9・11同時多発テロに見舞われる
2002	ヨーロッパ連合（EU）の共通通貨ユーロが導入される／国際刑事裁判所がハーグに設置される／ピム・フォルタイン暗殺事件が起こる	
2013	ベアトリクス女王が退位し、ウィレム・アレクサンデル王太子が即位する	

	オランダ史	世界史の動き
1813	オランダの有力貴族がネーデルラント王国の独立を宣言し、ウィレム6世が国家元首を名乗る	
1814	新憲法を制定し、立憲君主国となる／パリ講和条約でオランダの独立が承認される／ロンドン条約でオランダが低地地方南部（現ベルギー）を併合することが認められる／ネーデルラント銀行を設立する	ナポレオン失脚／ウィーン会議始まる
1815	ウィレム6世がネーデルラント国王ウィレム1世として即位し、オランダは正式に王国となる／大西洋の黒人奴隷取引を禁止する	ナポレオンの百日天下／ワーテルローの戦い
1816	ジャワがイギリスからオランダに返還される	
1824	イギリスとロンドン条約を結び、アジアの植民地領有を調整する／オランダ商事会社を設立する	ベートーヴェン『第9交響曲』初演
1830	ジャワに強制栽培制度を導入する／ベルギーが分離独立する	フランスで七月革命起こる
1831	ベルギーとのあいだで戦闘となる	
1839	ベルギーの独立を正式に認める／最初の鉄道がアムステルダム・ハールレム間に開通する	
1840	国王ウィレム1世が退位し、同2世が即位する	中国でアヘン戦争起こる（—42）
1848	近代的な新憲法が公布される	フランスで二月革命、ドイツで三月革命起こる／マルクス・エンゲルスの『共産党宣言』刊行
1849	トルベッケの自由主義政権が発足する／国王ウィレム2世が没し、同3世が即位する	
1854		日米和親条約で日本が開国する
1859		ダーウィン『種の起源』刊行
1860	小説『マックス・ハーフェラール』が出版される／東インドで奴隷制を廃止する	
1863	西インドで奴隷制を廃止する	
1865		アメリカが奴隷制を廃止し、奴隷を解放する
1868		日本で明治維新
1869		スエズ運河開通
1870	強制栽培制度の段階的廃止が決まる	
1871	オランダ労働総同盟が設立される	ドイツ帝国成立
1872	イギリスとスマトラ条約を結び、アフリカのエル・ミナ要塞をイギリスに譲り、その代わりにアチェの植民地化をめざす	
1873	アチェ戦争を始める（—1909頃）	
1879	カイペルが反革命党を設立する	
1880	改革派系のアムステルダム自由大学（私立）が設立される	
1890	国王ウィレム3世が没し、ウィルヘルミナ女王が即位する	
1890年代	オランダの産業革命が始まる	
1899	ハーグで国際平和会議を開催する	
1901	植民地に対して“倫理政策”を発表する	
1903	ローマカトリック全国有権者同盟が設立される	
1914		第一次世界大戦始まる（—18）
1916	ザイデル海沿岸が大洪水に見舞われる	
1917	憲法改正で男子の普通選挙制が実現する／国会議員選挙に全国比例代表制を導入する	ロシア革命起こる
1920	国際連盟に加盟する	国際連盟成立
1922	憲法改正で女性参政権を認める	ソヴィエト連邦成立
1924	自由主義者の自由国家党が設立される	
1925	ローマカトリック国家党が設立される	
1929		世界大恐慌始まる

	オランダ史	世界史の動き
1688	ウィレム3世が大艦隊を率いてイギリスに向かう／フランスがオランダに宣戦布告し、九年戦争が始まる	イギリスで名誉革命始まる
1689	ウィレム3世がイギリス国王ウィリアム3世となり、オランダとイギリスが同君連合になる（—1702）	
1697	レイスウェイク条約で九年戦争が終わる	
1701		ブランデンブルク選帝侯国がプロイセン王国となる
1702	ウィレム3世が没し、第2次無総督時代が始まる（—47）／スペイン継承戦争が始まり、イギリスとともにフランスに宣戦する（—13）	スペイン継承戦争始まる（—13）
1713	ユトレヒト講和条約が成立し、スペイン継承戦争が終わる／オランジュ公国がフランスに併合される	イギリスがアシエント特権を獲得し、本格的に黒人奴隷貿易に参入する
1714		スペイン領ネーデルラントがオーストリア領になる
1720	財政危機に見舞われる	
1727	VOCが広東に進出する	
1740	食糧暴動が各地で起こる	オーストリア継承戦争が起こる（—48）
1747	フランス軍が南部に侵攻する／各地で市政の刷新を求める暴動が起こる／ウィレム4世が全州総督になる	
1748	連邦議会がオランイェ家に総督職と全軍最高司令官職の世襲を認める	モンテスキュー『法の精神』刊行
1751	ウィレム4世が没し、再び無総督時代になる	
1756		七年戦争始まる（—63）／英仏の植民地争奪戦が激化する
1760年代		イギリスで産業革命始まる
1766	ウィレム5世が全州総督になる／無州総督時代が終わる	
1770・80年代	愛国者運動が広まる	
1776		アメリカが独立を宣言し、アメリカ独立戦争始まる（—83）／アダム・スミス『諸国民の富』刊行
1780	イギリスが宣戦布告し、第4次イギリス戦争が始まる（—84）	
1782	アメリカの独立を承認し、通商条約を結ぶ	
1784	パリ和平条約でイギリスと和平にいたる	
1786		モーツァルト『フィガロの結婚』初演
1787	プロイセン軍が秩序回復を名目に侵攻してくる	
1788	イギリス、プロイセンと防衛同盟を結ぶ	
1789		フランス革命が始まり、人権宣言が発表される
1793	フランスがオランダに宣戦布告する	
1795	フランス軍がオランダを占領する／総督ウィレム5世がイギリスに亡命する／バターフ共和国が成立する／フランス・オランダ同盟条約が成立する／イギリスがオランダに宣戦布告する（第5次イギリス戦争）	
1796	ハーグで第1回国民会議が開催される	
1798	バターフ共和国憲法が公布される	
1799	イギリス・ロシア連合軍が侵攻してくる	
1802	アミアンの講和が成立し、イギリスと和平にいたる	
1803	英仏の戦争再開で、オランダはイギリスと戦争状態になる（第6次イギリス戦争）	
1804		ナポレオンがフランス皇帝となり、権力をにぎる
1806	バターフ共和国が廃され、ホラント王国が成立し、ルイ・ボナパルトが国王となる	神聖ローマ帝国消滅／ナポレオンの大陸封鎖始まる
1810	ナポレオンがホラント王国をフランスに併合し、オランダ国家は消滅する	

	オランダ史	世界史の動き
1618	全国教会会議がドルドレヒトで開かれる	ドイツ三十年戦争始まる
1619	ホラント州法律顧問オルデンバルネフェルトが処刑される／VOCがジャワにバタフィア城を建設する	
1621	休戦が期限切れとなり、スペインとの戦争を再開する／西インド会社（WIC）が設立される	
1623	VOCがアンボン島でイギリス人を虐殺する	
1624	VOCが台湾を占領する	
1625	マウリッツ公が没し、フレデリック・ヘンドリック公が総督になる／WICが北米のマンハッタン島を植民地にする	
1630	WICがブラジルの北東部をポルトガルより奪う	
1635	フランスと攻守同盟を結ぶ	
1637	エル・ミナ要塞をポルトガルより奪い、黒人奴隷貿易の拠点にする／公認オランダ語訳聖書完成	デカルト『方法序説』刊行
1638	VOCがセイロンの征服に着手する（—58）	
1641	ポルトガルと休戦条約を結ぶ／オランダ商人が長崎の出島に移される／VOCがマラッカを占拠する	
1642		イギリスでピューリタン革命始まる
1646	ミュンスターでスペインと和平交渉が始まる	
1647	フレデリック・ヘンドリック公が没し、ウィレム2世が総督になる	
1648	ミュンスター講和条約が成立し、八十年戦争が終わる。オランダの独立が国際的に承認される	ドイツ三十年戦争終結／ウェストファーレン条約成立／カルヴァン派の国としてオランダとスイスの独立が国際的に承認される
1649		イギリスが共和制になる
1650	ウィレム2世が急死する／第1次無総督時代（—72）が始まる／VOCがアンボン島を征服する	
1651	大会議が招集される	イギリスが航海法を発布する
1652	第1次イギリス戦争が始まる（—54）／VOCが喜望峰を占領する	
1653	ヨーハン・デ・ウィットが28歳でホラント州法律顧問に就任し、事実上オランダの宰相になる／ブラジルを失う	
1654	イギリスとウェストミンスター講和条約を結ぶ	
1660		イギリスで王政復古、チャールズ2世即位
1661		フランスでルイ14世の親政始まる／コルベールが財務総監に就任する
1662	オランダ・フランス同盟条約が成立する	
1664	イギリスが北米のオランダ植民地ニーウ・アムステルダムを占領し、ニューヨークと改名する／フランスがオランダ製品に禁止的高関税を課す	
1665	第2次イギリス戦争が始まる（—67）	
1666	イギリス艦隊とドーヴァー海峡で四日間海戦を戦う	
1667	オランダ艦隊がテムズ河口のチャタムを攻撃する／イギリスとブレダ講和条約を結ぶ／南米のスリナムを獲得する	
1668	オランダ、イギリス、スウェーデンが三国同盟条約を結ぶ	
1670		英・仏がドーヴァーの密約を結ぶ
1672	英・仏がオランダに宣戦布告し、第3次イギリス戦争（—74）とルイ14世のオランダ侵略戦争（—78）が始まる／オランダの“災厄の年”／ヨーハン・デ・ウィットがハーグで暴徒に襲われ虐殺される／オランダはホラント冠水防衛線を発動する／フランス軍がユトレヒトを占領する／ウィレム3世が総督に任命される	
1674	西インド会社が解散し、新西インド会社が設立される	
1678	フランスとネイメーヘン条約を結び、和平にいたる	

	オランダ史	世界史の動き
1504	フィリップ1世がスペイン国王フェリペ1世となる／低地地方がスペインの支配下に入る	
1506	フェリペ1世がブルゴスで急死	
1507	フェリペ1世の妹マルガ（ハ）レータが全州総督になる	
1516	カールがスペイン国王カルロス1世となる	
1517		ルターが宗教改革運動を起こす
1519	カールがドイツ王カール5世となり、神聖ローマ皇帝に選出される	カール5世が神聖ローマ皇帝となり、ルター派と戦う
1524	カール5世がフリースラントを併合する	
1526	風向きに合わせて羽根の向きを変えられる風車が登場する	
1528	カール5世がユトレヒト司教領を併合する	
1543	フェンロー条約でヘルレ侯国がカール5世の支配下に入る	コペルニクスが地動説を発表する
1548	カール5世が低地地方17州をブルゴーニュ領域（クライス）に設定する	
1555	カール5世が退位し、フェリペ2世が低地地方の統治権を継ぐ	アウグスブルクの宗教和議でルター派が認められる
1559	低地地方の司教区が再編される／カトー・カンブレジの和平	
1562		フランスでユグノー戦争始まる
1566	貴族同盟が諸権利の尊重を求めて請願書を提出する／聖画像破壊運動が広まる	
1567	アルバ侯が大軍を率いてブルッセルに到着する／アルバが“血の評議会”を設置して、弾圧を始める	
1568	八十年戦争（低地地方の反乱）が始まる	
1570	万聖節の大洪水（死者2万人以上）	
1572	海乞食がブリーレを占拠する／ホラント州の都市がドルドレヒトに集まり、オランイェ公ウィレムを州の総督に認める／アルバが低地地方を去る	
1574	レイデンがスペイン軍の包囲から解放される	
1575	レイデン大学の開設が認められる	
1576	スペイン軍の狂乱でアントウェルペンが大打撃を受ける／ヘントの和約成立	
1579	南部諸州がアラス同盟を結成、北部諸州はユトレヒト同盟を結成する	
1580	オランイェ公に対して懸賞金がかけられ逮捕状が出る／オランイェ公が弁明書を発表する／フランス国王の弟アンジュー侯を君主として迎えることに決定	スペインとポルトガルが同君連合となる（—1640）
1581	北部諸州（反乱州）側がスペイン国王廃位令を出す	
1584	オランイェ公がデルフトで暗殺される	
1585	フランス国王アンリ3世、続いてイギリスのエリザベス女王に主権の提供を申し出るが、ともに断られる／イギリスとノンサッチ条約を結ぶ／アントウェルペンがスペイン軍の手に陥落する／マウリッツ公がホラント、ゼーラント2州の総督になる	
1588		スペインの無敵艦隊が敗れる
1596	英仏と三国同盟（グリニッジ条約）を結ぶ	
1598	フェリペ2世が没し、同3世が即位する	ナントの王令でフランスのユグノー戦争が終わる
1600	臼杵にオランダ船リーフデ号が漂着する	イギリス東インド会社が設立される
1602	東インド会社（VOC）が設立される	
1603	VOCの最初の船団がアジアに向かう	
1604	VOCがインドのコロマンデル海岸に拠点を築く	
1608	アントウェルペンでスペインと和平交渉始まる	
1609	十二年間休戦条約が成立する／オランダ船が平戸に来航し、商館を設置する	

オランダ史略年表

	オランダ史	世界史の動き
前7万—1万年	ネアンデルタール人がドレンテ地方に痕跡を残す	
前1万—3500年頃	狩猟民族が現れる	
前1900年頃	青銅器時代始まる	
前750年頃	鉄器時代が始まる	
前375		ゲルマン民族の大移動が始まる
前476		西ローマ帝国が滅亡する
前481頃		フランク王国のメロヴィング朝が成立する
前300年頃	ライン川の南にケルト人が進出してくる	
前57	ローマ人がやってくる／カエサルの『ガリア戦記』にオランダが登場する	
28	フリース人がローマに反乱を起こす	
47	プリニウスがテルプについて記述を残す	
69—70	バターフ人がローマに反乱を起こす	
256頃	フランク人が南下してくる	
690頃	フリース人がフランク王国の支配下に入る	
695	ウィリブロードが初代ユトレヒト司教としてやってくる	
716	ボニファティウスがフリースラントで伝道を始める	
800		カール（シャルルマーニュ）大帝が西ローマ皇帝として戴冠
810	ノルマン人の侵攻が始まる（—1107）	
841	フリース・ノルマン侯国成立	
843		ヴェルダン条約でフランク王国が3分割される
863	ドーレスタットがノルマン人の大略奪に見舞われる	
870		メルセン条約でロタール国を分割する
885	この頃初代ホラント伯誕生	
900頃	低湿地の開墾が始まる	
925	オランダの地はドイツの一部となる	
962		オットー1世が戴冠し神聖ローマ帝国が成立する
1096		第一回十字軍（—99）
1100頃	堤防の建設が始まる	
1182	ヘルレ・ズットフェン伯領が成立	
1247	ホラント伯ウィレム2世がローマ皇帝になる	
1299	エノー伯家がホラント伯領・ゼーラント伯領を相続する	オスマントルコ帝国成立
1337		英仏百年戦争始まる（—1453）
1339	ヘルレ伯がヘルレ侯に昇格する	
1345	バイエルン侯家がホラント伯領を相続する／鱈派と釣針派の抗争が始まる	
1347—51		ヨーロッパでペストの大流行
1407頃	排水用風車が登場する	
1421	聖エリザベートの大洪水（死者1万人以上）	
1428	“デルフトの和解”が成立する	
1433	ホラント・ゼーラント伯領がブルゴーニュ侯国の支配下に入る	
1453		コンスタンティノープル陥落、東ローマ帝国滅亡
1477	ブルゴーニュ侯国が消滅／低地地方がハプスブルク家の支配下に入る／マリーがホラント、ゼーラントに“大特権”を認める	
1492		コロンブスが西インド諸島に到達
1494	フィリップ1世（美麗侯）が低地地方を統治する	
1498		ヴァスコ・ダ・ガマが喜望峰経由でインドに到達する

第3図　オランイェ・ナッサウ家

数字は全州総督もしくは国王在位期間

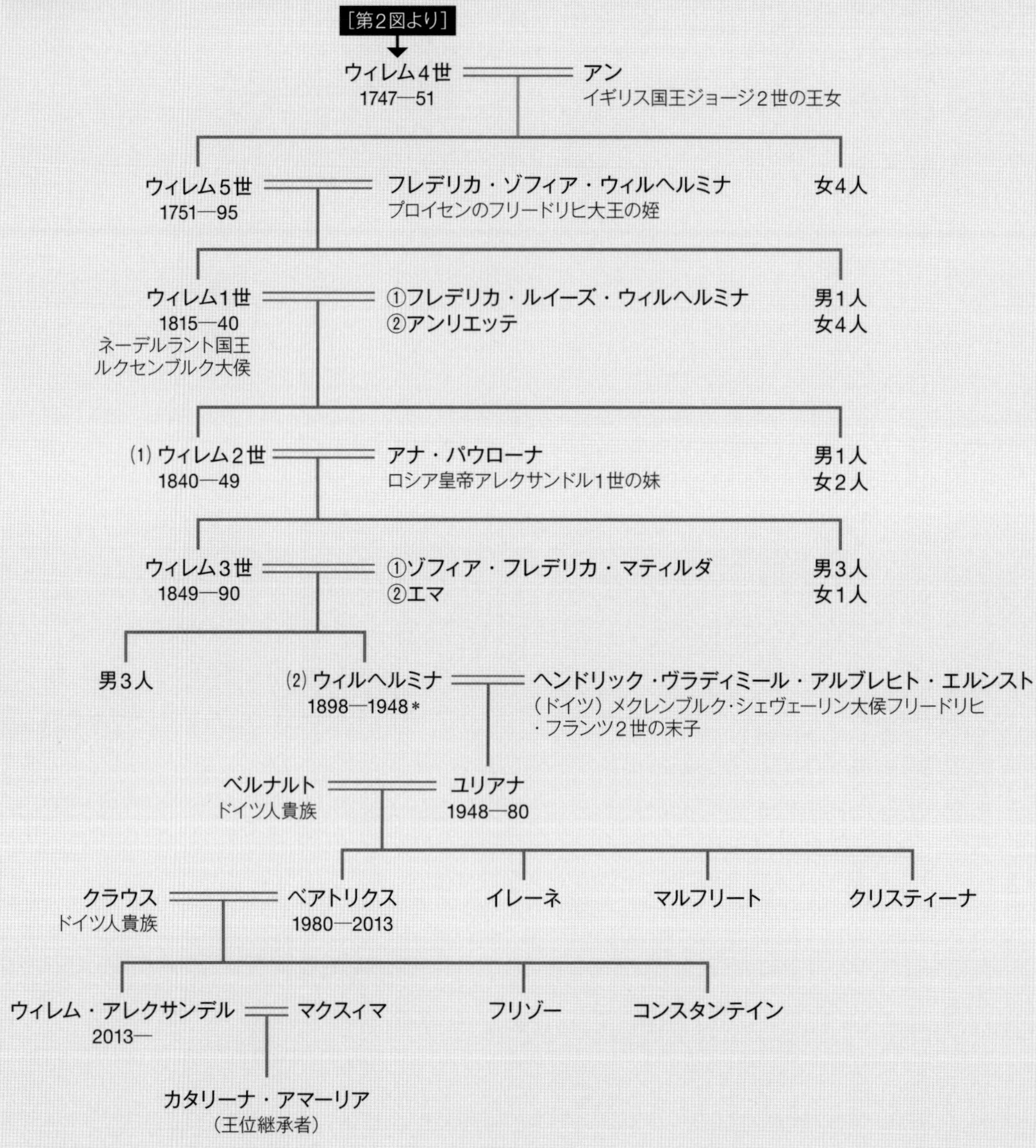

＊ウィルヘルミナ女王は1890年に10歳で即位、1898年に18歳で親政となる

オランダ王朝系図

第1図 オランイェ・ナッサウ家

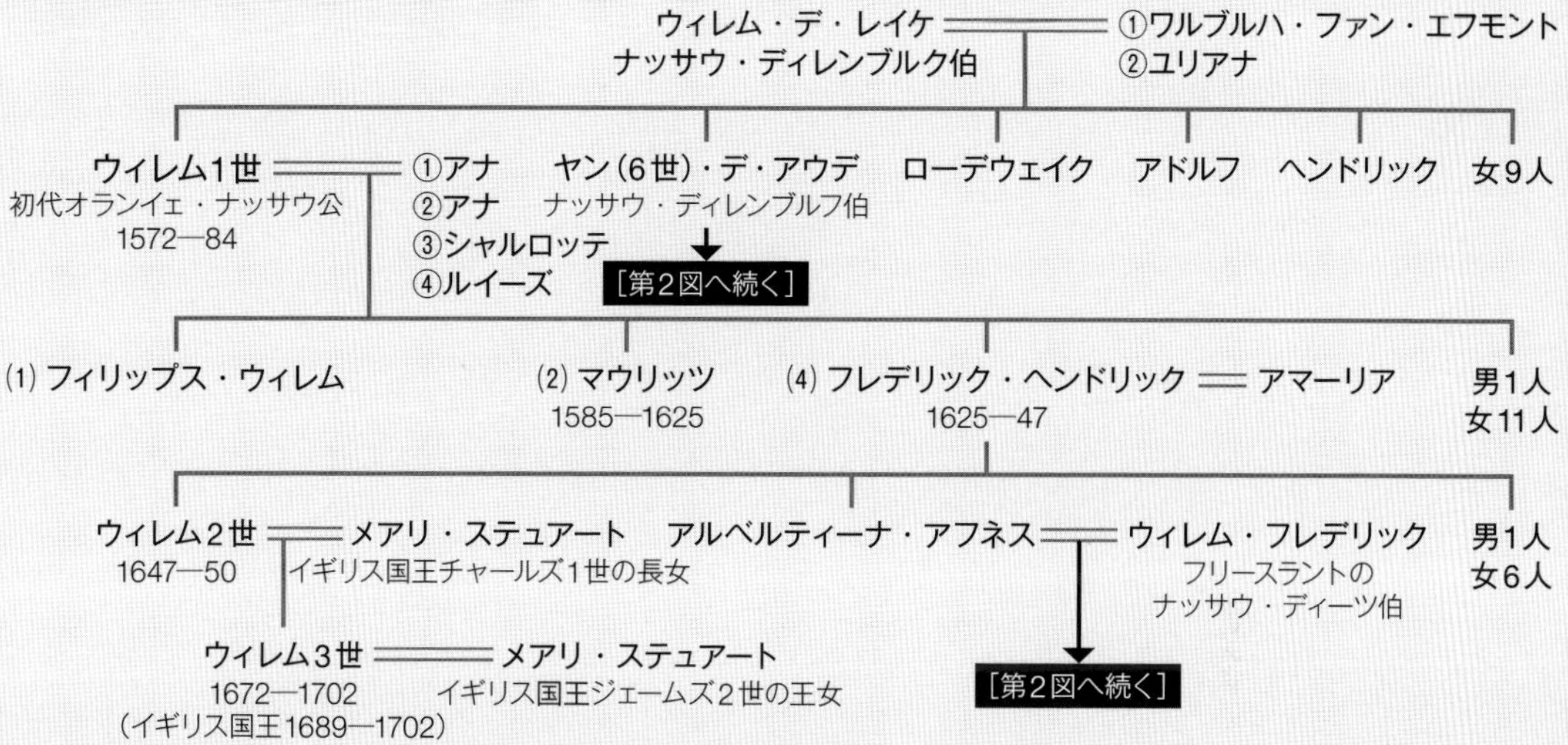

第2図 ナッサウ・ディレンブルフ家とナッサウ・ディーツ家

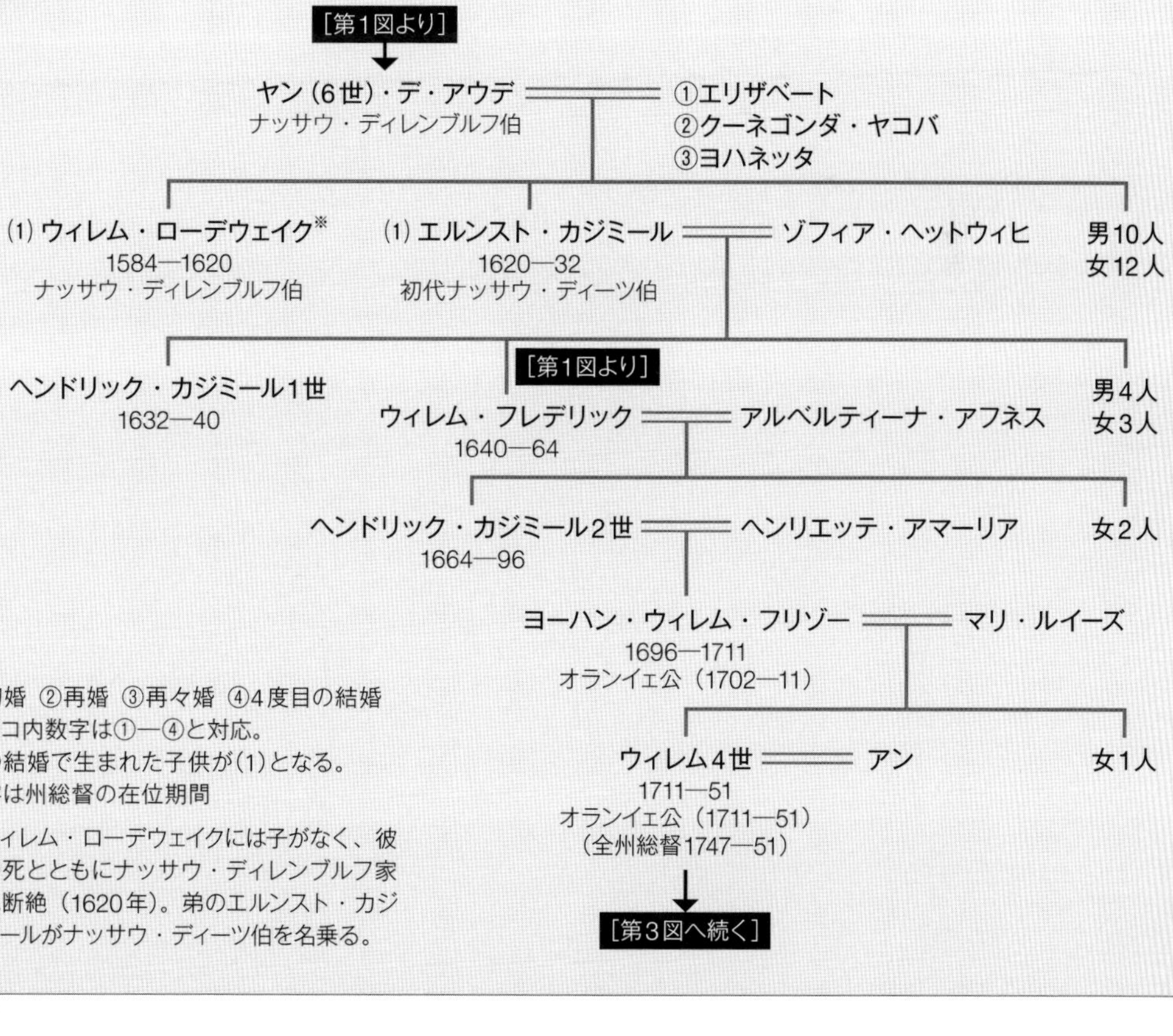

①初婚 ②再婚 ③再々婚 ④4度目の結婚
カッコ内数字は①—④と対応。
①の結婚で生まれた子供が(1)となる。
数字は州総督の在位期間

※ウィレム・ローデウェイクには子がなく、彼の死とともにナッサウ・ディレンブルフ家は断絶(1620年)。弟のエルンスト・カジミールがナッサウ・ディーツ伯を名乗る。

ペーター・J・リートベルゲン『オランダ小史　先史時代から今日まで』（肥塚隆訳）かまくら春秋社　2018年
水島治郎『戦後オランダの政治構造　ネオ・コーポラティズムと所得政策』東京大学出版会　2001年
水島治郎『反転する福祉国家』岩波現代文庫　2019年
日野愛郎「オランダ・ベルギー」／網谷龍介、伊藤武、成廣孝編『ヨーロッパのデモクラシー』所収　ナカニシヤ出版　2009年
栗原福也監修『読んで旅する世界の歴史と文化　オランダ・ベルギー』新潮社　1995年
金井 圓『近世日本とオランダ』放送大学教材・放送大学教育振興会　1993年
松方冬子『オランダ風説書と近世日本』東京大学出版会　2007年
松方冬子『オランダ風説書　「鎖国」日本に語られた「世界」』中公新書　2010年
永積 昭『オランダ東インド会社』講談社学術文庫　2000年
リンスホーテン、J.H. v. 『東方案内記』（渋沢元則訳）岩波書店　1968年
ホイジンガ、J. 『レンブラントの世紀』（栗原福也訳）創文社　1968年
ムルタトゥーリ『マックス・ハーフェラール』（佐藤弘幸訳）めこん　2003年
ルディ・カウスブルック『西欧の植民地喪失と日本　オランダ領東インドの消滅と日本軍抑留所』（近藤紀子訳）草思社　1998年
フロマンタン『オランダ・ベルギー絵画紀行』（高橋裕子訳）岩波文庫　1992年
マイク・ダッシュ『チューリップ・バブル』（明石三世訳）文春文庫　2000年
レオ・バレット『レムブラントとスピノザ』（奥山秀美訳）法政大学出版局　1978年

geschiedenis van het rampjaar 1672, Hilversum, 1998.
Gemeente Zwolle, *Bijdragen over Thomas a Kempis en de Moderne Devotie*, Archief-en bibliotheekwezen in België, Extranummer 4, Zwolle, 1971.
Grapperhaus, F.H.M., *Convoyen en Licenten*, Zutphen, 1986.
Groenveld, S. & H.L.Ph.Leeuwenberg, *De bruid in de schuit. De consolidatie van de Republiek 1609-1650*, Zutphen, 1985.
Heijder, M., *Amsterdam, korenschuur van Europa*, Amsterdam, 1979.
Herenius-Kamstra, A., *Willem van Oranje 1533-1584. De Prins, De Mens, De Staatsman*, Ede, 1983.
Hezik, M.J. M.v. & L. Verheijen, *Nederland in kort bestek* (Ministerie van Buitenlandse Zaken), Leidschendam, 1978.
Hoogstraaten, M.G., *Nederlanders in Nederlands-Indië*, Zutphen, 1986.
Israel, J.I. *The Dutch Republic,* Oxford, 1995.
Keunen, G.H., "Waterbeheersing en de ontwikkeling van de bemalingstechniek in West-Nederland. De historische ontwikkeling van poldermolens en gemalen tot Heden", *Bijdragen en Mededelingen betreffende de Geschiedenis der Nederlanden*, dl. 103, afl. 4 (1988), Den Haag.
Klompmaker, H., *Handel in de Gouden Eeuw*, Bussum, 1966.
Kossmann-Putto, J.A. & E.H.Kossmann, *De Lage Landen. Geschiedenis van de Noordelijke en Zuidelijke Nederlanden*, Rekkem, 1995.
Leitner, Th., *Margaretha en Maria. Landvoogdessen der Nederlanden*, Amersfoort, 1987.
Life World Library *The Low Countries.*（日本語版）ライフ ワールド ライブラリー オランダ・ベルギー、時事通信社、1964.
Manning, A.F. & M. de Vroede (red.), *Spectrum Atlas van Historische Plaatsen in de Lage Landen*, Utrecht, 1981.
Meijer, H. (red.), *i.d.g. bulletin 1987/88. nederland in de jaren negentig*, Utrecht. 1988.
Meijer, P., *Van opstandige gewesten tot zelfstandige republiek. De Unie van Utrecht en de strijd om de vrijheid*, Den Haag, 1979.
Mostard, J.J., *Willem van Oranje. Dienaar van de vrijheid*, Den Haag, 1984.
Mout, M.E.H.N., *Plakkaat van Verlatinge 1581*. Facsimile-uitgave van de originele druk, Den Haag, 1979.
Niemeijer, J.A., *Land van terpen en dijken*, Den Haag, 1975.
Rijksinstituut voor Oorlogsdocumentatie, *De Dagboek van Anne Frank*, Amsterdam, 1986.
Roorda, D.J., *Het Rampjaar 1672*, Bussum, 1971.
Schaap, D. & T. van den Berg, *Johan de Witt. Een volmaakt Hollander*, Bussum, z.j.
Stamkot, B., *Loevestein*, (Matrijs Kijkgids 1), Utrecht, 1986.
Stokhuyzen, F., *Molens*, Haarlem, 1981.
Stol, T., *Wassend water, Dalend land. Geschiedenis van Nederland en het water*, Utrecht, 1993.
Temminck, J.J., *Haarlem. Vroeger en nu*, Bussum, 1971.
The New-York Journal of American History, vol. 66, No.2, 2005.
Tijdschrift voor Geschiedenis, 99 jg., afl. 2, 1986.
Thomas, H., *Het dagelijks leven in de 17de eeuw*, Amsterdam, 1981.
Van den Hoek Ostende, J.H., *Amsterdam. Vroeger en nu*, Bussum, 1969.
Van Ditzhuyzen, R., *Het Huis van Oranje. Prinsen Stadhouders Koningen en Koninginnen*, Haarlem, 1979.
Van Gelder, R. & R. Kistemaker, *Amsterdam 1275-1795. De ontwikkeling van een handelsmetropool*, Amsterdam, 1983.
Velema, W.(red.), *Spectrum Atlas van Historische Gebeurtenissen in de Lage Landen*, Utrecht, 1985.
Vormuller, H.W.J.(red.), *Nijhoffs Geschiedenislexicon. Nederland en België*, Den Haag, 1981.
Weekend special, Uniek bewaar-album, Amsterdam, z.j.
Wieringa, F. (red.), *Republiek tussen Vorsten. Oranje Opstand Vrijheid Geloof*, Zutphen, 1984.
Wolters, T.B., *Platen-Atlas*, Groningen- Den Haag, z.j.
Woltjer, J.J., *Recent Verleden. Nederland in de twintigste eeuw*, Amsterdam, 1992.
Wright, Ch., *Nederlandse schilders van de zeventiende eeuw*, Alphen aan den Rijn, 1980.
(Catalogus) *Tentoonstelling ter herdenking van Michiel de Ruyter*, Amsterdam, 1957.
(Catalogus) *Erasmus. Zicht op een geleerde in zijn tijd. Museum Boymans-van Beuningen, Rotterdam 11 november 1986-4 januari 1987*, Amsterdam, 1986.
(Catalogus) *Erasmus en de muziek. Erasmusconcerten Rotterdam november 1986.*
(folder) *Vrouwenpolder Veere Gapinge Serooskerke*, VVV Veere, z.j.
指 昭博『図説イギリスの歴史』河出書房新社　2002年

地図・図製作：小野寺美恵、平凡社地図出版

参考文献

De Haan, H. & Ids Haagsma, *De Deltawerken. Techniek, Politiek, Achtergronden*, Delft, 1984.
Faber, F.J., *Hoe Nederland ontstond*, Katwijk aan Zee, 1971.
Niemeijer, J.A., *Land van terpen en dijken*, Den Haag, 1975.
Stokhuyzen, F., *Molens*, Bussum, 1981.
Stol, T., *Wassend Water, Dalend Land. Geschiedenis van Nederland en het water*, Utrecht, 1993.
Alberts, W.J. & H.P.H. Jansen, *Welvaart in Wording. Sociaal-economische geschiedenis van Nederland van de vroegste tijden tot het einde van de middeleeuwen*, Den Haag, 1964.
De Boer, D.E.H., & J.W.Marsilje (red.), *De Nederlanden in de late middeleeuwen*, Utrecht, 1987.
Gosses, I.H. & R.R.Post, *Handboek tot de Staatkundige geschiedenis der Nederlanden*. Deel I: De Middeleeuwen, Den Haag, 1959.
Jansen, H.P.H., *Geschiedenis van de Middeleeuwen*, Utrecht, 1978.
ditto., *Middeleeuwse geschiedenis der Nederlanden*, Utrecht, 1965.
Van Caenegem, R.C., & H.P.H.Jansen (red.), *De Lage Landen van Prehistorie tot 1500*, Amsterdam, 1978.
Groenveld, S. et al. (eds.), *De kogel door de kerk ?* Zutphen, 1979.
Groenveld, S. & H. L. Ph. Leeuwenberg, *De bruid in de schuit. De consolidatie van de Republiek 1609-1650*, Zutphen, 1985.
Parker, G., *The Dutch Revolt*, London, 1977.
ditto., *Spain and the Netherlands 1550 - 1659. Ten Studies*, Glasgow, 1979.
Schöffer, I., & H. van der Wee & J.A. Bornewasser, *De Lage Landen van 1500 - 1780*, Amsterdam, 1978.
Boxer, C.R., *The Dutch Seaborne Empire 1600 - 1800*, London, 1965.
Israel, J.I., *The Dutch Republic. Its Rise, Greatness, and Fall 1477-1806*, Oxford, 1995.
ditto., *Dutch Primacy in World Trade 1585 - 1740*, Oxford,1989.
ditto.(ed.), *Anglo - Dutch Moment*, Cambridge, 1991.
Van Zanden, J.L., *The Rise and Decline of Holland's Economy*, Manchester, 1993.
Van Dillen, J.G., *Van Rijkdom en Regenten. Handboek tot de Economische en Sociale Geschiedenis van Nederland tijdens de Republiek*, Den Haag, 1970.
Van Ditzhuyzen, R., *Het Huis van Oranje. Prinsen Stadhouders Koningen en Koninginnen*, Haarlem, 1979.
Davids, K. & J. Lucassen (eds.), *A Miracle Mirrored. The Dutch Republic in European Perspective*, Cambridge, 1995.
Herenius-Kamstra, A., *Willem van Oranje 1533 - 1584. De Prins, De Mens, De Staatsman*, Ede, 1983.
Schaap, D. & Teun van den Berg, *Johan de Witt. Een volmaakt Hollander,* Bussum, z.j.
Dreiskämper, P., *"Redeloos, radeloos, reddeloos" De geschiedenis van het rampjaar 1672*, Hilversum, 1998.
Roorda, D.J., *Het Rampjaar 1672*, Bussum, 1971.
Brand, H., & J. Brand, *De Hollandse Waterlinie*, Utrecht, 1986.
Price, J.L., *Culture and Society in the Dutch Republic during the 17th Century*, New York, 1974.
Gaastra, F.S., *De geschiedenis van de VOC*, Haarlem, 1982.
Van den Boogaart, E. et al., *Overzee. Nederlandse koloniale geschiedenis 1590-1975*, Haarlem, 1982.
Postma, J. M., *The Dutch in the Atlantic Slave Trade1600-1815*, Cambridge, 1990.
Zwager, H.H., *Nederland en de Verlichting*, Bussum, 1972.
Kossmann, E.H., *De Lage Landen 1780-1940*, Amsterdam, 1976.
ditto., *De Lage Landen 1780-1980, Deel II. 1914-1980,* Amsterdam, 1986.
Brugmans, I.J., *Paardenkracht en Mensenmacht. Sociaal-Economische Geschiedenis van Nederland 1795-1940*, Den Haag, 1961.
Messing, F., *De Nederlandse economie 1945-1980*, Haarlem, 1981.
Van den Doel, H.W., *Afscheid van Indië. De val van het Nederlandse imperium in Azië*, Amsterdam, 2001.
Woltjer, J.J., *Recent Verleden. Nederland in de twintigste eeuw*, Amsterdam, 1992.
De Jong, L., *Het Koninkrijk der Nederlanden in de Tweede Wereldoorlog, 11a, 11b, 11c*, Den Haag, 1984-86.

川口 博『身分制国家とネーデルランドの反乱』彩流社　1995年
ド・フリース、J., ファン・デァ・ワウデ、A『最初の近代経済　オランダ経済の成功・失敗と持続力1500 − 1815』（大西吉之・杉浦未樹訳）名古屋大学出版会　2009年
ウォーラーステイン、I.『史的システムとしての資本主義』（川北稔訳）岩波現代選書　1985年
ウォーラーステイン、I.『近代世界システム　1600 − 1750』（川北稔訳）名古屋大学出版会　1993年
石坂昭雄『オランダ型貿易国家の経済構造』未来社　1971年
桜田美津夫『物語　オランダの歴史　大航海時代から「寛容」国家の現代まで』中公新書　2017年

図表引用資料出典

Baalbergen, J. et al., *Op weg naar één land. De Unie van Utrecht en de Opstand in de Nederlanden*, Den Haag, 1979.
Baalbergen, J., *Van Opstand tot Onafhankelijkheid. De Unie van Utrecht en het ontstaan van een zelfstandige staat 1559-1609*, Den Haag, 1979.
Balk, J. Th., *Kijk op Molens,* Amsterdam, 1979.
Bossenbroek, M. et al., *Nederland en Indonesië: Vier eeuwen contact en beïnvloeding. Bronnen bij het eindexamenonderwerp geschiedenis 2001/2002*, Den Haag, 2000.
Boxer, C.R., *The Anglo - Dutch Wars of the 17th Century 1652- 1674*, London, 1974.
Cole, C.W., *Colbert and a century of French mercantilism*, New York, 1939.
De Boer, D.E.H. & J.W. Marsilje (red.), *De Nederlanden in de late middeleeuwen*, Utrecht, 1987.
De Haan, H. & Ids Haagsma, *De Deltawerken. Techniek, Politiek, Achtergronden*, Delft, 1984.
De Jong, L., *Het Koninkrijk der Nederlanden in de Tweede Wereldoorlog, 11a, eerste helft, 11b, tweede helft* Den Haag,1984-85.
Dolk, L. (red.), *Atjeh. De verbeelding van een koloniale oorlog*, Amsterdam, 2001.
Dreiskämper, P., *" Redeloos, radeloos, reddeloos" De*

◉著者略歴

佐藤弘幸（さとう・ひろゆき）

一九四一年、小樽市生まれ。東京外語大学名誉教授。専攻はオランダ語、オランダ史。著書に『西欧低地諸邦毛織物工業史――技術革新と品質管理の経済史』（日本経済評論社）、共著に『スイス・ベネルクス史』（山川出版社）、『ニューエクスプレス・オランダ語』（白水社）、訳書に『マックス・ハーフェラール――もしくはオランダ商事会社のコーヒー競売』（めこん）がある。

ふくろうの本

改訂新版
図説 オランダの歴史

二〇一二年 四 月三〇日初版発行
二〇一九年 五 月二〇日改訂新版初版印刷
二〇一九年 五 月三〇日改訂新版初版発行

著者……………佐藤弘幸
装幀・デザイン……日高達雄＋伊藤香代
発行者…………小野寺優
発行……………株式会社河出書房新社
〒一五一―〇〇五一
東京都渋谷区千駄ヶ谷二―三二―二
電話 〇三―三四〇四―一二〇一（営業）
〇三―三四〇四―八六一一（編集）
http://www.kawade.co.jp/

印刷……………大日本印刷株式会社
製本……………加藤製本株式会社

Printed in Japan
ISBN978-4-309-76281-4
落丁本・乱丁本はお取り替えいたします。

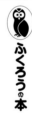